BAUMRIESEN
der Schweiz

Es ist gut, wenn uns
die verrinnende Zeit
nicht als etwas
erscheint,
das uns verbraucht,
sondern als etwas,
das uns vollendet.

Antoine de Saint Exupéry

Alles Liebe
zu Deinem
70. Geburtstag

Jürg und
Doris

Sponsoren

Für die grosszügige Unterstützung geht ein «bäumiger» Dank an:

Werner und Helga Degen, Serge Renggli und Gerda Felber

Schweizerische Dendrologische Gesellschaft *(www.dendrologie.ch/de)*

Fructus, die Vereinigung zur Förderung alter Obstsorten *(www.fructus.ch)*

Tilia Baumpflege AG *(www.tilia.ch)*

Spross-Holding AG *(www.spross.com)*

Pefi-Waldstiftung *(www.pefi.ch)*

Baumexperten

Wenn es um die Beurteilung der Gesundheit eines Baumes geht oder Sie eine Beratung zum Thema Baumstatik und Wuchseigenschaften wünschen, wenden Sie sich an «pro arbore». Ausserdem empfiehlt Ihnen «pro arbore» bei der Wahl eines professionellen Baumpflegers folgende Ansprechpartner:

Nordschweiz und Ausland: Martin Erb *(www.tilia.ch)*

Zentral- und Ostschweiz: Walter Wipfli *(www.baumexperte.ch)*

West- und Südschweiz: Fabian Dietrich *(www.baumpflege-dietrich.ch)*

Alle Rechte vorbehalten, einschliesslich derjenigen des auszugsweisen Abdrucks und der elektronischen Wiedergabe.

© 2009 Werd & Weber Verlag AG, CH-3645 Thun/Gwatt
6., erweiterte Auflage 2014

Idee und Text: Michel Brunner
Fotos: Michel Brunner, André Hübscher
Lektorat: Natascha Fischer
Gestaltung: Michel Brunner

Alle Angaben ohne Gewähr.

ISBN 978-3-85932-629-3

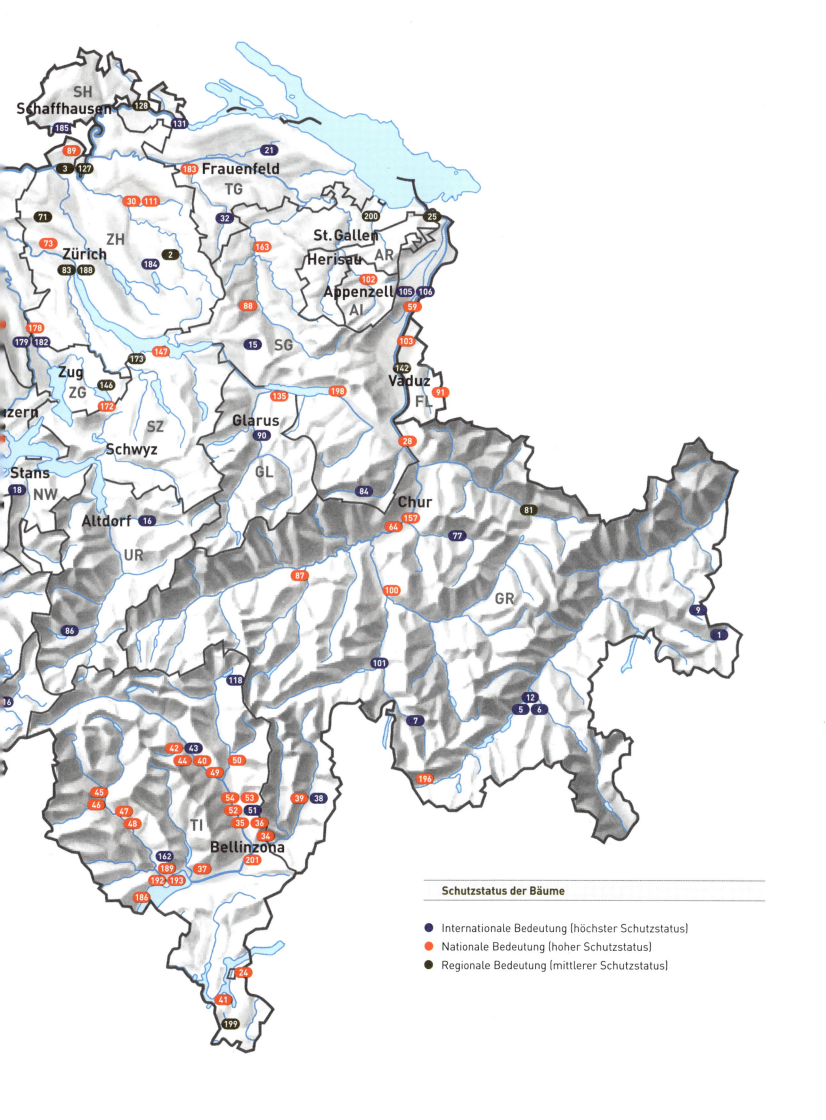

INHALT
Bäume von A–Z

VORWORT
Inventar und Dank von «pro arbore» — 5

EINLEITUNG
Wenn Bäume sprechen könnten… — 6

WISSENSWERTES
Wie finde ich mich in diesem Buch zurecht? — 8

Der Apfel (*Malus domestica*) — 10
Die Arve (*Pinus cembra*) — 16
Der Bergahorn (*Acer pseudoplatanus*) — 24
Die Birke (*Betula sp.*) — 32
Die Birne (*Pyrus communis*) — 34
Die Buche (*Fagus sylvatica*) — 38
Der Buchs (*Buxus sempervirens*) — 46
Die Eberesche (*Sorbus aucuparia*) — 47
Die Edelkastanie (*Castanea sativa*) — 48
Die Eibe (*Taxus baccata*) — 66
Die Eiche (*Quercus sp.*) — 74
Die Elsbeere (*Sorbus torminalis*) — 88
Die Erle (*Alnus glutinosa*) — 89
Die Esche (*Fraxinus excelsior*) — 92
Der Feldahorn (*Acer campestre*) — 98
Die Fichte (*Picea abies*) — 100
Der Flieder (*Syringa vulgaris*) — 112
Der Goldregen (*Laburnum anagyroides*) — 112
Die Hainbuche (*Carpinus betulus*) — 113
Die Hasel (*Corylus avellana*) — 120
Der Holunder (*Sambucus nigra*) — 121
Die Kiefer (*Pinus sylvestris*) — 124
Die Kirsche (*Prunus avium*) — 132
Die Kornelkirsche (*Cornus mas*) — 135
Die Lärche (*Larix decidua*) — 136
Die Linde (*Tilia sp.*) — 146

Die Maulbeere (*Morus alba*) — 173
Die Mehlbeere (*Sorbus aria*) — 174
Die Pappel (*Populus sp.*) — 176
Die Quitte (*Cydonia oblonga*) — 182
Die Rebe (*Vitis vinifera*) — 184
Die Robinie (*Robinia pseudoacacia*) — 186
Die Rosskastanie (*Aesculus hippocastanum*) — 187
Der Schneeballahorn (*Acer opalus*) — 188
Der Speierling (*Sorbus domestica*) — 189
Der Spitzahorn (*Acer platanoides*) — 190
Die Stechpalme (*Ilex aquifolium*) — 191
Die Tanne (*Abies alba*) — 192
Die Ulme (*Ulmus sp.*) — 200
Der Wacholder (*Juniperus communis*) — 203
Die Walnuss (*Juglans regia*) — 204
Die Weide (*Salix alba*) — 210
Der Weissdorn (*Crataegus monogyna*) — 217
Die Zypresse (*Cupressus sempervirens*) — 219

DIE EXOTEN
Eine neue Generation wächst heran — 220

Die Douglasie (*Pseudotsuga menziesii*) — 221
Die Flügelnuss (*Pterocarya fraxinifolia*) — 222
Der Ginkgo (*Ginkgo biloba*) — 222
Der Götterbaum (*Ailanthus altissima*) — 223
Der Judasbaum (*Cercis siliquastrum*) — 224
Der Kampferbaum (*Cinnamomum glanduliferum*) — 225
Der Mammutbaum (*Sequoia sp.*) — 226
Die Platane (*Platanus x hispanica*) — 232
Der Riesenlebensbaum (*Thuja plicata*) — 234
Die Schwarzkiefer (*Pinus nigra*) — 234
Die Schwarznuss (*Juglans nigra*) — 235
Der Tulpenbaum (*Liriodendron tulipifera*) — 235
Die Zeder (*Cedrus libani*) — 236

QUELLEN- UND BILDNACHWEIS — 238

VORWORT
Inventar und Dank von «pro arbore»

Johann Coaz bemühte sich 1896 in seinem damals erschienenen «Baum-Album der Schweiz» als einer der ersten und letzten um die Erfassung der wichtigsten Naturdenkmäler des Landes. Die meisten porträtierten Bäume wurden inzwischen gefällt oder sind ihrem Alter erlegen. Während Nachbarländer der Schweiz Inventare zu alten Bäumen erstellten und einen vorbildlichen Weg in Sachen Einzelbaumschutz einschlugen, hinkt die Schweiz in dieser Richtung hinterher. Mit «Baumriesen der Schweiz» soll der entscheidende Schritt getan werden, um diese Lücke zu füllen – in der Hoffnung, auch Schweizerinnen und Schweizer zu motivieren, sich für einen altehrwürdigen Baum stark zu machen.

«Baumriesen der Schweiz» führt in eine Welt aus Mythen, Historie, Wissenschaft und beschreibt neuartige Sichtweisen. Unsere einheimischen Bäume und Grosssträucher sowie Exoten werden in ausführlichen Essays von A–Z behandelt. Vom Apfel bis zur Zeder verfügt jede Baumart über einen Spickzettel mit Informationen wie Standort, Art, Alter, Umfang, Höhe, Breite und Volumen. Eine Einführung über die Kriterien zur Auswahl der Bäume sowie die verschiedenen Messmethoden macht dieses Buch auch zu einem Nachschlagewerk für Förster, Botaniker und andere Wissenschaftler.

Geografisch beschränkt sich das Buch auf die Schweiz. Doch auch für Naturbegeisterte im Ausland ist dieses Pionierwerk dank den Verweisen auf die weltweit dicksten und ältesten Vertreter spannend. Unzählige unbekannte Spitzenreiter mit teilweise internationaler oder nationaler Bedeutung werden darin erstmals gezeigt. Eine Schweizer Karte mit Standortpunkten der porträtierten Bäume ermöglicht ausserdem «Baumreisen zu Baumriesen». Ob ein Naturdenkmal in der Umgebung oder ein Methusalem in einsamer Bergwelt, unsere bäumigsten Highlights sind stets eine wundersame Begegnung wert. Bei diesen Kleinoden spürt man die ruhige Erhabenheit solcher Baum-Trouvaillen, und unter ihren Kronen kann man wortwörtlich die Seele «baumeln» lassen. Der Umwelt zuliebe sollte beim Besuch eines Baumes ausschliesslich der öffentliche Verkehr benutzt werden, denn in so gut erschlossenen Ländern wie der Schweiz ist selbst der abgelegenste Ort in wenigen Stunden zu Fuss erreichbar. Vielleicht entdecken Sie auf diese Weise sogar einen neuen Rekordhalter, der einen in diesem Buch übertrifft. Das Projekt «pro arbore» soll als weiterführende Aufgabe betrachtet werden; Meldungen aussergewöhnlicher Bäume sind willkommen. Das Inventar von «pro arbore» umfasst derzeit alleine in der Schweiz über 3000 Einzelstandorte. Damit die Bäume überschaubar bleiben und niemandem über den Kopf wachsen, wird anhand diverser Kriterien – zur Hauptsache anhand eines Mindest-Stammumfanges für jede Baumart – festgelegt, welche Exemplare lokale, regionale, nationale oder internationale Bedeutung aufweisen. Erfasst werden aber auch dendrologische Kuriositäten und kulturelle Besonderheiten. Das Projekt «pro arbore» wurde vom Autor sowie vom Baumspezialist André Hübscher gegründet. Unsere Forschungen erstreckten sich von literarischen Publikationen zum Thema über sämtliche Schweizer Forstbezirke und Gemeinden bis hin zu Vereinen, Organisationen und öffentlichen Medien. André Hübscher fuhr zudem systematisch das gesamte SBB-Streckennetz ab, wobei so manch «hübscher Fund» von ihm gesichtet wurde. Insgesamt entdeckte «pro arbore» mehr als ein Dutzend Baumarten, die jeweils zu den Weltrekordhaltern gehören. Kaum entdeckt, wurde bekannt, dass Pläne vorhanden sind, diese zu fällen. Mit der Auswahl von über 200 porträtierten Baumriesen soll deshalb gezielt auf die Bedeutung dieser letzten lebenden Zeitzeugen aufmerksam gemacht werden.

Der Autor bedankt sich für die unbezahlbare Hilfe von André Hübscher, ohne dessen ungebrochenes Engagement das Inventar um einen Grossteil ärmer wäre. Ein herzliches Dankeschön gebührt auch allen Kantonsoberförstern und Förstern, die sich trotz anderen Prioritäten für meine Anliegen Zeit genommen haben und mich auf aussichtsreiche Begehungen mitnahmen. Besonderen Dank für ihre fachliche Unterstützung auch an Andreas Rudow, Christoph Wicki, Patrik Krebs, Dr. Ulf Büntgen, Daniel Nievergelt, Dr. Patrik Fonti, Prof. Dr. Fritz Schweingruber, Ueli Brunner, Lukas Wieser, Hansjörg Lüthy, Hansruedi Stierlin, Klaus Gersbach, Heinrich Gubler, David Szalatnay, Urs Müller, Prof. Dr. Klaus Ewald, Dr. Hans-Peter Stutz, Martin Erb, Walter Wipfli, Fritz Bächle, Urs Häussermann, Stefan Kamm, Peter Tanner, Josef Schädler, Michael Fasel, Eike Jablonski, Dr. Manfred Walder, Jeroen Pater, Bernd Ullrich, Dr. Andreas Zehnsdorf, Agnés Baldenweg und an alle Naturfreunde, die mich mit unzähligen Zuschriften beschenkten.

Michel Brunner

www.proarbore.com

WENN BÄUME SPRECHEN KÖNNTEN
...hätten sie viel zu erzählen

BETRACHTUNGEN ÜBER DEN UMGANG MIT BÄUMEN

Fast immer wird der Wert eines Baumes aufgrund seines Nutzens für den Menschen definiert, sei er historisch, religiös, mythologisch, medizinisch, wirtschaftlich oder wissenschaftlich. Selbst einen Baum nur schön oder unter ihm die ersehnte Ruhe zu finden, setzt eine ästhetische oder spirituelle Erwartung voraus. Hängt die Bedeutung eines alten Baumes alleine davon ab, wie stark der Mensch von ihm profitiert? Hat nicht auch ein Baum das Recht, einfach nur Baum zu sein? Alt zu werden, nach Möglichkeit ohne unsere oft zu gut gemeinte Hilfe? Oder umgekehrt, woher nimmt der Mensch das Recht, über das Schicksal eines Lebewesens zu bestimmen?

In der Schweiz wurde der Versuch gemacht, den Schutz der «Würde der Kreatur» in die Bundesverfassung und das Gentechnologiegesetz aufzunehmen. Die Definition, wann ein Lebewesen eine Würde besitzt, bleibt aber ungeklärt. Wir beurteilen sämtliche Standpunkte von unserem eigenen aus. Je ähnlicher uns ein Lebewesen äusserlich ist, desto eher glauben wir, dass es ein Bewusstsein besitzt. Dass eine Pflanze unter der menschlichen Behandlung genauso leiden kann wie ein Tier, scheint uns absurd. Aufgewachsen in künstlichen Nährböden, einer 24-Stunden-Lichtfolter, mit Gewalt zurechtgeschnitten und von Chemikalien überzogen – dies ist der Alltag unzähliger Pflanzen. Wenn auch ein Tier äusserlich nicht einer Pflanze gleicht, aus biologischer Sicht beginnen die Grenzen zu verschwimmen. Es wäre gewagt, zu behaupten, der Mensch alleine sei intelligent und beseelt. Immerhin haben sich gewisse Pflanzen wie z.B. der Ginkgo über Millionen von Jahren bewährt. Bäume wachsen in Gegenden, in denen der Mensch über längere Zeit nicht überleben würde. Gehört dazu nicht mehr als nur Anpassungsfähigkeit? Besitzt ein Baum womöglich Verstand und Gefühle? Eine wissenschaftliche Studie von Wolfgang Volkrod besagt z.B., dass Bäume mittels geringster hochfrequenter Kurzwellenstrahlung miteinander kommunizieren. Das Aufkommen vermehrter elektrischer Strahlung von Mikrowellen, Radar usw. beeinflusse aber die Baumzellen negativ und führe schliesslich zu einem kranken Wuchs oder zum Absterben des Baumes.

Ob nun ein Baum eine Intelligenz besitzt oder nicht, sei dahingestellt. Tatsache ist, dass der Baum mit zunehmenden zivilisatorischen Errungenschaften viel an Respekt eingebüsst hat. Zu Zeiten, als der Mensch noch nicht die Mittel besass, riesige Bauten zu errichten, war der Baum eines der monumentalsten Gebilde in der Landschaft. Die Menschen verehrten ihn. Die Ehrfurcht vor natürlichen Dingen ist heute oft verloren gegangen. Längst ist auch der Baum zu einem Gebrauchsgegenstand verkommen. Ein austauschbares Objekt, wie vieles in unserer Zeit, und ersetzbar. Der Baum hat an Identität verloren und wurde normgemäss vereinheitlicht, denn Norm ist normal. Er muss als Zierde, Lärmschutz, Luftreiniger und Baumaterial herhalten. Spalierbäume ermöglichen das bequeme Ernten der Früchte, Wirtschaftsbäume werden in die Höhe getrieben und ein Bonsai am

Wachstum gehindert. Weltanschauung und Wertvorstellungen der Menschen sind nicht spurlos an ihm vorübergegangen. Doch Bäume gehören zur Geschichte und zur Tradition eines Landes. Sie verdienen unsere Aufmerksamkeit und müssen geschützt werden. Der Baum ist ein absolut selbstständiges Lebewesen mit eigenen Gesetzen. Er gedeiht, sofern wir in seine Lebensstruktur nicht zu grob eingreifen. Wir vertrauen der Regenerationskraft und der Selbsthilfe eines Baumes leider oft zu wenig. So fallen die letzten Altbäume, einer nach dem anderen, und die Tendenz, dass die Bäume in einer Stadt dünner sind als die Menschen, ist steigend. Wie Kirchen und andere denkmalgeschützte Bauten gehören Naturdenkmäler zum Kulturgut eines Landes und spiegeln die Wertschätzung der Menschen. Sie sind lebende Zeitzeugen, und wir haben die Pflicht, diese nachhaltig für kommende Generationen zu erhalten und zu pflegen.

HABEN ALTBÄUME NUR EMOTIONALE WERTE?

Der Einzelbaumschutz ist in der Schweiz so gut wie kein Thema, denn die Bestrebungen des Naturschutzes führen in die Richtung von grossräumigeren Massnahmen. Man spricht zwar davon, dass Altbäume das Vielfache an Biodiversität aufweisen und Wohnheim für viele vor dem Aussterben bedrohte Tier- und Pflanzenarten sind. Stellt der Einzelbaumschutz aber auch sonst eine entscheidende Umweltprävention dar?

Wuchs früher hauptsächlich gesundes und ausgereiftes Saatgut von Altbäumen heran, die sich standörtlichen Bedingungen angepasst und sich behauptet hatten, stammen die Jungbäume heutzutage oft von nicht viel älteren Bäumen aus Gartenkulturen. Viele werden mittels vegetativer Vermehrung (ungeschlechtlich) gezogen, von Bäumen, die ihre natürliche Fruchtbarkeit noch nicht einmal erreicht haben. Verschwindet da nicht auch ein Genpool, der über Jahrtausende widerstandsfähige Bäume gefördert hatte? Werden mit der natürlichen Fruchtbarkeit nicht auch Reife und Erfahrung mitgegeben? Weshalb sind alte Bäume viel weniger von neueren Parasiten und Krankheiten betroffen, und warum finden sich bei vielen alten Sorten oft frost- und hitzeresistente Individuen?

Während in einer natürlichen Landschaft das ganze Altersspektrum einer Pflanzenart ausgeschöpft wird, finden sich in unserer gestylten Umgebung längst keine wirklichen Baumgreise mehr. Was heute bereits als Baumruine betrachtet wird, ist nichts weiter als ein Baum, der über seine Hiebreife hinausgewachsen und für die Wirtschaft unrentabel geworden ist. Wussten Sie, dass es einst Linden und Eichen mit fast 30 m Stammumfang, Ulmen und Weiden mit 15 m und Tannen mit 12 m Umfang gab? Ausser einer 10 m messenden Walnuss in Spanien sind alle mächtigen Nussbäume der Holzindustrie für Gewehrschäfte zum Opfer gefallen. 99 Prozent unserer Pflanzen können deshalb als «Teenager» bezeichnet werden, und nur den wenigsten ist ein natürlicher Tod vergönnt. Weil selbst den Fachleuten Vergleiche fehlen, wo bei einer Baumart das Maximum in Sachen Wachstum und Alter liegt, hat sich die Beurteilung der Gesundheit eines Baumes in eine fragwürdige Richtung entwickelt. Schnell spricht man von «gefährlichen Bäumen». Ist es für einen Wanderer nicht zumutbar, selbst zu entscheiden, ob er sich unter einem Altbaum aufhalten soll oder nicht? Während es selbstverständlich ist, dass man vor der Überquerung eines Fussgängerstreifens nach links und rechts schaut, obschon man in der Schweiz Vortritt hat, wird erwartet, dass ein Baum an einer Strasse hundertprozentige Sicherheit bietet. Den Baumpflegern bleibt insofern nichts anderes übrig, als den Baum zu verunstalten, was ihn teilweise erst krank und gefährlich macht. Der Sicherheitswahn führt deshalb bei vielen Bäumen zu uferlosen finanziellen Pflegemassnahmen und kostet die Gemeinde eine Menge – meist unnötig eingesetztes Geld –, weshalb ein Baum ab einer gewissen Grösse entfernt wird. Ist ein Baum hohl, wird er als krank eingestuft. Man spricht auch von faulen Stämmen, was an faules Obst erinnert. Während aber für den Menschen überreife Früchte ungeniessbar und wertlos werden, ist dies für den Baum ein wichtiger Prozess, um seine Samen für die Fortpflanzung freizugeben. Die Baumpflege möglichst auch aus Sicht des Baumes zu betrachten, ist die Voraussetzung einer kompetenten Beurteilung.

Die wenigsten fragen sich, ob es sich bei der Zersetzung von Stamm und Ast um eine natürliche Alterserscheinung und Strategie des Baumes handelt. Sorgen hohle Äste womöglich für eine entscheidende Gewichtsentlastung und verhindern so ein Abbrechen? Ist ein hohler Baum statisch betrachtet einem vollholzigen Baum sogar überlegen? Das Auftreten von Pilzen an Bäumen wird allgemein als Anzeichen für eine Krankheit angesehen. Kann es nicht sein, dass auch hier eine Symbiose zwischen Baum und Pilz besteht? Vielleicht lässt es ein Baum, der einen massenreichen Stamm und starke Äste entwickelt hat, bewusst zu, dass Pilze in sein Holz eintreten und es zersetzen?

Tatsächlich lässt sich z.B. bei Linden beobachten, dass ein vom Pilz befallener Baum die Zersetzung nur bis zu einem gewissen Grad zulässt. Es stellt sich im Verlaufe der Zeit an gewissen Orten eine Wachstumszone ein, die durch die Bildung von Kambium die offene Stelle umwallt und so dafür sorgt, dass die Aussenschicht eines Stammes oder Astes verstärkt wird. Bis der Pilz die äusserste Holzwand erreicht hat, fällt er, zusammen mit dem morsch gewordenen Holz, als Humus zu Boden. Mit solchen Finessen gewinnt der Baum an Leichtigkeit und muss keine unnötige Holzmasse ernähren. Das bedeutet, dass er die Nährstoffe und das Wasser, die aus dem Boden zu holen sind, an für ihn wichtigeren Stellen einsetzen kann; hauptsächlich für den Aufbau der Baumform, um standfest und gegenüber Nachbarbäumen konkurrenzfähig zu bleiben. Prinzipiell gilt: Die Natur weiss, was sie tut!

WISSENSWERTES
Wie finde ich mich in diesem Buch zurecht?

1 Eberesche, Müstair GR
Sorbus aucuparia L.

a	ca. 80-jährig (gekeimt um 1930)	f	2,60 m Basis (Umfang Bodenhöhe)
b	2,45 m Stammumfang (in 1 m Höhe)	g	12,00 m Kronenhöhe
c	0,76 m BHD (Durchmesser in 1,3 m Höhe)	h	15,00 m x 12,00 m Kronenbreite
d	2,40 m Taille (Umfang dünnste Stelle)	i	2,20 m³ Holzvolumen (Stamminhalt)
e	1,70 m & 1,60 m Umfang (Stämmlinge)	k	1,50 m³ Derbholzvolumen (Nutzen)

Baumriesen der Schweiz präsentiert erstmals die bedeutendsten Bäume und Sträucher des Landes. Neben kulturellen und botanischen Aspekten wurde die Auswahl der Bäume anhand eines Mindest-Stammumfanges getroffen, die ein Baum je nach Art erfüllen sollte. Der Stammumfang, mit Ausnahme der kultivierten Rebe, musste bei einheimischen Gewächsen bei mindestens 2,00 m, bei exotischen Bäumen bei mindestens 5,00 m liegen. Einige weniger relevante Arten mussten aus Platzgründen weggelassen werden oder haben den Mindest-Stammumfang nicht erreicht. Die hier porträtierten Bäume, deren Aufnahme keinerlei lokalpatriotischen Aspekten folgte, sind dagegen exklusive Spitzenreiter. Es ist eine ernstgemeinte Empfehlung von «pro arbore», diese Bäume mit allen Mitteln zu schützen und zu betreuen. Immerhin handelt es sich um die 200 bedeutendsten Vertreter ihrer Art, von über 500 Millionen Bäumen in der Schweiz.

Die vorgestellten Bäume verfügen je über einen eigenen Steckzettel mit Daten und Informationen. Als Muster soll die hier abgebildete Eberesche in Müstair aufzeigen, unter welchen Kriterien die Angaben aufgeführt wurden.

Nr.: Als erstes ist die Baum-Nummer angegeben, die sich auf den Porträttext im Buch bezieht und eine Standortlokalisierung auf der Karte am Anfang des Buches ermöglicht. Danach erscheinen der deutsche Name der Baumart sowie der Name der Gemeinde und des Kantons (Kürzel, z.B. GR), in welchem der Baum steht. Der wissenschaftliche Name darunter wird nur im Datenblock mit dem Autor (z.B. «L.» für «Linné») aufgeführt.

a: Falls das Pflanzdatum unbekannt ist, wird das geschätzte Alter mit «ca.» angegeben. Bei der Pflanzung ist ein Baum aber meist bereits mehrere Jahre alt. Das Alter bezieht sich auf das Jahr 2009 (Zeitpunkt des Erscheinens der 1. Auflage).

b: Der Stammumfang wird grundsätzlich, falls machbar und nicht anders angegeben, in 1 m Höhe ab Boden gemessen. Die im Buch angegeben Werte beziehen sich immer auf diese Höhe, da «pro arbore» die meisten Rekordhalter ausserhalb der Schweiz auch so vermessen hat. Darin liegt auch der Wert dieser Angaben, denn erst der internationale Vergleich ermöglicht eine glaubwürdige und konsequente Auswahl und Einteilung von Rekordhaltern. Da die Bodenhöhe des Terrains sehr stark variiert, wird jeweils von der durchschnittlichen Höhe der unterschiedlichen Bodenebenen gemessen. Gerade in Hanglagen werden diese Höhendifferenzen in allen vier Himmelsrichtungen miteinander verglichen und daraus der Mittelwert bestimmt. Das Ziel ist, den Keimpunkt des Baumes festzulegen, wobei die Art mit einbezogen werden muss, da Nadelbäume primär hangabwärts mehr Holz (Druckholz) entwickeln, Laubbäume aber hangaufwärts (Zugholz). Der Vorteil einer Umfangmessung in 1 m Höhe ist, dass so selbst Altbäume mit ausgeprägter Wurzelbasis ins Gewicht fallen. Sowieso ist ein alter Baum wegen seiner Starkäste oft auf keiner anderen Höhe messbar.

c: Forstlich gesehen misst man den Stamm grundlegend in Brusthöhe, also 1,3 m ab Boden; mit Ausnahme von Asien, wo das Massband in

1,2 m Höhe angesetzt wird. Der Förster misst den Brusthöhendurchmesser (BHD), wenn der Baum in einem Hang steht, immer in der Höhe der obersten Basishöhe (siehe auch f). Das hat damit zu tun, dass diese Messung ursprünglich aus wirtschaftlichen Gründen gemacht wurde. Das Holz musste möglichst druck- und zugholzfrei sein, um für eine Verarbeitung verwendet werden zu können. Deshalb misst der Förster den Stammdurchmesser auch mit einer Messkluppe, um zu schauen, ob der breiteste Durchmesser überhaupt noch maschinell verarbeitbar ist. Der im Buch angegebene Messwert wurde allerdings aus dem Stammumfang in 1,3 m Höhe ermittelt. Der Vorteil dabei ist, dass es sich bei diesen Angaben um den tatsächlichen Durchschnittswert handelt, der dem Baum gerechter wird. Fast immer sind die Stämme alter Bäume elliptisch und nicht rund, und zwischen der breitesten und der dünnsten Stelle können metergrosse Unterschiede bestehen (vgl. Nr. 134).

d: Der Taillenumfang gibt die dünnste Stelle des Stammes an. Diese wurde konsequenterweise zwischen Basis und dem ersten Stark- oder Hauptast gesucht. Das Massband darf geschlängelt oder diagonal zur Stammachse anliegen, einzige Voraussetzung ist, dass es sich um die dünnste Stelle (Taille) handelt. Bei einem sich verjüngenden Stamm, wie man ihn meist bei Nadelbäumen antrifft, macht die Taillenmessung wenig Sinn. An der Taille ist der Zuwachs von Druck- und Zugholz häufig am geringsten, weshalb diese Messung ideal ist, um das durchschnittliche Wachstum eines Baumes zu bestimmen. Die Taille kann sich jedoch bei Zerfall des Stammes auch verkleinern.

e: Bei mehrstämmigen Bäumen oder solchen, die wegen ihrer Art nicht auf eine Stammhöhe von 1 m kommen, kann es sein, dass die einzelnen Stämmlinge am Ansatz des Hauptstammes oder der Basis im Umfang vermessen wurden. Die genauen Höhenwerte werden in Klammern dahinter angegeben oder mit «Stämmlinge» usw. vermerkt. Beim Beispiel der abgebildeten Eberesche handelt es sich streng genommen nicht um zwei Stämmlinge, sondern um die beiden grössten Hauptäste.

f: Die Basis, also der Ort, an dem die Wurzeln in der Erde verschwinden, wurde in kürzester Distanz um die grössten Wurzeln gemessen – falls diese sich nicht zu offensichtlich vom Hauptstamm entfernen. Eine konische Wurzelbasis findet man vor allem bei Mammutbäumen oder Arten, die keine grossen Brettwurzeln ausbilden.

g: Falls für ihre Art bedeutend, wurde auch die Kronenhöhe verzeichnet. Höhenmessungen von im Wald stehenden Bäumen sind oftmals ebenso schwierig wie die Messung einer runden Krone eines Laubbaumes, bei der man wegen der Verkürzung nicht eindeutig bestimmen kann, welcher Trieb der höchstgelegene ist.

h: Die Kronenbreite wurde, falls wichtig und vom Terrain machbar, jeweils übers Kreuz in zwei verschiedenen Himmelsrichtungen gemessen. Dabei ist auffallend, dass selbst Bäume, die eine klar einseitige Krone zu haben scheinen, meistens überhaupt nicht unausbalanciert sind. Das bedeutet, dass die Kronenbreite, die man als die breitere ausgemacht hat, sich teilweise nur gering oder gar nicht von der optisch kleiner erscheinenden Kronenbreite unterscheidet. Natürlich gibt es auch Baumkronen, vor allem jene, die künstlich gezogen oder geschnitten wurden, die eine klare Breitseite haben.

i: Bei einigen Bäumen ist die Gesamtmasse sehr beeindruckend. Vor allem Mammutbäume, Tannen und Fichten haben oft ein unglaubliches Holzvolumen entwickelt. Dabei muss man allerdings zwischen dem eigentlichen Holzvolumen (theoretischer Stamminhalt) und dem Derbholzvolumen unterscheiden. Ersteres bezieht sich auf den gesamten Stamm und meist darüber hinaus auf die massenreichsten Äste sowie, falls angegeben, sogar auf die geschätzte Volumengrösse der Wurzeln.

k: Die Holzvolumenangaben der Förster liegen beträchtlich niedriger, da diese sich in den meisten Fällen auf die Derbholzmasse beziehen, also den Holzanteil, der wirtschaftlich brauchbar ist. Das Nutzholz macht jedoch nur einen Bruchteil des ganzen Baumes aus. Ein grosser Teil entfällt bei der Ausschliessung des voluminösesten Stammbereiches, nämlich des Strunkes bis 1,3 m Höhe ab Boden. Ausserdem wird der Holzschaft praktisch nur bis zu der ersten grösseren Hauptverzweigung berechnet – vor allem bei Laubbäumen –, da alles andere viel zu komplex wird und industriell nicht von Belang ist. Eine grosse Prozentzahl verliert man bei Subtraktion der um den Stamm befindlichen unbrauchbaren Rinde.

Bei beiden Varianten, also der Holzvolumen- und der Derbholzvolumenberechnung, handelt es sich aber nur um eine theoretische Angabe, die von einem vermuteten geometrischen Körper ausgeht. Da bei fast allen Altbäumen die Stämme längst hohl sind, kann man nur beschränkt von Volumenmasse oder Stamminhalt sprechen. Ab einer gewissen Grösse sind solche Bäume sowieso wirtschaftlich uninteressant oder, wie der Förster zu sagen pflegt, haben ihre Hiebreife verpasst.

Alle Informationen und Messwerte wurden nach bestem Wissen und Gewissen ausgewertet. Mit der konsequenten Gegenüberstellung aller hier porträtierten Bäume, die, sofern bekannt, immer in einen Kontext mit internationalen Rekordhaltern gestellt wurden, wurde eine Grundlage für die Einteilung eines Baumes in «lokal», «regional», «national» oder sogar «international bedeutend» geschaffen. Diese Einteilung und somit der Schutzstatus der porträtierten Bäume ist auf der Standortkarte mit unterschiedlichen Farben gekennzeichnet.

DER APFEL
Krönung jahrhundertelanger Zucht

Der Apfel muss bereits Siedlern in der prähistorischen Zeit vor 6000 Jahren bekannt gewesen sein, wie Ausgrabungsfunde bestätigten. Seit wann die Apfelzucht betrieben wird, ist unklar. Einige Experten verlegen die Kultivierung auf die Römerzeit, andere glauben, dass schon 3000 v.Chr. die Sumerer und Babylonier die Kunst der Veredelung kannten. Auch die Herkunft bleibt umstritten. Jüngste Forschungen haben ergeben, dass der einheimische Holzapfel *(Malus sylvestris)* nun doch als Stammvater in Frage kommt, obschon man erst kürzlich den in China, Kirgistan und Kasachstan vorkommenden Wildapfel *(Malus sieversii)* als Vorfahre identifiziert zu haben glaubte. Von 20 wilden Äpfeln, die in Europa, Asien und Nordamerika vorkommen, zeigen beide grosse Ähnlichkeit mit dem heutigen Kulturapfel *(Malus domestica)*, der eine Hybridform aus unzähligen Kreuzungen ist. Während zu Zeiten des römischen Reiches mit etwa 30 Sorten eine erste Hochkonjunktur der Apfelzucht herrschte, kam eine zweite im 16. Jahrhundert in Mitteleuropa auf. Die süsseren Apfelsorten – von den Römern nach Nordeuropa gebracht – wurden insbesondere bei der Christianisierung bekannt. Die Apfelzucht kam bei den Klöstern und vornehmen Häusern in Mode, und die Veredelung wurde zu den Künsten gezählt. In Rheinland-Pfalz steht beispielsweise ein Baum, der insgesamt 200 verschiedene, aufgepfropfte Sorten trägt. Man machte es sich zum Sport, den grössten, schönsten und schmackhaftesten Apfel hervorzubringen.

In der Renaissance waren geometrische Baumformen auf dem Vormarsch. Spalier- und kandelaberförmige Zwerg-Obstbäume gehörten bald zum guten Ton der gesitteten Gesellschaft, und nach dem Vorbild von Versailles kamen überall in Europa solche «Palmetten» auf, die einen grossen Pflegeaufwand benötigten. Der Tafelapfel wurde aber hauptsächlich von den höheren Schichten gepflegt. Die Bauern verwendeten die Äpfel für Most (cidre), zur Schnapsverarbeitung und zum Kochen. Besonders nach dem Dreissigjährigen Krieg (1618–1648) entstanden die bis heute gepflegten Streuobstwiesen. Als im 19. Jahrhundert zusammen mit der Industrialisierung die Selbstversorgung an Bedeutung verlor und der Handel mit Äpfeln begann, waren auf einmal lagerbeständige Sorten mit transportverträglichen Eigenschaften gefragt. Viele Apfelsorten, die über Jahrhunderte kultiviert worden waren, gingen nun verloren. Der Tafelapfel, der früher als Statussymbol nur in vornehmen Stuben gestanden hatte, wurde plötzlich zum Haupterwerb der Bauern. Bereits 1930 begann man in der Schweiz, Rodungsprämien für Hochstämme auszuzahlen und Mostäpfel durch Niederstammsorten zu ersetzen. Während auf einem Hektar Land 100 Hochstämme Platz fanden, konnte man auf derselben Fläche mehr als zehnmal so viele Niederstämme anpflanzen. Diese rentable Bewirtschaftungsform führte dazu, dass der Grossteil der Altbäume gefällt wurde. Bevor die Hochstammsorten vollständig ausgerottet waren, überzeugte der «Schweizer Natur- und Heimatschutz» den Bund 1975, die Rodungsprämien zu stoppen.

FEUERBRAND WIRD ZUM POLITIKUM

Seit die bakterielle Pflanzenkrankheit Feuerbrand – erstmals 1780 in Amerika entdeckt – auch England und von dort 1989 die Schweiz erreichte, sind Obstbäume wieder in Gefahr. Die Bakterien des Feuerbrandes bringen eine Pflanze zum Verwelken oder im schlimmsten Fall zum Absterben. Der Feuerbrand kann sich im Baum einnisten und bricht oft im Folgejahr wieder aus. Da 2007 schweizweit 100 Hektaren Niederstammkulturen vernichtet wurden, bewilligte der Bund 2008 erneut den Einsatz des sonst verbotenen Antibiotikums «Streptomycin». Die Bekämpfung mit Antibiotika führt nicht nur zum Verlust von wertvollem Bienenhonig. Eine weitere Gefahr besteht auch darin, dass sich durch den regelmässigen Einsatz von «Streptomycin» antibiotikaresistente Bakterien bilden können. Da es noch an praktischer Erfahrung mit alternativen Mitteln, wie beispielsweise dem Spritzen von Hanfextrakt oder Löschkalk, fehlt, werden oftmals Fällaktionen bevorzugt. Die Anwendung alternativer Produkte kann zwar erfolgversprechend sein, ist aber aufwändig. In den USA, Kanada und Neuseeland wird neuerdings das Bakterium «Pantoea agglomerans» bewusst ausgebracht, um die feuerbrandanfälligen Pflanzenteile mit diesem Gegenspieler zu besetzen. Allerdings sind Nebenwirkungen dieses Eingriffes noch zu wenig erforscht, als dass sie in Europa verwendet werden dürften. Oft genügt ein Rückschnitt, um die Gefahr von Feuerbrandbefall zu dämpfen. So wird auch die Existenz vom Aussterben bedrohter Vögel, Fledermäuse und Kleintiere, die auf Brutnischen in alten Obstbäumen angewiesen sind, gewährleistet.

2	**Apfel, Wildberg ZH**
	Malus domestica Borkh.

ca. 100-jährig (um 1910)
3,10 m Stammumfang
0,98 m BHD
Sorte «Baarapfel»

Dieser mächtige Hochstamm erinnert eher an einen Birn- als an einen Apfelbaum.

Auffallend ist, dass wüchsige Niederstammbäume anfälliger auf Feuerbrand sind als ruhig wachsende Hochstämme. Robust sind vor allem Altbäume wegen ihres minimen Wachstums. Weniger anfällig ist auch die Sorte «Schneiderapfel», die «Fructus», die Vereinigung zur Förderung alter Obstsorten, 2008 deshalb zum «Obstbaum des Jahres» kürte. Diese starkwüchsige Sorte dient als Unterlage für die Veredlung und wird «Stammbildner» genannt. Bei einer landesweiten Umfrage fand man den dicksten Schneiderapfel mit 2,40 m Umfang in Untereggen. Apfelbäume mit über 2,50 m sind in der Schweiz sehr rar. Bis vor kurzem war ein Wildapfel in Stubbendorf bei Mecklenburg-Vorpommern mit 4,50 m Umfang ungeschlagener Rekordhalter in Sachen Stammdicke. In Bayern bei Meierhof entdeckte man jedoch kürzlich einen Apfel mit unglaublichen 5,40 m Stammumfang.

Da der Apfelbaum zu den Fremdbefruchtern gehört, das heisst, dass nur Pollen fremder Apfelsorten im Griffelgewebe wachstumsfähig sind, ist jeder Apfelkern ein Kreuzungsprodukt und somit eine neue Sorte. Da jedoch nur wenige Sorten eine willkommene Eigenschaft hatten, wurde nur ein Bruchteil des Sortenreichtums gezielt vermehrt. Zu den weltweit bekanntesten Apfelsorten gehören der «Red Delicious» und der «Golden Delicious». Der Kleinbauer Anderson Mullins in Clay County, West Virginia (USA), entdeckte 1890 die gelben Äpfel und taufte sie «Mullins' Yellow Seedling» («Mullins' Gelber Sämling»). Der äusserst aromatische und lagerbeständige Apfel wurde bald darauf weltberühmt. Der Mutterbaum starb 1958, lebte jedoch in Millionen von Bäumen weiter. Kreuzungen aus dem «Golden Delicious» ergaben beispielsweise die Sorten «Jonagold», «Gala», «Iduna», «Elstar», «Maigold» usw. Im Gegensatz zum «Golden Delicious» sind viele einheimische Sorten unbekannt geblieben. Einer der primitivsten Kulturäpfel ist der «Api étoilé» (Sternapi). Diese Urform weist einen fünfeckigen Fruchtkörper auf und dürfte aus der Zeit der Römer stammen. Seit Jahren bemühen sich Vereine wie «Fructus» und «Pro Specie Rara» um den Erhalt seltener Sorten.

APFELFRÜCHTE – EIN AUGENSCHMAUS

Der Apfel ist Symbol für Vollkommenheit der Erde und des Kosmos. «Vom Ei bis zum Apfel» hiess so viel wie «vom Anfang bis zum Ende» oder «von der Schöpfung bis zur Vollendung». Der «Erdapfel» aus Nürnberg aus dem Jahr 1492 ist der weltweit älteste Globus. Auf ihm fehlt noch der amerikanische Kontinent.

Da der Apfel auch als Zeichen der Fruchtbarkeit und der Sexualität galt, wurde er von manchen als etwas Schlechtes verschrien. «Malum ex malo», «alles Unheil kommt vom Apfel», wurde auch der biblischen Geschichte von Adam und Eva angedichtet. Ob die dort verbotene Frucht allerdings ein Apfel war, bleibt ungewiss.

Nicht nur Kartoffeln, auch «Erdäpfel» genannt, «Granatäpfel» und «Stechäpfel» tragen ihre Namen wegen der Apfelförmigkeit. Die weibliche Brust nannte man «Frauenapfel», und der «Adamsapfel» war der steckengebliebene paradiesische Bissen der verbotenen Frucht. «Apfelbett» bedeutet in China «Freudenviertel», und bei sexueller Unlust hiess es: «Der mag keine Äpfel essen.» «Sie hat des Apfels Kunde nicht» bezeichnet ein jungfräuliches Mädchen, und Brautwerbern riet man: «Wer den Apfel will, zieht den Zweig herunter, und wer die Tochter will, liebkose die Mutter munter.» Wollte eine Frau in Griechenland an keuschen Einweihungsritualen teilnehmen, wurde ihr der Genuss von Äpfeln lange Zeit davor verboten. Königin Inania im sumerischen «Gilgamesch»-Epos entdeckte ihre Weiblichkeit unter einem in der Mitte des Landes stehenden Apfelbaum. Als die altägyptische Göttin

Die mächtigen Horizontaläste sind im Herbst 2009 alle abgebrochen, weil man es unterlassen hat, sie abzustützen.

3	Apfel, Eglisau ZH
	Malus domestica Borkh.

ca. 70-jährig (um 1940)
2,55 m Stammumfang
0,83 m BHD
2,50 m Taillenumfang
Sorte «Gravensteiner»

Isis die Äpfel aus Jux halbierte, trennte sie die rote Hälfte (weibliches Prinzip) von der grünen (männliches Prinzip), weshalb sich die beiden suchen, um wieder eins zu werden. In vielen Kulturen ist vom Paradiesbaum mit den Früchten der Unsterblichkeit die Rede. Verjüngende Äpfel besass Idun, die Göttin der Erneuerung in der nordischen Sage. Als den Asen, dem germanischen Göttergeschlecht, die Äpfel des immerwährenden Lebens abhanden kamen, begannen sie zu altern.

Die mit hohen Mauern umgebenen, apfelreichen Gärten in Persien waren so prächtig, dass aus dem Wort «pairidaeza» («eingefriedeter Garten») das deutsche «Paradies» entstanden ist. Die Bezeichnungen «apitz» und «affalra» findet man heute noch abgewandelt in Ortsnamen. Das Wort «Pomum» (pomme) hiess ursprünglich allgemein «Obst», bevor der Begriff nur für den Apfel galt. Das harte Holz des Apfelbaumes wurde für Zahnräder von Uhren und Schrauben verwendet. Medizinisch gebrauchte man den Apfel vor allem bei Gicht-, Blasen- und Nierenleiden oder je nach Anwendung auch bei Rheuma und Durchfall.

4 Apfel, Interlaken BE
Malus domestica Borkh.

ca. 140-jährig (um 1870)
3,25 m Stammumfang
1,05 m BHD
3,20 m Taillenumfang
17,00 x 17,00 m Kronenbreite

Der Apfel – Baumporträts

Hinter dem alten Dorfkern Hegi bei Winterthur befindet sich ein Baumgebilde, wie man es sonst in unserem Land kaum mehr antrifft (siehe S. 10). Ein roter Teppich aus Äpfeln verleiht im Herbst dem Laubengang etwas Fürstliches. Leider sind einige der gekrümmten Stämme – die zum Teil aus Schwarzdorn gebildet werden – im Frühling 2009 beschädigt worden, da nicht nur Vögel und Eichhörnchen, sondern auch Kinder auf dem einladenden Portikus herumturnen.

Als Klaus Gersbach, Präsident des Vereins «Fructus», den «Baarapfel» in Schalchen bei Wildberg entdeckte, fiel ihm die hohe Krone auf, die eher einem Mostbirnbaum ähnelt (vgl. Nr. 2). Die Apfelsorte wird wegen der Fruchtform auch «Nahtapfel» oder «Schafnase» genannt. Während allgemein die Meinung kursiert, Drehwüchsigkeit basiere hauptsächlich auf Wasseradern, hat Holzspezialist Heinrich Gubler festgestellt, dass sie im Wesentlichen genetisch und sortenspezifisch bedingt ist. Im Allgemeinen sind Äpfel aber linksdrehwüchsig und Birnen rechtsdrehwüchsig. Der Apfel in Schalchen durchbricht dieses Muster.

Einzigartig sind zwei weitere Apfelbäume im Kanton Zürich (vgl. Nr. 3). Die horizontalen, gestuften Astkränze der Apfelbäume in Eglisau erinnern mit Recht an eine Tanzlinde. Für einen Niederstamm wäre diese gezogene Form nichts Aussergewöhnliches, würden nicht die mächtigen Dimensionen des Baumes gegen einen Niederstammbaum sprechen. Der Bauer Severin Lamprecht erinnert sich, dass die 50 Jahre alten Äste der «Gravensteiner»-Apfelbäume nicht immer bodennahe abgestanden sind. Eine Stütze wäre nötig gewesen, um diese einmalige Baumform zu erhalten. Trotz der dringenden Empfehlung von «pro arbore» unterliess man dies leider, worauf im Herbst 2009 aufgrund der schweren Ernte die mächtigsten Starkäste abbrachen. Von der Apfelbaumreihe haben nur zwei der 70-jährigen Äpfel überlebt.

Der bisher ungeschlagene Schweizer Rekordapfel steht in Interlaken neben der Schlosskirche und dem reformierten Pfarrhaus (vgl. Nr. 4). «Der Apfel fällt nicht weit vom Stamm», heisst es so schön. Mit unglaublichen 17 m Kronenbreite trifft dies beim Apfelbaum in Interlaken nur annähernd zu.

Der ausgeprägte Baum scheint eine athletische Figur zu imitieren: Der sehnige, beinahe muskelbepackte Stamm geht in eine geschwungene Astkonstruktion über. Der Stamm ist minim nach rechts gedreht und erhält durch die spannrückige Form zusätzliche Stabilität. Leider ist der Baum vom Hallimasch-Pilz befallen, einem sehr aggressiven Pilz, der den Baum früher oder später zum Absterben bringen kann. Es sind Bemühungen im Gange, den Baum als Totholzskulptur stehen zu lassen, was im Siedlungsraum in der Schweiz bisher einmalig wäre.

DIE ARVE
Kronen-Königin der Berge

Die Arve *(Pinus cembra)* besiedelt in den Alpen und Karpaten die Höhenzüge und bildet den obersten Waldgürtel der Berge. Sie überblickt auf 2850 m ü.M. sogar die Lärche und geniesst ein sichtfreies Panorama. In Nordostrussland hat sich eine Unterart der Arve, «*Pinus cembra ssp. sibirica*», auch «Sibirische Zeder» genannt, ein riesiges Verbreitungsgebiet erkämpft. Unsere heimische Arve wurde jedoch stark dezimiert, da sie eines der schönsten Hölzer aufweist. Bereits 1870 weist Prof. F. Simony im «Jahrbuch 6, Österreichischer Alpenverein» auf die masslose Plünderung und den Raubbau in den Alpen hin. Die natürliche Waldgrenze wurde durch radikales Abholzen um 200 m gesenkt. Dagegen findet man die Arve teilweise angepflanzt bereits auf 1300 m ü.M. Dass die natürliche Verbreitung einst oberhalb der besiedelten Dörfer lag, zeigt auch, dass keine Ortschaft in der Schweiz sich vom Wort «Arve» ableiten lässt und der Baum so gut wie von keinen Sagen umsponnen wird.

Im Gegensatz zu anderen Kieferngewächsen ist das Holz der Arve weicher und leichter. Das harzreiche, nach Honig riechende Gehölz kleidet als Täfer in Graubünden und im Tirol die Wohnzimmer und sorgt für ein gemütliches Ambiente. Man erkennt es nicht nur am unverwechselbaren Duft, sondern auch an der rötlich-braunen Färbung mit den rot-schwarzen Augen der Astquerschnitte. Das feinfaserige Arvenholz hält Wanzen und Schaben fern und besitzt wärmespeichernde Eigenschaften. Aus ihm werden Möbel und allerlei Schnitzereien gefertigt. Obschon das Holz relativ dauerhaft ist, taugt es für den Aussenbereich wenig, da es nicht tragfest ist. Umso erstaunlicher ist deshalb, dass viele Arven auffallend massive, horizontale Hauptäste bilden. Diese werden früher oder später unweigerlich vom Gewicht des Schnees abgerissen. An alten Arven klaffen überall riesige Wunden, die durch solche Astverluste entstanden sind. Dadurch wird die Bildung von weiteren Kandelaberästen jedoch noch gefördert. Fast könnte man meinen, es sei eine Taktik des Baumes, seine Kronenform möglichst niedrig zu halten, um nicht Opfer von Windwurf zu werden. Allgemein wird die Arve jedoch nicht als sturmgefährdet eingestuft, da die Wurzeln tief in die Erde ziehen. Allerdings muss man bedenken, dass viele Arven auf hochalpinem Terrain nur auf Steinmolassen stocken und die Wurzeln hauptsächlich nur in die Breite wachsen können. So wurde beispielsweise eine der schönsten und dicksten Arven in Celerina vor einigen Jahren vollständig entwurzelt. Ihr Wur-

5 Arve, Celerina GR
Pinus cembra L.

ca. 600-jährig (um 1410)
6,70 m Stammumfang
5,70 m Taillenumfang

7 Arve, Avers GR
Pinus cembra L.

ca. 500-jährig (um 1510)
6,00 m Stammumfang
1,59 m BHD
4,90 m Taillenumfang

6 Arve, Celerina GR
Pinus cembra L.

ca. 450-jährig (um 1560)
4,75 m Stammumfang
1,56 m BHD
4,70 m Taillenumfang

zelteller ragt heute noch als mächtiges Gebilde in die Höhe. Auf eine Gewichtsentlastung durch Abfallen der Nadeln im Herbst hat sich die Arve im Gegensatz zur Lärche nicht spezialisiert. Eine dickflüssige Konsistenz des Saftes in den Zellen der Nadeln sorgt im Winter dafür, dass die Nadeln in den Höhenlagen nicht vollständig durchfrieren.

DER «GEFLÜGELTE FÖRSTER» ALS GÄRTNER

Ausserhalb der Schweiz wird die Arve in den deutschsprachigen Regionen als «Zirbelkiefer» bezeichnet. Das deutsche Baumarchiv spricht sogar von der «Grannenkiefer Europas», und in England nennt man die Arve «Swiss Stone Pine». Arvensamen nennt man auch «Zirbennüsse» oder «Zirbeln». Das Wort «Zirbe» entspringt dem althochdeutschen Begriff «zerben», was sich angeblich auf die spiralige Anordnung der Zapfenschuppen bezieht.

Auf die schweren Samen, die der Wind nicht davontragen kann, haben sich Tiere, vor allem der Tannenhäher, spezialisiert. Er gilt als wichtigster Helfer für die Verbreitung der Arve. Dank seinem Kehlsack kann er über hundert Samen im Hals aufnehmen. Diese vergräbt er als Wintervorrat zu je drei oder vier Stück im Umkreis von 15 Kilometern. Da der Tannenhäher unter den Schneeschichten ein Sechstel der Samen nicht mehr wiederfindet, können die Arvensprösslinge im folgenden Jahr keimen. Arve und Tannenhäher sind beide aufeinander angewiesen, weshalb mit dem Rückgang der Arve auch der «Geflügelte Förster» selten geworden ist.

Die fett- und proteinreichen Samen werden auch heute noch in Russland geerntet und verkauft. Sie ähneln denen der Pinie, schmecken jedoch weniger harzig. In vielen Regionen war das Sammeln der Zapfen allerdings zu Gunsten der natürlichen Arvenverjüngung verboten.

Die Arve – Baumporträts

Weltweit stehen nirgends so viele mächtige Arven wie in den Schweizer Alpen. Trotzdem sind nur noch wenige Teilgebiete geblieben, in denen man Arven mit 5 m Stammumfang findet. Der bekannteste und angeblich höchstgelegene Arvenbestand liegt in Tamangur auf 2320 m ü.M., nicht weit entfernt vom Schweizer Nationalpark. Dort erreichen immerhin drei Bäume einen Umfang von mehr als 5,10 m. Eine dieser Arven hat einen knollenartigen Stammfuss, misst 5,60 m und teilt sich in vier kräftige Hauptäste. Ein Nachbarbaum fällt vor allem durch seinen alphornförmigen Starkast auf (vgl. Nr. 9). Die ältesten Bäume dürften ein Alter von 400 Jahren haben. Bereits bei jüngeren und schmächtigeren Bäumen sind 240 Jahrringe erkennbar. Als älteste Arven Europas gelten jene im Aletschwald. Kernbohrun-

8 Arve, Riederalp VS
Pinus cembra L.

ca. 500-jährig (um 1510)
5,00 m Stammumfang
1,52 m BHD
4,80 m Taillenumfang

9 Arve, Schuls GR
Pinus cembra L.

ca. 400-jährig (um 1610)
4,60 m Stammumfang (in 1,7 m H.)
5,30 m Taillenumfang (unter Ast)

gen ergaben ein Alter von 600–700 Jahren, wobei die fehlenden Stammkerne jeweils zusätzlich nochmals 400 Jahrringe gezählt haben könnten. Eine der dicksten Arven des Aletschwaldes steht auf einem Felsen und ist somit vor Verschüttungen und Lawinen geschützt (vgl. Nr. 8). Eine andere misst 5,30 m im Umfang, teilt sich aber relativ früh in zwei Hauptstämme. Uralt sind vermutlich die Arven beim Findelengletscher auf der Riffelalp. Forstbotaniker Ludwig Feucht berechnete das Alter einer dort noch um 1910 stehenden Arve mit dem Rekordumfang von 7,65 m auf 1200 Jahre, da die von ihm kontrollierten Strünke in der Umgebung eine durchschnittliche Jahrringbreite von 1 mm aufwiesen. Die dicksten, heute noch stehenden Arven werden jedoch nicht mehr als 600 Jahre alt sein (vgl. Nr. 10–11).

Der Capettawald über dem Averser Rhein bei Pürt beherbergt zwei Arven mit einem Umfang von 6,00 m, eine davon ist aber abgestorben und liegt am Boden. Die andere besitzt noch einen fulminanten Stamm (vgl. Nr. 7). In Celerina messen gleich fünf Exemplare mindestens 6,20 m. Eine dendrochronologische Untersuchung eines Astes dieser Arven datierte den innersten Jahrring auf das Jahr 1607. Andreas Rigling von der Eidgenössischen Forschungsanstalt für Wald, Schnee und Landschaft weist jedoch darauf hin, dass einige Jahrringe nur punktuell ausgebildet sind oder gar fehlen. Die ältesten Arven könnten deshalb sogar ein Alter von etwa 600 Jahren haben. Die prächtigste Arve trägt dank ihren neun Kandelaberästen eine kugelrunde Krone (vgl. Nr. 5). Dieser unbeschadete, für alte Arven unty-

10 Arve, Zermatt VS
Pinus cembra L.

ca. 500-jährig (um 1510)
5,70 m Stammumfang
1,78 m BHD
5,60 m Taillenumfang
ca. 15 m³ Stamminhalt

11 Arve, Zermatt VS
Pinus cembra L.

ca. 500-jährig (um 1510)
5,80 m Stamm- & Taillenumfang

Zwischen dem Lej da Staz (Stazersee) und der Hochebene Muottas da Schlagrina findet man unter vielen anderen Arven dieses umfangstarke Exemplar.

12 Arve, Celerina GR
Pinus cembra L.

ca. 500-jährig (um 1510)
7,00 m Stamm- & Taillenumfang

pische Kronenhabitus ist weltweit einmalig. Eine andere Arve mit vollendeter Kandelaberform wurde schon 1896 im «Baum-Album der Schweiz» abgebildet (vgl. Nr. 6). Sie steht etwas abseits der anderen, Richtung Pontresina. Durch den Umfangvergleich lässt sich ein durchschnittlicher Zuwachs pro Jahr berechnen. Äusserlich hat sich die Gesamterscheinung kaum verändert, der Stammumfang ist aber innerhalb von 113 Jahren um genau 50 cm gewachsen. Daraus lässt sich ein theoretisches Alter von 1060 Jahren berechnen. Meistens ist der Baum jedoch nur halb so alt, denn die Jahrringbreite nimmt in der Regel Richtung Rinde ab. Das hat damit zu tun, dass sich der jährliche Aufbau der Biomasse auf einen immer grösser werdenden Umfang verteilen muss. Allerdings kann dieser Zuwachs von Jahr zu Jahr sehr unterschiedlich ausfallen. Zudem kann auch die Jahrringbreite von Baum zu Baum in derselben Region stark variieren.

Auffallend ist, dass diese Arve, wie auch jene mächtige in Tamangur, wegen ihrer einladenden Starkäste viel erklettert wird, weshalb diese durch die Beschädigung der Rinde und das damit verbundene Ausbleiben des Kraftflusses abgestorben sind. Die Arve mit ihrem weichen Holz reagiert sehr empfindlich auf Verletzungen. Aus Respekt gegenüber diesen Bäumen sollte man sich deshalb unbedingt von Wurzelwerk und Stamm fernhalten.

DER BERGAHORN
Ein Laubbaum steigt ins Gebirge

**13 Bergahorn,
La Chaux-de-Fonds NE**
Acer pseudoplatanus L.

ca. 350-jährig (um 1660)
7,70 m Stammumfang
2,45 m BHD
7,60 m Taillenumfang
28,00 m Kronenbreite

Der Bergahorn ist relativ jung und wird in den nächsten hundert Jahren noch einiges an Umfang zulegen.

Der Bergahorn (*Acer pseudoplatanus*) gedeiht im Gegensatz zu anderen Laubbäumen seiner Grösse im Wallis sogar noch auf über 2000 m Höhe. Als Waldbaum strebt er musterhaft nach oben und kann eine Höhe von 40 m erreichen. Der lichtliebende Baum übertrifft besonders im Freistand andere Ahornarten an Wuchskraft und Schönheit. «Sobald der Ahorn auftaucht, wird die Landschaft reizender», heisst es 1879 über den Bergahorn im Werk «Das Pflanzenleben der Schweiz» von Hermann Christ.

Auf den Bergweiden liess man den Bergahorn meistens stehen, denn seine Blätter dienten früher als Laubstreu für das Vieh. Anders als die Esche erträgt er das «Schneiteln» (Abschneiden der Zweige) und Viehverbiss nur bedingt. Zwar vernarbt er besser als andere Ahornarten, doch die Regenerationskraft, aus schlafenden Knospen auszutreiben, ist gering. Daher mussten die Blätter für das Winterfutter der Tiere von Hand von den Zweigen abgestreift werden. Die Blätter zersetzen sich rasch zu einem ausgezeichneten Humus, weshalb die Wiese im Taufbereich, also unterhalb der Krone, hervorragend gedeiht.

Während die Flügelfrüchte des Spitz- und Feldahorns schwach bis gar nicht angewinkelt sind, wachsen die des Französischen Ahorns parallel. Die Winkelung der Flügelfrüchte des Schneeball- und Bergahorns liegen genau dazwischen und erinnern an einen Berg.

Als herzwurzelnde Baumart bleibt der Ahorn gegen Steinschläge, Lawinen und Stürme standfest. Sein Holz ist so weiss wie kaum ein anderes in Europa. Wird ein Stamm geschlagen, verfärbt sich der frisch gekappte Strunk blaugrau. Das sogenannte Weissholz ist gut polierbar, aber nicht dauerhaft und eignet sich für kontrastreiche Intarsien, Möbel und zur Herstellung von Saiteninstrumenten und Flöten. Besonders knorrige Exemplare kommen als «Riegelahorn» auf den Markt; die «geflammte» Holzstruktur reflektiert im Licht und bringt einen hohen Holzpreis. Auch die «Vogelaugen-Maserung», entstanden durch schlafende Knospen, ist sehr begehrt.

Der Artname «pseudoplatanus» verweist auf eine Eigenschaft, die der Bergahorn mit der Platane gemein hat: die abblätternde, unter der Oberfläche farbige Borke. Auch in der Blattform zog man Vergleiche. Aus demselben Grund lautet der botanische Name im Französischen und Englischen «sycomore», denn diesen Namen trägt auch die Feige mit ihren ahornförmigen Blättern. Umgekehrt nannte man die Platane in Deutschland lange Zeit «Teutsch Ahorn». Dass der Bergahorn allerdings um 1588 an der norddeutschen Küste unbekannt war, zeigt das Kräuterbuch von Jakob Tabernaemontanus, der nur Feldahorn und Platane kannte. Mittlerweile hat sich der Bergahorn durch Pflanzungen in den Städten, im europäischen Flachland und sogar in Südschweden und Grossbritannien eingebürgert. Als Bioindikator ist er vor allem wegen seiner Aufsitzerpflanzen interessant. Die grosse Anzahl an Moosen und Epiphyten wie Flechten sind ein Zeichen für hohe Luftreinheit.

Einzigartig ist eine stammförmige Überwallung mit 2,20 m Umfang im Inneren des hohlen Stammes.

14 Bergahorn, La Ferrière BE
Acer pseudoplatanus L.

ca. 650-jährig (um 1360)
11,50 m Stammumfang
3,34 m BHD
8,75 m Taillenumfang (in 2,2 m H.)
16,50 m Basisumfang
20,50 m x 19,50 m Kronenbreite

15	Bergahorn, Kaltbrunn SG
	Acer pseudoplatanus L.

ca. 800-jährig (um 1210)
11,60 m Stammumfang
3,50 m BHD
10,75 m Taillenumfang

Die restliche Stammschale misst noch 4,40 m im Durchmesser und beginnt sich zu teilen. Der Bergahorn im Wengital sieht dadurch so aus, als bestünde er aus zwei Bäumen.

HISTORISCHE MONUMENTE

Wie die meisten Bergbäume standen auch die Weltrekordhalter bei den Bergahornen in der Schweiz. Beispielsweise existierte noch 1911 ein mächtiger dreistämmiger Bergahorn mit etwa 9,50 m Stammumfang unterhalb der Kirche des Luftkurorts Beatenberg.

Wesentlich bekannter war aber der im Kanton Obwalden stehende «Melchtaler Bergahorn». Dessen imposanter Stamm mass bergwärts über dem Stock, horizontal gemessen, 12,20 m. In 0,7 m Höhe an der oberen Hanglage waren es 9,70 m und in 1,5 m Höhe noch 8,85 m. Bis auf einen Starkast in 4 m Höhe war der 8 m hohe Stamm astfrei. Aus Fahrlässigkeit geriet der Bergahorn 1926 in Brand: durch ein fallengelassenes Streichholz eines Touristen.

Ungeschlagen im Dickenwachstum und in der Geschichte war der historische Bergahorn bei Trun. Er war gleichermassen der dickste und am besten dokumentierte Baum der Schweiz und soll 1755 angeblich trotz ausgerissener Stammfragmente noch einen Stammumfang von 16,90 m gehabt haben. Wie es bei uralten Bäumen üblich ist, teilte sich auch der «Trunser Ahorn» in mehrere Stammteile auf. Um 1755 waren es drei, um 1825 noch zwei Stammteile. Der Bergahorn wurde trotz seiner unübertroffenen Grösse nicht auf ein geradezu biblisches Alter von über 1000 Jahren geschätzt, wie dies bei so mächtigen Bäumen üblich ist. Realistische 550–650 Jahre wurden ihm angedichtet, was vermutlich auf präzise Urkunden zurückgeht. Trotzdem wurde der Bergahorn in einigen Quellen als Linde, Platane oder Eiche bezeichnet, bis schliesslich 1788 Heinrich Zschokke, einer der ersten Förderer des schweizerischen Forstwesens, die Thesen widerlegte. Der Bergahorn geht auf die Gründung von Graubünden 1424 zurück und soll damals schon gross gewesen sein. Als er am 28.6.1870 vom Sturm auseinanderbrach, wurden seine Reste zu Weinbecher verarbeitet und der ausgegrabene Strunk bei einem Trauermarsch in den Klosterhof zu Disentis getragen. Stammteile des historischen Baumes sind in Besitz des Rhätischen Museums, und seit 1870 steht ein Abkömmling des Bergahorns bei der St.-Anna-Kapelle.

UNGESTÜMER LEBENSBAUM

Hildegard von Bingen bezeichnete die Eigenschaften des Bergahorns als kalt und trocken. Ein heisses Bad mit aufgekochten Zweigen und Blättern helfe bei Fieber. Ansonsten wurde er medizinisch kaum eingesetzt. In den Alpen war er dafür ein Hausbaum und wurde verehrt. Mit Wein oder Bier begossen, sollen Bergahorne Glück bringen. Nur «barhäuptig» und kniend unter Anruf und Gelübden durfte der Baum gefällt werden. Der Bergahorn wird in verschiedenen Kulturen allgemein als Lebensbaum beschrieben. Seine ungestüme Lebenskraft zeigt sich jedes Jahr in seinen Tausenden von Früchten. Das italienische Sprichwort «einem Ahorn Enthaltsamkeit predigen wollen» nimmt darauf Bezug. Gebändigter zeigt sich der Bergahorn in Japan. Ein Hirsch trägt dort auf seinem Rücken den Baum des Lebens, einen Ahorn, auf dem wiederum fünf Gottheiten ihren Sitz haben. Die Zahl fünf steht für Harmonie und Ausgeglichenheit, und das jährlich neu wachsende Geweih des Hirsches symbolisiert neu erblühtes Leben. Als Mai- oder Schlaraffenbaum hat er im Frühling denn auch in der nordfranzösischen Region Picardie einen hohen Stellenwert.

16	Bergahorn, Unterschächen UR
	Acer pseudoplatanus L.

ca. 500-jährig (um 1510)
8,15 m Stammumfang
2,59 m BHD
8,10 m Taillenumfang
9,60 m Basisumfang
ca. 25 m³ Stamminhalt

17 Bergahorn, Brienz BE
Acer pseudoplatanus L.

ca. 450-jährig (um 1560)
7,90 m Stammumfang
2,29 m BHD
7,20 m Taillenumfang

Der Bergahorn – Baumporträts

Unweit von La Chaux-de-Fonds bei Le Bas Monsieur steht einer der mächtigsten Ahorne des Landes (vgl. Nr. 13). Obschon sich neben dem Baum eine Tafel befindet, ist er so gut wie unbekannt. Die Schätzung, dass der Baum bereits 450 Jahre alt ist, darf man getrost um ein Jahrhundert nach unten korrigieren. Dass der Bergahorn trotz seiner Grösse noch nicht so alt ist, erkennt man bereits an seiner Gesamterscheinung. Die Krone ist riesig, noch unbeschadet und gibt dem Baum etwas Jugendhaftes. Dadurch wirkt er allerdings noch etwas charakterlos. Dank seinem vitalen Äusseren stehen seine Chancen als Anwärter für einen zukünftigen Weltrekordhalter jedoch sehr gut.

In der «Schweizerischen Zeitschrift für Forstwesen» aus dem Jahr 1907 findet man einen Bericht über den dicksten Bergahorn auf der Axalp, der dazumal 6,10 m Stammumfang gemessen haben soll. Derselbe Ahorn wurde 1979 von Dierk Rosenberg erneut vermessen, wobei er einen Umfang von 6,60 m notierte. Leider ist heute von diesem Bergahorn nichts mehr zu finden; der gesuchte Baum ist schon vor einer Weile gestorben. Eine Begehung auf der Axalp brachte jedoch weitere mächtige Exemplare und schliesslich einen einmaligen Fund

zutage: Der mächtigste der unbekannten Bergahorne versteckt sich unterhalb einer Serpentine und fällt bereits von weitem auf. Der früher über 8 m messende Stamm ist heute einseitig, und ein gewaltiger Seitenast entspringt dem hohlen Stamm (vgl. Nr. 17). Kaum zu glauben, dass er dieses Gewicht über all die Jahre zu tragen vermochte. Gerade bei Schneefall reissen solche Äste gerne ab, oder eine Sturmböe dreht solche Starkäste aus dem hohlen Stamm. Vermutlich besass der Bergahorn früher einen ähnlich abstehenden Starkast auf der gegenüberliegenden Seite, um so das Gleichgewicht optimal zu verteilen. Es wäre wünschenswert, dass dieser Baum als einer der bedeutendsten Ahorne Europas eine Stütze bekäme, damit er möglichst lange erhalten bleibt. Immerhin kam er auf die Titelseite des Kalenders «Baum des Jahres 2009». Sehenswert ist auch das hohle Gerippe eines Bergahorns, der wenige Meter weiter unten steht.

Der urigste Urner steht oberhalb von Urigen und ist ein Bergahorn, der vielleicht seit 500 Vegetationsperioden gedeiht (vgl. Nr. 16). Der Besitzer Anton Arnold kennt den Baum seit seiner Kindheit. Dass ihm einer der grössten Bergahorne von ganz Europa gehört, hatte er nicht gewusst. Für ihn war der Baum einfach schon immer da. Baumexperte Walter Wipfli hat sich den alten Burschen an der Liegenschaft Remsen bereits im Frühjahr 2009 von nahem angesehen. Die Stammumfang-Messung, die wegen meterhohen Schneemassen nur auf 2 m Höhe möglich war, ergab dazumal 8,60 m. Erst nachdem der Schnee geschmolzen war, präsentierte sich der Baum in seiner ganzen stämmigen Pracht. Ein hohler Schaft, wie man ihn sonst nirgends mehr findet, trägt eine gewaltige, seitlich unausgeglichene Krone. Dies wird zum Anlass, die Krone etwas zurückzuschneiden und die Last zu reduzieren, da bereits zwei mächtige Hauptäste, einer im Jahre 2007 und einer im Winter 2008, abrissen. Der Rückschnitt muss über Jahre etappenweise erfolgen, damit dem Bergahorn genug Kraft bleibt, um sich zu regenerieren. Dann steht ihm für seine leibliche Entfaltung indes nichts mehr im Wege.

Förster Robert Huggler meldete gleich sechs starke Bergahorne. Die beiden dicksten stehen in Le Pâquier am Hof «Les Pointes» in 1160 m ü.M. und messen je 7,85 m. Einer davon wurde leider nach einem Sturm gekappt und ist abgestorben. Der Stumpf steht heute verloren in der Landschaft. Der andere verfügt noch über das volle Volumen und erfreut sich bester Gesundheit (vgl. Nr. 19).

Einer der eindrücklichsten Bergahorne Europas weist gigantische Dimensionen auf.

18 Bergahorn, Dallenwil NW
Acer pseudoplatanus L.

ca. 500-jährig (um 1510)
9,65 m Stammumfang
2,91 m BHD
8,00 m Taillenumfang (in 2 m H.)

19 Bergahorn, Le Pâquier BE
Acer pseudoplatanus L.

ca. 400-jährig (um 1610)
7,85 m Stammumfang
2,37 m BHD
7,40 m Taillenumfang
ca. 30 m^3 Stamminhalt

Ebenfalls 7,85 m mass ein Bergahorn auf der Sattelweid oberhalb der Gemeinde Gadmen. Als man den vollholzigen Baum 1953 sprengte, zählte man bis zum Kern 465 Jahrringe. Noch älter dürfte ein Bergahorn in La Ferrière sein, der von François Bonnet wiederentdeckt wurde. Die äussersten Jahrringe liegen so dicht beieinander, dass sie nur mit der Lupe erkennbar sind. Die Dendrometrie dieses Baumes ist mit der des berühmten «Trunser Ahorn» (siehe S. 26) zu vergleichen. Selbst die beiden Hauptäste messen an ihrem Ansatz 6,35 m und 6,20 m (vgl. Nr. 14).

Der bisherige Weltrekordhalter steht aber unterhalb vom Speer bei Mittlerwengi in Kaltbrunn (vgl. Nr. 15). Die restliche Stammschale beginnt sich zu teilen, eine Holzverbindung beweist aber die Zugehörigkeit der einzelnen Teile. Der Stamm lässt sich auf über 15 m Umfang rekonstruieren. Die Stammwunden sind gesund verheilt oder erfolgreich kompartimentiert, wie man in der Fachsprache sagt. In dieser Form können Bäume schier unendlich lange leben und sind sehr widerstandsfähig gegen Parasiten und andere äussere Angriffe.

Die Birke

Grazie auf einem Bein

Die Birke wiegt sich im Wind und leuchtet im Sonnenschein wegen ihrer weissen, glatten Borke grell auf. Aufgrund ihrer zierlichen Silhouette mutet sie feminin an, besonders die junge Hängebirke *(Betula pendula)* mit ihren vorhangähnlichen Zweigen. Dagegen wirkt die Moorbirke *(Betula pubescens)* sperrig und der Stamm wird wegen der Verkorkung der Borke mit zunehmenden Alter gräulich. Ungeschlagen in der heimischen Pflanzenwelt ist die Menge ihrer jährlich produzierten Flügelsamen; durchschnittlich sind es 50 Millionen, wobei 10 000 Stück nur 1 Gramm wiegen.

Als Pioniergehölz gedeihen Birken in trockenen Mooren, Magerwiesen und Heiden. Von den rund 40 Birkenarten sind alle in der nördlichen Hemisphäre in gemässigten Klimazonen zu Hause. Die in der Schweiz beheimatete Hänge- und Moorbirke verteilt sich, bis auf den Süden, über ganz Europa.

Die dicksten Birken in Europa messen bis zu 5,50 m im Stammumfang. Obschon man in Mitteleuropa sehr selten eine Birke mit 3 m Umfang findet, erreichen immerhin zwei Birken in der Schweiz einen Umfang von über 4 m. Die eine steht im Bonstettenpark in Gwatt bei Thun, die andere ist 3-kernig und steht am Rheinspitz. Vor wenigen Jahren wurde an der österreichisch-schweizerischen Grenze am Rheinspitz eine gewaltige Moorbirke mit etwa 4,50 m Stammumfang und 200 Jahren gefällt. Genauso alt sind auch Zwergbirken *(Betula nana)* in Island, die teilweise nur daumendick geblieben sind.

Symbol für Zucht und Ordnung

Der Name «Birke» leitet sich in verschiedenen Sprachen von der indogermanischen Bezeichnung «bhereg» ab, was «Hellschimmerer» bedeutet. Der lateinische Name «Betula» hingegen stammt angeblich von «schlagen», was auf das uralte Fruchtbarkeitsritual «pfeffern» zurückzuführen ist. Kinder zogen bei diesem Brauch zu Ostern, Weihnachten oder Neujahr los und schlugen die Leute mit gebundenen Birkenzweigen, der «Lebensrute». Auch das englische «birch» für Birke bedeutet als Verb so viel wie «schlagen» oder «auspeitschen» – «...O du gute Birken Ruth, du machst die ungehorsamen Kinder gut!», so der deutsche Arzt Lonicerus 1679. Eine schwedische Sage erzählt, dass die Zwergbirke einst der mächtigste aller Bäume war. Als ihre Zweige jedoch als Peitsche gegen Jesus Christus verwendet wurden, wurde sie in eine Zwergenform verdammt. Die glatte Rinde der Birke mit den horizontalen Streifen, den «Lentizellen», ist für einige Indianerstämme ein Stigma, das verrät, dass der Baum einst ausgepeitscht wurde. In Skandinavien und Nordasien ist die Birke ein Weltenbaum, und auch mongolische Stämme verehren sie. Die Tataren von Minusinsk oder die Chakassen in Südsibirien beschreiben den Weltenbaum als siebenästige Birke, die im Mittelpunkt der Erde auf einem Berg steht.

Im Norden und im Osten ist die Birke ein Lebenssymbol und steht für den Frühlingsbeginn. Wenn sie austreibt, beginnt in Grossbritannien, am 1. April, das Geschäftsjahr.

Papyrus aus Europa

Die Borke der Birke wurde lange Zeit als Papier oder als Färbstoff für Gelbtöne verwendet. Das herausgekochte Pech brauchte man seit Urzeiten als Leim und Dichtungsmaterial. Durch seinen Teergehalt brennt das Birkenholz auch im frischen und feuchten Zustand, weshalb man daraus Fackeln anfertigte. Aus dem Teer stellte man ein insektenabweisendes Juchtenöl her, ein Konservierungsmittel für Leder und Holz. Das harte, aber leichte, elastische Holz verwendete man als sogenannte «Fliegerbirke» für die Herstellung von Propellern, und «Birkenmaier» nennt man die ungeschälten Krüge aus Birkenästen. Der Baumsaft der Zweige und Borke wurde zu Bier, Wein und Champagner verarbeitet. Medizinisch hilft die Birke gegen Wassersucht, Rheuma, Gicht, Arthritis, Nieren- und Blasenleiden, und das heilbringende Birkenöl nannte man auch «Littauer Balsam» oder «Olio di betula».

---

20 Hängebirke, Lauterbrunnen BE
Betula pendula Roth

ca. 150-jährig (um 1860)
3,45 m Stammumfang
1,07 m BHD
3,35 m Taillenumfang

DIE BIRNE
Ein kulturelles Erbe ist bedroht

Die Birne *(Pyrus communis)* wird seit Jahrhunderten als edle Speisefrucht geschätzt und soll gemäss fossilen Funden am Bodensee bereits 1900–600 v. Chr. kultiviert worden sein. Man nimmt an, dass die Kulturformen Europas mehrheitlich aus der hier heimischen Wildbirne *(Pyrus pyraster)*, der Schneebirne *(Pyrus nivalis)* und deren Unterart, der Salbeibirne *(var. salvifolia)*, entstanden sind. Vermutlich gelangten Kulturbirnen aus Persien, Südrussland und dem Kaukasus nach Griechenland, wo später auch die Römer im 1. Jahrhundert bereits 35 Sorten pflegten. Mit der Ankunft der Römer in Mitteleuropa vermischten sich diese Kulturbirnen mit den einheimischen Züchtungen, meist herb schmeckenden Mostbirnen.

Nach dem Apfel ist die Birne der beliebteste Baum für die Veredlung, weshalb heute 1500 Sorten existieren. Tausende lokale Untersorten, die den klimatischen Bedingungen angepasst sind, entstanden jedoch auch zufällig und wurden teilweise zur Hauptsorte einer Region. Dass «einfache» Leute wie Bauern meist die Entdecker und Namensgeber waren, lässt sich in Anbetracht der Namen wie «Ochsenherz», «Kuhfuss», «Mausewedel», «Rattenschwanz» usw. nicht verheimlichen. Manchmal hat dieselbe Sorte mehr als 50 Synonyme, wie z.B. eine Mostbirne namens «Grosser Französischer Katzenkopf», die auch als «Rossbirne», «Ochsenknüppel», «Kotz-» oder «Saubirne» usw. bezeichnet wird. Unzählige Sorten sind jedoch seit Beginn der Industrialisierung verschwunden. Der Rückgang von Streuobstwiesen bedrohte über 1000 Tier- und Pflanzenarten, die auf, im und unter einem Birnbaum leben. «Fructus», die Vereinigung zur Förderung alter Obstsorten, entdeckte 2003 bei der nationalen Inventarisierung von Obstsorten nahe des Schlosses Sargans eine echte Rarität. Der betreffende, etwa 80-jährige Baum bringt ganz besondere Früchte hervor: Sie tragen unverkennbar Streifen. Da diese an die Hosen von Schweizergardisten erinnern, trägt die Birne den Namen «Schweizerhose». Diese Absonderlichkeit ist durch eine Mutation einer «Langen grünen Herbstbirne» entstanden. Die «Schweizerhose» ist aber nicht die einzige Birnensorte, die eine panaschierte Streifung aufweist. Es handelt sich allerdings um den letzten vollständigen Altbaum dieser Sorte. Bekannt war zuvor bereits eine «Schweizerhose» auf einer Streuobstwiese in Waldkirch. Diese ist jedoch nur im obersten Kronenteil – und zusammen mit weiteren Sorten – auf eine etwa 100-jährige «Goldmostbirne» gepfropft. Über Reiser (verholzte Triebe) wurde der Fortbestand dieser Obst-Kuriosität nun gesichert. Klaus Gersbach, Präsident von «Fructus», kennt noch eine weitere Seltenheit, die zum Obstbaum des Jahres 2009 erklärt wurde. Es handelt sich um einen sehr kleinfruchtigen Birnbaum in Orges, bisher der einzige bekannte Altbaum seiner Art. Wie klein die Birnen sind, darauf deutet der Name «Sept en gueule» (Sieben in einem Maul) hin. «Petit Muscat», der andere Name dieser Birne, beschreibt das Aroma der Früchte treffend. Klein sind auch die Früchte der Wildbirne *(Pyrus pyraster)*, die wie der Wildapfel verdornte Kurztriebe aufweist. Diese Wildform kommt auf extrem trockenen Standorten vor, wo sie öfters mit der Felsenbirne, -kirsche oder dem Kreuzdorn verwechselt wird. Auf der Alpennordseite schätzt man die Anzahl der Individuen mit einem Stammumfang von über 0,16 m auf nur noch 4200 Exemplare. Da die Wildbirne jedoch von Verwilderungen der Kulturbirne kaum auseinanderzuhalten ist, kann es sein, dass die ursprüngliche Wildform bereits ausgestorben ist. Die Früchte sind gerbstoffhaltig und herb, weshalb sie auch als «Strengling» oder «Würgbirne» bezeichnet wurde. Die Wildbirne weist zwei Unterarten auf, die rundfruchtige Knödelbirne *(ssp. pyraster)* und die langfruchtige Holzbirne *(ssp. achras)*. Mit über 3,00 m Stammumfang steht die dickste Wildbirne der Schweiz vermutlich bei Les Prés-d'Orvin in einer Waldlichtung. Dickere Wildbirnen stehen in Mecklenburg-Vorpommern, die mächtigste steht bei Grambow und hatte 1940 einen Stammumfang von 7,50 m.

---

21 Birne, Kemmental TG
Pyrus communis L.

ca. 250-jährig (um 1760)
5,15 m Stammumfang
1,56 m BHD
4,80 m Taillenumfang
6,30 m Basisumfang
20,00 m Kronenbreite
Sorte «Guntershauser»

LIEBESORAKEL DER MÄDCHEN

Wie dem Apfel hafteten auch der Birne Zweideutigkeiten an, was alte Sorten wie «Wadelbirne», «Liebesbirne», «Jungfernschenkel», «Venusbrust» und «Eifersüchtige» zeigen. Sprichwörter wie «Faule Birn, schlechte Dirn» oder «Reife Birnen muss man pflücken» deuten auf eine weibliche Symbolik hin. Allerdings gehörte die Birne, im Gegensatz zum Apfel, zum männlichen Prinzip und galt bei jungen Frauen als Liebesorakel. Verfing sich der Holzschuh eines Mädchens beim Wurf in der Krone eines Birnbaumes, sollte bald ein Jüngling am Mädchen hängen bleiben.

Im Aberglauben dachte man, dass Dämonen und Hexen in der Wildbirne hausten. Bei den slawischen Wenden waren es Drachen, während die Birne in China ein Symbol für ein langes Leben ist. Man glaubte auch, dass sich Krankheiten auf den Baum übertragen liessen und man dadurch gesund würde. Tatsächlich ist es so, dass Teile des Birnbaumes, als Tee getrunken, harntreibend, fieber- und blutdrucksenkend wirken und bei Nieren- und Blasenentzündung helfen.

Das Holz der Birne wurde seiner gleichmässigen Dichte und Härte wegen im Handel früher auch als «Deutscher Buchsbaum» angeboten. Beliebt ist es bis heute für Butter-, Gebäck-, und Textilmodel und für die Blockflötenherstellung.

Die Birne – Baumporträts

Das Forschen nach einer Birne mit über 5 m Stammumfang gleicht der Suche nach der Nadel im Heuhaufen. Gefunden wurde sie im Weiler Schlatt bei Hugelshofen. Alleine ihre Starkäste messen bis zu 3,30 m im Umfang. Die «Guntershauser Mostbirne» war bereits vor 100 Jahren der mächtigste Familienbaum des Bauerngeschlechts Nater. Heute ist diese alte Birne der mächtigste Hochstamm der Schweiz und sollte mit allen Mitteln am Leben erhalten werden.

Kleiner, dafür rarer ist vermutlich der letzte alte Birnbaum der Sorte «Sept en gueule» (Sieben in einem Maul). Der Baum in Orges zeigt nur ein geringes Dickenwachstum, was immer auch eine Sortenfrage ist. Die Krone ist fein verzweigt, breit und wirkt im Frühling wie ein Blumenkohl.

22 Birne, Orges VD
Pyrus communis L.

ca. 250-jährig (um 1760)
4,10 m Stammumfang
1,37 m BHD
Sorte «Sept en gueule»

23 Buche, Hasle LU
Fagus sylvatica L.

ca. 150-jährig (um 1860)
6,15 m Stammumfang
2,01 m BHD
6,10 m Taillenumfang
24,50 x 20,00 m Kronenbreite

DIE BUCHE
Europas erfolgreichste Exhibitionistin

Die Buche *(Fagus sylvatica)* ist eine von weltweit 12 Arten, von denen die Hälfte in Ostasien gedeiht. Unsere einzige Buchenart, die Gemeine Buche, gehört seit 4500 Jahren dank des kühler und feuchter gewordenen Klimas zum häufigsten Laubbaum Europas. Wo sie sich einmal behauptet, erobert die konkurrenzstarke Baumart bis in eine Höhe von durchschnittlich 1400 m ü.M. innert Kürze das Territorium. In vielen Wäldern Europas erheben sich deshalb nur die nackten Stämme der Buche. Entkleidet und ausgeräumt wirkt auch der Waldboden in einem reinen Buchenwald, denn die fein verzweigte Krone des Baums lässt nur wenig Sonnenlicht durch: Durchschnittlich weniger als zwei Prozent Tageslicht braucht die Kämpfernatur, um selber noch zu gedeihen. Deshalb ist der Waldboden nur im Frühling vor dem Laubaustrieb von einer Krautschicht bedeckt, und im Herbst spriessen Pilze zwischen den glänzenden Buchenblättern hervor. Der römische Dichter Lucanus beschreibt die endlosen dunklen Buchenwälder Deutschlands als Orte des Grauens, und auch Plinius meint dazu: «Wälder bedecken das ganze Germanien und verbinden die Kälte mit dem Dunkel.» Anders jedoch die Germanen, die buchene Waldungen wie eine Kathedrale als «Heilige Hallen» betrachteten.

Der Förster bezeichnet die Buche als «Mutter des Waldes», weil das zersetzte Buchenlaub ein ideales Keimbett für Pflanzen schafft. Auf einem Areal von 100 m^2 können bis zu 3000 Jungbuchen gedeihen, wovon aber nur zwei die nächsten 150 Jahre überleben. Im Gegensatz zur Linde, die durch ihre herzförmigen Blätter die Regentropfen an den äussersten Kronenrand leitet, wird durch die Blatt- und Zweigstellung der Buche das Wasser zum Zentrum befördert, wo es konzentriert den Stamm herunterrinnt. So wird kein aufgefangenes Wasser an einen Nachbarbaum verschenkt. Da die rosagräuliche Borke der Rotbuche, wie sie auch genannt wird, im Vergleich zu anderen Bäumen glatt ist und deshalb gerne für Kritzeleien missbraucht wird, wirken Schnittwunden selbst nach Jahren wie Tattoos auf der Haut eines Menschen. Ihre ungeschützte Rinde ist empfindlich auf direkte Sonneneinstrahlung und Hitze, weshalb es zu einer Art Sonnenbrand kommen kann, das Kambium trocknet aus und die Rinde stirbt ab. Oft ist diese Beschädigung der Anfang vom Ende. Wird eine Buche jedoch stetig durch kleine Verletzungen, z.B. durch das Schälen des Viehs auf einer Weide, beschädigt, kann die Reizung zur Förderung einer harten, hornhautähnlichen Borke führen, die dadurch unempfindlich wird.

24 Buche, Arogno TI
Fagus sylvatica L.

ca. 300-jährig (um 1710)
7,00 m Stammumfang
6,20 m Taillenumfang

Auf abgelegenen Bergweiden findet man die urchigsten und dicksten Buchen der Schweiz.

Die Buche lässt sich aber nicht nur durch ihre Borke gut von anderen Bäumen unterscheiden. Auffallend ist auch ihre rostrot bis orangebraune Herbstfärbung und die feine Verzweigung, die den Wäldern etwas Weiches geben und sie von weitem altrosa bis violett erscheinen lassen. Die Buche ist ein Baum der zweiten Generation und bildet sogenannte Klimaxwälder. Während Pionierbaumarten meistens von Buchen, Fichten oder Tannen verdrängt werden, dominiert der einmal gewachsene Buchenwald immer wieder mit der eigenen Art, es sei denn, er wird vom Mensch bewusst in Schach gehalten oder eine

25 Buche, Walzenhausen AR
Fagus sylvatica L.

ca. 200-jährig (um 1810)
6,00 m Stammumfang
1,80 m BHD
ca. 20 m³ Stamminhalt

klimatische Veränderung, Steinschlag, Lawine oder Waldbrand zerstört die Bäume. Das erstellte Bauminventar der Schweiz zeigt, dass im Gegensatz zu unseren Nachbarländern, in denen oft mehrere Buchen einen Stammumfang von über 8 m aufweisen, alte, mächtige Buchen hierzulande vollständig fehlen. Als einer der bekanntesten Bäume wird die Buche aber allgemein in ihrem Wachstum überschätzt. Sie wird im Vergleich zu anderen Hauptbaumarten nicht besonders alt, im Ausnahmefall 400 Jahre, und kommt nicht über einen Stammumfang von 12 m hinaus. Weder in neuer noch in alter Literatur sind solche Buchen beschrieben. Die prächtigste Buche war bis zu ihrem Zusammenbruch im Sommer 2013 der meistfotografierte und weltweit bekannte Kalenderbaum im bayrischen Pondorf. Diese freistehende Buche mass 10,10 m, war rund 250-jährig und wurde mit Recht als der «Jahrtausendbaum» gepriesen. Europas dickste Buche steht in Saint-Sylvain in der Normandie und misst 11,50 m, wobei es sich dabei eher um zwei zusammengewachsene Bäume handelt. Fast so dick war angeblich eine Buche im französischen Wald Grandpays bei Clermonts oder die durch Unachtsamkeit von Wanderern abgebrannte Weidbuche auf der Alp Trevino am Monte Caprino im Tessin. Die vollholzigste Buche stand in Klein Gievitz in Mecklenburg-Vorpommern. Sie mass 9,60 m und verjüngte sich noch nicht einmal in 5 m Höhe, wie ein Bild im Buch «Mecklenburg – Das Land der starken Eichen und Buchen» von Georg von Arnswaldt 1939 zeigt.

BUCH-STÄBE UND BUCHECKERN

Das Buch (Lektüre) hat seinen Namen bekommen, weil Gutenberg seine ersten Buchdrucklettern aus Buchenholz fertigte. Auch unsere Buchstaben haben ihren Namen von der Buche. Es war das Runenalphabet, die ältesten Schriftzeichen der Germanen, die in Buchen-Stäbe geritzt wurden. Runen lesen konnten nur Auserlesene, denn die Zeichen galten als göttliches Geheimnis. Mit ihnen wurde Vergangenheit, Gegenwart und Zukunft heraufbeschworen.

Über 1500 deutsche Ortsnamen leiten sich vom Wort Buche ab, das seinen Ursprung im indogermanischen «bhags» hat. Die Philologen sind sich uneinig, ob das vorgermanische «bhâgos» und das griechische «phagein» «essen» heisst. Als «Esslaub» wurden aber die süsslichen Buchenblätter zu Mus gekocht oder auf Butterbrote gelegt, und in vielen Orten war die Buche der Futterlaubbaum der Tiere.

Aus den proteinreichen, dreieckigen Bucheckernüssen kann man ein Speiseöl herstellen, das nie ranzig wird. Roh enthalten die Nüsse allerdings giftige Blausäure-Glykoside, weshalb man pro Tag nicht mehr als eine Handvoll zu sich nehmen sollte.

Da die Buche alle fünf bis zwölf Jahre besonders viele Früchte produziert, beeinflusst sie die Population der Bergfinken, die nur wegen der

26 Buche, Entlebuch LU
Fagus sylvatica L.

ca. 200-jährig (um 1810)
7,15 m Stammumfang
2,15 m BHD
6,25 m Taillenumfang (unter Ast)
ca. 20 m³ Stamminhalt

Die stolzeste Buche im luzernischen Entlebuch klammerte sich praktisch an einen senkrechten Untergrund. Sie wurde aus Sicherheitsgründen gefällt, obwohl sie zu keiner Zeit eine Gefahr darstellte.

Bucheckern aus Skandinavien in den Süden fliegen. Die letzte Ansammlung mit rund drei Millionen Vögeln gab es im Winter 2001 im Schweizer Jura bei Pruntrut. Der Vorteil einer unregelmässigen Überproduktion an Samen liegt darin, dass die Tiere sich während der Evolution nicht auf die Bucheckern spezialisieren konnten. So steigt die Chance der Buche, sich in Mastjahren fortpflanzen zu können. Den einen zur Freude, den anderen zu Leide. Wenn ein Mastjahr der Buche ansteht und deswegen die Schweizer Bauern einen strengen Winter prophezeien, heisst es: «Viel Buech, viel fluech!»

Medizinisch kennt man heute praktisch nur noch das Buchenholzteer «Pix Fagi», das bei Rheuma, Gicht und Hautleiden hilft. Auch das früher alltägliche «Bäuchen», das Wäschewaschen mit Buchenlauge, geriet in Vergessenheit. Diese Lauge wurde aus der Asche verbrannten Buchenholzes hergestellt. Da das dichte, rosafarbene Holz gut spaltbar ist und einen besonders hohen Heizwert hat, war es bis ins 19. Jahrhundert der beliebteste Rohstoff für die Hitzeerzeugung. Um ein Eisenmetall zu schmelzen, brauchte man das hundertfache Gewicht an Buchenholz. Stühle, Treppen, Parkettböden und Brotbretter wurden bevorzugt damit angefertigt. Bekanntheit erlangte es vor allem durch Tischlermeister Michael Thonet, der 1842 Buchenholz unter Wasserdampf- und Hitzeeinwirkung in gefällige Formen bog. Damit begründete er eine revolutionäre Bauweise in der Möbelindustrie.

Im Gegensatz zur flachwurzelnden Fichte und zur Eiche mit ihren Pfahlwurzeln ist die Buche als Herzwurzlerin relativ sturmfest. Ausserdem soll sie vom Blitz weniger getroffen werden, weshalb es heisst: «Vor den Eichen sollst du weichen, und die Weiden sollst du meiden. Zu den Fichten flieh mitnichten, doch die Buchen musst du suchen!»

In England und Schweden legte man zu Weihnachten einen kleinen Buchenstamm in den Kamin. Die Asche dieses «Julbocks» wurde auf die Felder gestreut, was Fruchtbarkeit bringen sollte. Im Kanton Neuchâtel, im Val-de-Ruz, wollte es der Brauch, dass die Burschen die Mädchen am ersten Maisonntag umwerben. Allerdings war ihnen dies nur erlaubt, wenn die Buche bis dahin schon Blätter trug. Viele suchten deshalb vorher in tieferen Lagen nach bereits begrünten Buchenzweigen.

BUCHEN-ABSONDERLICHKEITEN

Da bestimmte botanische Abweichungen in der Natur nicht selten vorkommen, meistens aber nicht konkurrenzfähig sind oder vom Menschen nicht gefördert werden, da sie unerkannt blieben, sind nur ein Bruchteil der Variationen aus der Pflanzenwelt bekannt. Zu den auffallendsten gehört die Süntelbuche *(Fagus sylvatica f. suntalensis)*, die durch ihr verkrüppeltes Wachstum an einen Korkenzieher erinnert und auch als «Teufelsholz» bezeichnet wird. Erstmals entdeckte man diese Mutation auf dem Hügelzug im Süntel zwischen Leine und Weser. Man findet diese Eigenart aber auch in den französischen Wäldern von Verzy, südlich von Reims und vereinzelt an anderen Orten in diversen Ländern. In Frankreich und Deutschland stehen alleine über 200 Exemplare. Die prächtigen Renkbuchen im deutschen Sternenfels und Gremsheim (letztere besass einen Stammumfang von 6,00 m) sind leider zusammengebrochen. Die Süntelbuche entsteht, wenn der Leittrieb nach einer gewissen Zeit abstirbt und ein Seitenast die Führung übernimmt. Auch dieser geht nach einer Weile ein und das Ganze wiederholt sich, weshalb die Äste ziellos wachsen und durch das eingeschränkte Höhenwachstum eine baldachinartige Kronenform entsteht. In der Schweiz ist bisher noch kein Exemplar bekannt. Eine echte Süntelbuche ist nicht mit einer Schlangenbuche zu verwechseln, die ähnlich aussieht, aber durch äussere Umstände wie Schnee-, Lawinen- und Winddruck entstanden ist (siehe Bild S. 1). Auch die in den Pärken kultivierte Trauerbuche *(Fagus sylvatica f. pendula)*, die viel grösser wird, hat mit der natürlich entwachsenen Süntelbuche wenig gemein (vgl. Nr. 30).

Die Blutbuche *(Fagus sylvatica f. purpurea)* ist eine andere Abart der Rotbuche. Der erste rotblättrige Baum wurde 1680 am zürcherischen Irchel entdeckt. Das Blattgrün dieser Buche wird im Spätfrühling in gewissen Teilen der Krone von roten Farbstoffen überdeckt. Man findet eine solche Variation auch bei Spitz-, Bergahorn und anderen Laubbäumen. Interessant ist, dass sich die Blätter auf der sonnenzugewandten Kronenseite stärker verfärben. Durch Pfropfreiser besonders aus-

27 Buche, Mümliswil SO	28 Buche, Maienfeld GR
Fagus sylvatica L.	*Fagus sylvatica* L.
ca. 200-jährig (um 1810)	ca. 250-jährig (um 1760)
9,40 m Stammumfang	7,60 m Stammumfang
2,83 m BHD	2,13 m BHD
8,20 m Taillenumfang	6,30 m Taillenumfang

geprägter Blätter und fortgesetzte Veredelung wurde die dunkelrote Farbe verstärkt. Die aus Sämlingen gezogenen Jungbäume zeigten jedoch oft eine normale Blattfarbe. Diese ist bei der heutigen Blutbuche bereits beim Blattaustrieb randenfarbig und dunkelt nicht erst später nach, wie dies bei der Stammmutter im Irchel passiert. Unabhängig von der Blutbuche am Irchel wurden bereits 1837 im thüringischen Hainleiter-Forst bei Sondershausen sowie in Italien zwei weitere Blutbuchen entdeckt. Auffallend ist, dass die drei Stammmütter im Vergleich zu anderen Blutbuchen sehr langsam gewachsen sind und erstere ein Alter von über 300 Jahren erreicht hat. Während die Blutbuche in Sondershausen bereits gestorben ist, wurde ihre Schwester in der Schweiz 2008 durch einen Sturm gekappt. Aus kulturhistorischer Sicht sollte der Stumpf, der noch einen grünenden Ast trägt, unbedingt stehen gelassen werden.

Die Buche besitzt eine ausgeprägte Fähigkeit, eigene Äste im Stamm einzuschliessen oder andere Bäume und Gegenstände zu überwallen. So findet man im brandenburgischen Alt Madlitz die sogenannten Liebenden, eine Buche und eine Stieleiche, die sich eng umschlungen ineinander drehen. Bekanntheit erlangte auch die 240-jährige «Balzer-Herrgott-Buche» südlich von Gütenbach. Bereits 1935 wuchs die am Baum angebrachte Jesusbüste an, und bis 1985 guckte nur noch der Kopf heraus. Damit er nicht vollständig vom Stamm eingeschlossen wird, befreit man ihn regelmässig vom neu überwallten Holz. Wenn eine Buche in den Stamm einer anderen wächst, spricht man von einer «Zweibein-Buche». Die schönsten stehen im deutschen Lünen-Gahmen oder in der Schweiz oberhalb von Glarus. Durch Äste zusammengewachsene Buchen nennt man «Siamesen-Buchen». Solche Verwachsungen bilden verschiedene Buchstaben (D, H, N, X, Y); mit Geduld liesse sich womöglich ein ganzes Alphabet finden. Siamesen-Verwachsungen haben Waldgrundbesitzer vermutlich auch dazu inspiriert, buchene Äste in Schlaufen und Knoten zu biegen, um damit eine Grenze zu markieren. Solche «Eh-Stumpen» («Eh» kommt von «Ehaft», urspr. Gesetz) findet man beispielsweise im Kohlfirst bei Schaffhausen. Genauso selten sind aber auch «Eichenrindige Buchen», die eine aussergewöhnlich grobe Borke aufweisen.

29 Buche, Rodersdorf SO
Fagus sylvatica L.

ca. 175-jährig (um 1835)
5,70 m Stammumfang
1,62 m BHD
39,00 m Kronenhöhe
ca. 36 m³ Stamminhalt

30	Trauerbuche, Winterthur ZH	31	Blutbuche, Bottmingen BL
	Fagus sylvatica f. pendula		*Fagus sylvatica f. purpurea*
	ca. 120-jährig (um 1890)		ca. 150-jährig (um 1860)
	5,25 m Stammumfang		6,05 m Stammumfang
	1,51 m BHD		1,85 m BHD
	4,75 m Taillenumfang		12,00 m Basisumfang

Die Buche – Baumporträts

Seit die mächtigste Buche der Schweiz auf der Tessiner Alp namens Trevino am Monte Caprino nicht mehr steht, ist hierzulande keine mehr mit internationaler Bedeutung bekannt. Immerhin nationale Bedeutung erlangte die majestätische Buche auf der Alp Ugi oberhalb von Mezzovico-Vira. Ihr spannrückiger, 7,30 m messender Stamm hatte eine Wurzelbasis von 21 m und eine Kronenbreite und -höhe von 25 m. Leider ist diese Buche im Mai 2009 bei einem Sturm zusammengebrochen. Eine kleine Schwester mit ebenso runder, voller Krone steht in Hasle bei Chriesbaume (vgl. Nr. 23). Die dickste Solitärbuche, die oftmals in einer Höhe von über 1000 m ü. M. stehen, findet man auf der Alp di Arogno, zusammen mit zwei anderen mächtigen Exemplaren, neben einem Steinhäuschen, das eine Quelle überdacht. Interessant ist der hohle, mit Überwachsungen verzierte Stamm, in dessen Mitte bereits kleine Wurzeln sichtbar sind (vgl. Nr. 24). Dieser Baum gehört zum Typus Weidbuche. Diese entstehen, indem eine keimende Buche so lange von Vieh und Wild beäst wird, dass erst nach Jahren ein rettender Trieb in die Höhe wachsen kann. Weidbuchen besitzen deshalb immer einen gedrungenen und mehrkernigen Stamm; eine Buche in Mümliswil hatte, bevor ein Stammstück ausbrach, einen fast 10 m messenden Stamm (vgl. Nr. 27). Die imposanteste Buche ist aber ein einstämmiger Baum in einer Weide oberhalb von Maienfeld (vgl. Nr. 28). Sie steht inmitten eines alten Weidewaldes, zusammen mit alten Eichen und anderen Buchen. Ein grösseres Holzvolumen hat eine Buche bei Walzenhausen (vgl. Nr. 25). Forstlich interessant dürfte ein Exemplar in Rodersdorf sein. Ein Buchenstamm bringt es dort auf 22 m^3 und teilt sich erst in 17 m Höhe in drei gleichwertige Astgabeln (vgl. Nr. 29). Dendrologisch bedeutsame Bäume sind auch eine Trauerbuche (vgl. Nr. 30). Eine 140-jährige Blutbuche stand bis vor ihrer Fällung am 13.5.09 im neuen Botanischen Garten in Zürich und hatte eine Taille von 6,75 m. Gleich alt war auch jene in Winterthur, die am 15.12.11 gefällt wurde. Der Stamm mass 6,40 m im Umfang. Stattlich ist auch jene in Bottmingen (vgl. Nr. 31).

DER BUCHS
Immergrüner Grabschmuck

32	Buchs, Sirnach TG
	Buxus sempervirens L.
	ca. 150-jährig (um 1860)
	2,05 m Stammumfang
	1,05 m & 1,00 m Stämmlinge
	10,50 m Kronenhöhe

Der dickste und älteste Buchs der Schweiz steht im Garten der Familie Rechsteiner. Die Verletzung des ausgebrochenen Stammteiles in der Mitte ist vollständig verheilt.

Der Buchs (*Buxus sempervirens*) bildet eine eigene botanische Familie. Man trifft ihn in Südwest- und Mitteleuropa, Nordafrika und Westasien an. Im Frühling locken die gelblichen, wohlriechenden Blüten unzählige Insekten an. Der Buchs gehört zu den wenigen einheimischen Pflanzen, deren Samen im Herbst von den Ameisen verbreitet werden. Dadurch konzentriert sich das natürliche Vorkommen oft auf ein kleines Gebiet, wie beim fast reinen Buchswäldchen an der Schweizer Grenze bei Sciez in Hochsavoyen oder beim deutschen Vorkommen bei Grenzach-Wyhlen. Diese bis zu 0,95 m dicken Bäumchen sollen 400 Jahre alt sein. Dieselben Masse weisen die angeblich ebenfalls so alten Buchsbäume an der Kirche bei Pieterlen auf. Eigene Jahrringzählungen ergaben aber nur ein Alter von 80 Jahren. So oder so gehört der Buchs zu den Bäumen mit dem langsamsten Wachstum. Trotzdem existieren Individuen mit über 10 m Kronenhöhe und -breite. Das prächtigste Exemplar steht in der Normandie in Maucomble auf einem Friedhof und erinnert wegen seiner raumfüllenden runden Form an eine Linde.

GRÜNER RAHMEN FÜR DEN GARTEN

Bereits den Ägyptern und Griechen galt der Buchs als magischer Baum. Die Römer nahmen die Tradition, Beete mit Buchs zu umranden, mit nach Mitteleuropa. Dieses Gartenelement wurde jedoch nach dem Abzug der Römer erst wieder im 13. Jahrhundert gepflegt. Richtiges Ansehen bekam der Buchs vor allem durch den Gartenarchitekten Claude Mollet im 17. Jahrhundert. In der Barockzeit verbreiteten sich die kantig zugeschnittenen Gartenumrahmungen zunächst in den wohlhabenden Häusern, später auch in den traditionellen Bauerngärten. Der Geruch von Buchs hält Schnecken und Wühlmäuse von Kräutern und Gemüse fern.

Der Buchs enthält toxische Wirkstoffe und führt im schlimmsten Fall zu Erbrechen, Krämpfen und vollständiger Atemlähmung. Trotzdem wurde er in der Antike gegen Fieber, Rheuma, Malaria und Syphilis verwendet. Das harte, schwere und ätherisch riechende Holz wurde schon früh für Drechslerarbeiten entdeckt. Man schreinerte daraus kleine Holzdosen, sogenannte Pyxiden. Die griechische Bezeichnung «pyxis» (Büchse) ist vermutlich das Stammwort für das lateinische «buxus».

Als immergrüner Baum steht der Buchs für Unsterblichkeit und wird als Grabschmuck auf den Friedhöfen angepflanzt. Früher glaubte man, die unruhigen Geister dadurch zu bannen, damit sie nicht herumspuken. Dem Teufel sagte man nach, er halte sich vor Buchs fern, und wenn eine Hexe den Baum erblicke, verfalle sie wegen der vielen kleinen Blätter in einen Zählzwang und werde harmlos. Die Blätter wurden auch als Orakel gedeutet. Aus den getrockneten Blättern las man die Zukunft. Schlossen sich beim Zusammenrollen zwei Blätter wie Ketten ineinander, war eine bevorstehende Heirat in Aussicht.

DIE EBERESCHE
Hochsitz auf einem Altbaum

33   Eberesche, Nods BE
Sorbus aucuparia L.

ca. 150-jährig (um 1860)
3,10 m Stammumfang
1,08 m BHD
2,95 m Taillenumfang

Die «Vogelbeere» am «Place central» auf dem Chasseral ist nur noch 6 m hoch. Doppelt so hoch, aber etwas schlanker, ist eine solche in Müstair (vgl. Nr. 1).

Die Eberesche (*Sorbus aucuparia*) trifft man bis in eine Höhe von 2000 m ü.M. an. Der maximal etwa 15 m hohe Baum beansprucht viel Licht, weshalb er hauptsächlich auf offener Flur oder an Waldrändern stockt. Ebereschensamen, die durch Vögel weitergetragen worden sind, keimen oft auf einem alten, morschen Baum. Aus diesem Grund trägt beispielsweise ein Bergahorn häufig Blüten oder Früchte der Eberesche. Während die Blüten wie beim Weissdorn fischartig riechen, sind die rotleuchtenden Beeren für über 60 Vogelarten eine wichtige Nahrungsquelle. Die Eberesche wird deshalb auch «Vogelbeere» oder «Lustgebüsch für Vögel» genannt. Die Beeren bleiben bis im Dezember am Baum hängen, sofern sie nicht vorher gefressen wurden. Zum Verhängnis wurden sie den Vögeln allerdings bis ins 19. Jahrhundert bei der Vogeljagd, dem «Dohnenstieg»: Die angelockten Vögel, besonders die begehrten Wacholderdrosseln, wurden mittels einer Rosshaarschlinge, der «Dohne», gefangen und stranguliert. Die botanische Bezeichnung «aucuparia», aus lateinisch «aves capere», bedeutet «Vögel fangen». «Sorbus», vom lateinischen «sorbere», heisst «schlürfen», was vermutlich von der Tradition herrührt, aus den Beeren ein alkoholisches Getränk herzustellen. Im Tirol werden die Vogelbeeren deshalb auch «Mostbeeren» genannt. Der deutsche Name «Eberesche» dürfte sich auf die Früchte beziehen, die den Ebern zur Mast beigemischt wurden. Andere Quellen besagen jedoch, dass das Wort «Eber» auf «aber» zurückführt und «falsch» bedeutet – eine «falsche Esche» also, wenn man so will, die wie die Gemeine Esche eine gefiederte Blattform aufweist. Obschon die bittern Früchte für den Menschen ungiftig sind und sie einst als Obst bezeichnet wurden, ist vom Verzehr zu vieler Beeren abzuraten, da sie Parasorbinsäure enthalten, die zu Magenverstimmungen führt. Roh sind die Beeren abführend, getrocknet helfen sie aber gegen Durchfall. Ihre reizlindernde Wirkung, die gut für die Stimmbänder ist, und der hohe Vitamin-C-Anteil machen die Vogelbeere zu einem Geheimtipp für Sänger, Redner und Prediger. Als Speisebaum eignet sich eine Varietät der Eberesche, die Mährische Eberesche (*Sorbus aucuparia var. moravica bzw. edulis*), die 1810 im tschechischen Altvatergebirge bei Spornhau entdeckt wurde. Die Früchte dieser Sorte enthalten wesentlich weniger Bitterstoffe. Früher gewann man aus Vogelbeeren Sorbit, einen Diabetikersüssstoff.

Die Borke war als brauner oder roter Farbstoff gefragt, während das Holz gerne von Drechslern und Werkzeugmachern verwendet wurde.

In der keltischen und germanischen Mythologie galt die Eberesche als Glücksbringer, weshalb sie um Kultstätten gepflanzt wurde. Ein Brauch zu Ostern, Weihnachten und Neujahr wollte es, dass Kinder mit Ebereschen-, Wacholder-, Birken- oder Haselzweigen, den «Lebensruten», um die Häuser zogen. Bei diesem Fruchtbarkeitszauber, aus dem das heutige Halloween entstanden sein soll, sagte man den «Pfefferspruch» auf und bat um eine Gabe (siehe S. 32). Im Niederdeutschen kennt man die Bezeichnung «Quitschenbaum» oder «Quitschbeer», was auf «queck», also «lebendig, frisch, munter» hinweist, denn die Eberesche wurde als erquickende «Lebensrute» betrachtet. Als «the witch» (Hexe) bezeichnet man den Baum im angelsächsischen Raum; man glaubte an die Zauberkraft, mit Ebereschenzweigen Erzvorkommen im Boden aufspüren zu können.

DIE EDELKASTANIE
Armenkost des Südens

34	**Edelkastanie, Buseno GR**
	Castanea sativa Mill.
	ca. 450-jährig (um 1560)
	10,70 m Stammumfang
	3,18 m BHD
	9,60 m Taillenumfang

Die dicksten Edelkastanien des Landes sind mittlerweile im Wald untergegangen. Die Edelkastanie in Buseno ist noch einer der wenigen Solitärbäume.

Die Edelkastanie *(Castanea sativa)* ist eine von weltweit 12 Kastanienarten, die in den gemässigten Zonen auf der Nordhemisphäre wachsen. Die Europäische Edelkastanie kommt vor allem am Mittelmeer, im Balkan, im Kaukasus, in Nordafrika und Kleinasien vor. Vor 10–20 Millionen Jahren existierte bereits eine Urform, wie fossile Funde im südfranzösischen Ardèche ergaben. Pollenfunde im Loiretal aus der Zeit vor 5000–7000 Jahren belegen, dass die Europäische Edelkastanie dort kultiviert wurde. Auch im nördlichen Alpenraum der Schweiz soll sie bereits vor der Bronzezeit heimisch gewesen sein. Das einzige Indiz dafür sind jedoch lediglich in einem römischen Abfallhaufen bei Windisch gefundene Edelkastanien. Waldexperte Christian Küchli vermutet, dass diese nicht von einem dort angepflanzten Baum stammen, sondern nur die Früchte importiert wurden. Auch in der Literatur findet die Kastanienkultur nördlich der Alpen erst im 8. Jahrhundert Erwähnung. Im Mittelalter wurde die Kastanie nördlich der Alpen häufig kultiviert – bis zur «kleinen Eiszeit», einer markanten Klimaverschlechterung im 17. und 18. Jahrhundert. Die ersten grossfruchtigen Kastaniensamen, die von wilden Edelkastanien stammen, wurden vermutlich erstmals um 500 v. Chr. in Kleinasien selektiert und veredelt. Die Römer kannten bereits einige verschiedene Kultursorten. Durch Kreuzungen entstanden unzählige Varietäten. Allein im Tessin existierten einst über 100 Sorten, in Italien sind es noch 200 und in Frankreich sogar deren 300. Ausser der süssen «Marone» sind im Tessin beispielsweise die Sorten «Magreta», «Torcion» und «Verdesa» bekannt. Während in Europa auf geschmackliche Qualität gesetzt wird, investieren China, Südkorea und Japan in möglichst grosse Früchte der Japanischen Kastanie *(Castanea crenata)* oder der Chinesischen Kastanie *(Castanea molissima)*, die im Vergleich zu europäischen Sorten doppelt so schwer sind. Die europäische Edelkastanie bürgerte sich, dank der Forcierung der Römer, auch in wärmeren Regionen ausserhalb ihres natürlichen Vorkommens ein; überall dort, wo der frühfrostempfindliche Baum Früchte austragen konnte. Deshalb findet man sie heute sogar in Teilen Schwedens, Grossbritanniens und Nordfrankreichs.

Im Vergleich zur Rosskastanie, einem Seifenbaumgewächs, gehört die Edelkastanie wie die Eiche zu den Buchengewächsen. In Nordamerika und Asien findet man Übergangsformen von Edelkastanie und Eiche, sogenannte Scheinkastanien *(Castanopsis)* und Steinfruchteichen *(Lithocarpus)*.

Wegen ihrer Erscheinung nannten die Griechen sie auch «Eichel des Zeus» oder «Kastanische Nuss», die Araber «Fürst der Eicheln». Obschon die Blüten durch allerlei Insekten bestäubt werden, fehlen den weiblichen Blüten auffallende Farben und Duftlockmittel. Die grosse Anzahl an männlichen Blüten, die zur Hauptsache Käfer anlocken, lässt ausserdem darauf schliessen, dass diese Baumart sich auf ihrem langen evolutionären Weg zuerst hin zur Insekten- und wieder zurück zur Windbestäubung entwickelte.

35	**Edelkastanie, Claro TI**
	Castanea sativa Mill.

ca. 550-jährig (um 1460)
10,60 m Stammumfang (in 3 m H.)
3,37 m BHD
9,80 m Taillenumfang

Auffallend viele alte Edelkastanien sind im Stamminnern abgebrannt. Vermutlich pflegte man die Bäume, indem man mittels Feuer die Pilze abtötete und den Stamm so desinfizierte.

36 Edelkastanie, Claro TI
Castanea sativa Mill.

ca. 350-jährig (um 1660)
8,10 m Stamm- & Taillenumfang
2,58 m BHD
9,50 m Basisumfang

Die urtümlichsten Exemplare sind nur über Klettersteige zugänglich und gedeihen oft in einer Felsritze.

REKORDHALTER AUS DER PFLANZENWELT

Dass die Schweiz als Land der Arven, Lärchen, Bergahorne oder Fichten bezeichnet werden kann, scheint naheliegend. Dass sie aber zu den Ländern mit den meisten alten Edelkastanien gehört, ist nur den wenigsten bekannt. Die dicksten Kastanien stehen im Tessin oder in angrenzenden Regionen des Wallis und Graubündens. Heute weiss man, dass über dreihundert Edelkastanien in der Schweiz einen Stammumfang von mehr als 7 m aufweisen. Diese Kenntnis verdanken wir dem Engagement von Patrik Krebs, Geograf an der Eidgenössischen Forschungsanstalt für Wald, Schnee und Landschaft in Bellinzona. Während eines zweijährigen Projektes durchwanderte der Wissenschaftler sämtliche Wälder, in denen Edelkastanien vorkommen. Dabei entstand ein Inventar (siehe www.wsl.ch/kastanien), bei dem es sich um das konsequenteste und detailreichste seiner Art handelt, da selbst abgestorbene Baumstrünke aufgenommen und alle Bäume in diversen Höhen vermessen wurden. Von den kartierten Edelkastanien haben über zwei dutzend Bäume einen Stammumfang von mindestens 9 m. Einige gehören zu den dicksten Exemplaren Europas. Dazu zählen auch eine im Buch nicht dargestellte, komplett zerfallene Edelkastanie in Palagnedra mit über 12 m Umfang sowie die zweistämmigen Bäume in Lostallo mit 13 m und eine in Iragna mit 13,90 m Taille. Aber auch ausserhalb der Schweiz findet man 13 m messende Edelkastanien. Zum Beispiel in Österreich bei Pottschach, in Frankreich bei Mouliherne und Pluneret, in Portugal bei Beira Valente, in Spanien bei Can Cuc, in Norditalien bei Albions sowie in Il Monte bei Kalabrien, wo die «Kastanie der Grünen Eidechse» steht. Ursprünglich etwa 16 m Stammumfang – heute sind es noch über 14 m – mass eine Edelkastanie in der Bretagne bei Pont L'Abbé. Selbst in Grossbritannien findet man heute stattliche Edelkastanien: Der Umfang der sogenannten «Drei Schwestern» in Pentre Llanrhaeadr misst trotz fehlendem Stammteil noch 13 m. Noch etwas dicker ist der berühmte Baum in der Grafschaft Gloucestershire in Tortworth, der bereits im 12. Jahrhundert beschrieben wurde. Die meisten der mächtigen Sekundäräste haben am Boden Wurzeln geschlagen, woraus durch vegetative Vermehrung neue Bäume entstanden: ein Wald aus einem Baum sozusagen. Diese Wuchsform erklärt auch den bisherigen Weltrekordhalter der Pflanzenwelt, eine Edelkastanie unterhalb des Ätna in Sizilien bei Sant' Alfio. Angeblich soll die «Kastanie der Hundert Pferde», wie sie genannt wird, einst einen unwahrscheinlichen Stammumfang von 72,80 m gehabt haben. Nach anderen Angaben waren es 61,20 m oder sogar «nur» 28,70 m. Ein alter Stich zeigt den Baum 1863 fünfstämmig. Mit Sicherheit ist die Gesamtform wie in Tortworth aus neu erwachsenen Töchterbäumen entstanden, die im Laufe der Jahrhunderte ebenfalls zusammengewachsen sind oder nochmals weitere Einzelstämme und Stockloden gebildet haben. Der längst zerfallene Mutterbaum könnte indes bereits vor 2000–4000 Jahren entstanden sein. Der Geschichte nach soll Johanna, Königin von Aragonien (1497–1555), bei einem Unwetter mit ihrer Heerschar von hundert Mann mitsamt Pferden im hohlen Stamm des Baumes Schutz gefunden haben. Einwohner nutzten den Baum für die Erntegewinnung, stellten Maroni-Öfen in die Hohlräume und verholzten gleichzeitig den Stamm. Im Inneren dieses Gebildes hausten sogar Familien oder waren Schafherden untergebracht. 1865 waren noch fünf Einzelteile von dem mächtigen Stamm übrig; bis heute ha-

37 Edelkastanie, Cugnasco TI
Castanea sativa Mill.

ca. 550-jährig (um 1460)
9,10 m Stamm- & Taillenumfang
2,92 m BHD

39 Edelkastanie, Lostallo GR
Castanea sativa Mill.

ca. 450-jährig (um 1560)
12,40 m Stammumfang
3,50 m BHD

38 Edelkastanie, Lostallo GR
Castanea sativa Mill.

ca. 700-jährig (um 1310)
12,30 m Taillenumfang
14,00 m Basisumfang

DIE EDELKASTANIE

Von den drei älteren Edelkastanien auf der Alpe di Brusino sind zwei besonders mächtig. Der eine Baum (Bild rechts) misst immerhin fast 9,00 m im Umfang.

41	**Edelkastanie, Brusino TI**
	Castanea sativa Mill.

ca. 550-jährig (um 1460)
12,30 m Stammumfang
3,57 m BHD
10,00 m Taillenumfang
16,40 m Basisumfang

40	**Edelkastanie, Giornico TI**
	Castanea sativa Mill.

ca. 400-jährig (um 1610)
12,90 m Umfang (in 1,3 m H.)
4,11 m BHD
8,50 m Taillenumfang
13,90 m Basisumfang

ben nur drei überlebt. Das dickste hat aber immer noch einen Stammumfang von 22,00 m. Im Nachbarort Mascali steht die sogenannte Schiffskastanie, die ebenfalls 20,00 m Stammumfang aufweisen kann. So dick ist auch die «Kastanie Santo de Istan» in Andalusien in der Nähe von San Pedro de Alcántara.

KASTANIENMEHL UND VERMICELLES

Aus dem griechischen «Kastanon» – der Begriff bezieht sich auf die Stadt Kastana im Pontus am Schwarzen Meer – stammen der lateinische Name «castanea» und das deutsche Wort «Kastanie» im 15. Jahrhundert. Das Epitheton «sativa» identifiziert die Früchte des Baumes als essbar. Deshalb trägt die Edelkastanie auch Namen wie «Esskastanie», «Zahme Kastanie», «Keste» oder einfach «arbus», für Baum. Die «Marone», wie man die Edelkastanie ebenfalls nennt, bezeichnet streng genommen lediglich eine Gruppe von Edelkastaniensorten mit relativ grossen Früchten. Diese bilden, im Gegensatz zu den kleineren Sorten mit zwei bis drei Früchten pro Fruchtbecher («Igel»), nur eine grosse Marone je Fruchtbecher aus.

Während heute Maronen über dem Feuer geröstet, glasiert und gesotten in Wildgerichten oder als Dessert in Form von Püree und Marons glacés serviert werden, galten die Kastanien auf der Alpensüdseite bis ins 19. Jahrhundert als wichtigster Nahrungslieferant und wurden deshalb auch «Brot der Armen» genannt. Ein Baum brachte jährlich im Durchschnitt 200 kg Ernte pro Kopf. Da der Stärkeanteil der Kastanienfrüchte bei 43 Prozent liegt, wurden sie als Kartoffel der bergigen Regionen angesehen. «Nur du, edle Kastanie, schenkest genug dem Bauern, der nichts hat als Sonne», schrieb der italienische Dichter

43	**Edelkastanie, Chironico TI**	44	**Edelkastanie, Orsino TI**
	Castanea sativa Mill.		*Castanea sativa Mill.*
	ca. 750-jährig (um 1260)		ca. 550-jährig (1460)
	12,55 m Stammumfang		10,45 m Stammumfang
	3,72 m BHD		3,15 m BHD
	13,75 m Basisumfang		9,70 m Taillenumfang

Giovanni Pascoli. In der Metapher «Für jemanden die Kastanien aus dem Feuer holen» verbirgt sich auch, wie mühsam die Verarbeitung der Früchte war. Infolge des landwirtschaftlichen Umbruchs wurden im 19. Jahrhundert Kastanienhaine durch gewinnbringendere und weniger zeitaufwendige Kulturen wie Kartoffel- oder Maisfelder abgelöst. Die mit der Industrialisierung einhergehende Mobilität erlaubte zudem den Transport von Nahrungsmitteln und lockerte die obligatorisch lokale Nahrungsproduktion (Subsistenzwirtschaft). Obschon im Tessin und in Italien noch viele alte Kastanienhaine, sogenannte Selven (aus dem lateinischen «silva», für Wald), existieren, ist der Grossteil innerhalb der letzten hundert Jahre verschwunden. Schuld daran sind nicht nur die Aufgabe der Bewirtschaftung und das Einwachsen durch konkurrenzstärkere Baumarten, sondern auch die Tintenkrankheit, ein Wurzelpilz, der 1860 erstmals im Baskenland entdeckt wurde. Ebenfalls sehr schädlich ist der Kastanienrindenkrebs, ein Schlauchpilz, der aus Ostasien stammt und nach New York verschleppt wurde. Dort attackierte er 1904 die Art «*Castanea dentata*». Der Pilz gelangt über Risse in das Rindengewebe und bringt durch die Ausscheidung giftiger Stoffwechselprodukte die Zellen zum Absterben. Da die nordamerikanische Art nicht an den neuen Parasiten gewöhnt war, rottete er die Bestände bis 1940 fast vollständig aus: insgesamt eine Million Hektar Waldfläche. 1938 wurde derselbe Pilz nach Genua verschleppt und infizierte auch die Europäische Edelkastanie, weshalb man unsere Edelkastanie bereits als verloren betrachtete. Innerhalb von zwanzig Jahren soll rund die Hälfte der Kastanienbäume abgestorben sein. Glücklicherweise fand sich hier jedoch mit einem den Pilz parasitierenden Virus ein natürlicher Gegenspieler des Kastanienrindenkrebses. Dieser schwächt den Krebspilz so sehr, dass heute die meisten Bäume den Befall überleben können. Da aber immer neue Mutationen des Krebspilzes auftreten und zu neuen Befallswellen führen können, sollte das Verschleppen des Pilzes in andere Regionen (z.B. von der Alpensüdseite auf die Alpennordseite) unbedingt vermieden werden. So können uns die Edelkastanie, landschaftsprägende Selven und die ganze Kultur rund um diesen alten Brotbaum auch für die Zukunft erhalten bleiben.

42	**Edelkastanie, Giornico TI**
	Castanea sativa Mill.
	ca. 300-jährig (um 1710)
	7,80 m Stamm- & Taillenumfang
	2,48 m BHD

45	**Edelkastanie, Cevio TI**	46	**Edelkastanie, Cevio TI**
	Castanea sativa Mill.		*Castanea sativa* Mill.

ca. 450-jährig (um 1560)
8,80 m Stammumfang (in 1,3 m H.)
2,80 m BHD
8,50 m Taillenumfang

ca. 350-jährig (um 1660)
7,90 m Stammumfang (in 1,5 m H.)

EDLES VON DER EDELKASTANIE

Zu Unrecht wurde das Edelkastanienholz im Vergleich zum Eichenholz als minderwertig angesehen. Edelkastanienholz besitzt an Gerbstoffen mindestens das 7-fache von Eichenholz und war wegen seiner Tanninextrakte für die Ledergerberei wie gemacht. Es ist dauerhaft, elastisch, gut spaltbar und wurde im Weinbaugebiet für Rebstickel und Fassdauben verwendet oder in den Bergen als Lawinenverbauung. Auch konnte man daraus Balken herstellen, die länger waren als der Baum selbst, wie es hiess. Meist handelte es sich bei solchen aussergewöhnlich langen Balken aber um eichenes Holz. Neue Bereiche der Verwendung als Möbel, Parkett und Schindeln fördern den Erhalt der Edelkastanienwälder. Ebenso haben sich in der Gastronomie neue Wege aufgetan. Man stellt aus den Maronen mittlerweile auch Flocken, Bier oder Honig her. Heilkundlich helfen Blätter, als Tee getrunken, bei Bronchitis oder Rheumatismus und die Früchte bei Durchfall und Krampfadern.

BAUM DER UNTERGEHENDEN SONNE

Die Früchte ernährten Menschen und Tiere in der fruchtlosen Zeit des Winters und sind Symbol der Vorsorge. Deshalb stehen sie auch für den Winterbeginn. Bei den Kelten galt die Edelkastanie als Beschützerin des Tors zum neuen Jahr. Man glaubte, dass der hohle Stamm der Eingang zum Reich der Toten sei und das Fegefeuer symbolisiere. Jede Frucht, die bis am Abend des ersten Novembers geröstet und geschält wurde, galt in den Cevennen als erlöste Seele des Fegefeuers. Um dem Fährmann die Fahrt über den Fluss des Todes zu vergüten, legte man Verstorbenen Kastanien in den Sarg, und auf Korsika hängte man Kindern beim Betreten des Friedhofs eine Kette aus gekochten Äpfeln und Kastanien um den Hals, um sie vor einem frühen Tod zu bewahren. Die Äpfel standen für das Leben und die Kastanien mystifizierten den Tod. Der Martinstag am 11. November wird in Regionen, in denen Kastanien geerntet werden, meist mit Wein und Maroni gefeiert. Die Schalen der Früchte, die zwischen November und Martini abfallen, symbolisieren den Mantel des heiligen Martins, der seinen Umhang mit einem Bettler teilte. Die Edelkastanie wird auch mit der untergehenden Sonne in Verbindung gebracht und ist der Baum des Westens.

48   Edelkastanie, Maggia TI
Castanea sativa Mill.

ca. 400-jährig (um 1610)
8,00 m Stammumfang (in 1,5 m H.)
12,00 m Basisumfang

Die Edelkastanie – Baumporträts

Obschon die grössten Edelkastanien der Schweiz gewöhnlich in abgelegenen Berghängen zu finden sind, stehen sie immer in der Nähe einer Siedlung, auch wenn dies oft nur wenige Rusticos sind, verstreut in den Wäldern, oder ein extra dafür hergerichtetes Steinhäuschen ist, das für das Rösten der Maronen benutzt wurde. Als die Leute noch Früchte von den Bäumen ernteten, waren die Wälder so stark genutzt, dass sie einer Weide glichen, auf der kaum eine andere Baumart ausser der Edelkastanie wachsen durfte. Heute werden sämtliche Selven nicht mehr gepflegt, und die alten Edelkastanien sind von Unterwuchs und Jungbäumen eingewachsen. Die Verdunkelung führt schliesslich dazu, dass manche altersschwachen Edelkastanien stark bedrängt werden. Die dicken Einzelstämme verlieren an Zuwachs, und Stockausschläge schiessen lichthungrig aus den alten Stammstrünken.

47   Edelkastanie, Maggia TI
Castanea sativa Mill.

ca. 650-jährig (um 1360)
10,20 m Stammumfang
10,10 m Taillenumfang

Nur an wenigen Orten findet man vereinzelte Solitärbäume mit einem Umfang von mindestens 9 m. Einer der beschaulichsten befindet sich im Tessin bei Personico. Aber selbst hier ist der älteste über 10 m messende Stamm eingewachsen und bricht nun in sich zusammen. Ganz anders eine Edelkastanie in Giova bei Buseno, deren Sekundärkrone bald wieder 20 m Höhe erreicht (vgl. Nr. 34).

Regelrecht eingewachsen wird eine Edelkastanie in Claro (vgl. Nr. 35). Der angebrannte, geöffnete Stamm geht bald in einem hochgewachsenen Adlerfarnwäldchen unter. Nur hangaufwärts schiebt das Geröll aufkeimende Jungpflanzen regelmässig weg. Etwas oberhalb dieses Baumes trifft man auf eine Edelkastanie, die sich wie ein Maulwurf aus der Erde zu wühlen scheint (vgl. Nr. 36). Neben ihr steht eine zweite stattliche Edelkastanie, und dahinter, an einer Felswand, quellen weitere uralte Individuen aus den Ritzen blanker Felsen. Prägnant ist auch eine Edelkastanie am Monti di Ditto bei Cugnasco. Die von Borke freigelegten Stammpartien wirken wie sakrale Schnitzereien eines Künstlers (vgl. Nr. 37). Solche Strukturen finden sich überall an Edelkastanien. Lostallo ist das nördlichste Teilgebiet, in dem sehr alte Edelkastanien wachsen und gleichzeitig einer der bedeutendsten Bäume der Schweiz wurzelt. Eine der hier im Tal stehenden Edelkastanien misst auf 1 m Höhe in der Taille 11,60 m Umfang, ist jedoch eine halbe Ruine. Mächtiger und wesentlich vitaler ist eine Edelkastanie an einem der Steilhänge (vgl. Nr. 38). Dieser Gigant erreicht die

49 Edelkastanie, Pollegio TI
Castanea sativa Mill.

ca. 300-jährig (um 1710)
11,90 m Stammumfang
2,99 m BHD
7,00 m Taillenumfang
14,50 m Basisumfang

Der «Elefantenfuss» in Diganengo ist in Wirklichkeit eine dickbauchige Edelkastanie.

Rekordtaille von 12,30 m. Der breiteste Stammdurchmesser von unglaublichen 4,80 m ist entstanden, weil sich aus einstigen Stockloden eines Mutterstammes neue Bäume bildeten; ähnlich wie bei der «Kastanie der Hundert Pferde» (siehe oben). Der Mutterstamm ist längst abgestorben und wurde vor langer Zeit gekappt. Wem diese breitwüchsige Wachstumsform nicht zusagt, konnte an der Flur «Rura» bis 2014 ein einstämmiges Exemplar (vgl. Nr. 39) finden. Der skurrilste Baum des Tessins steht bei Altirolo (vgl. Nr. 40). Wie eine mächtige Schaufel scheint der leicht gekrümmte Baum in der Erde zu stecken. Ein riesiger Hohlraum ist von so eigenartiger Form, dass man meinen könnte, er sei künstlich eingefräst worden. Tatsächlich wurde der Unterstand bis vor kurzem auch genutzt; in ihm befand sich nämlich eine Holzbeige, die vor Regen gut geschützt war. Ein fast so grosses Loch weist der Stamm auch auf der anderen Seite auf. Die Form entstand, weil die ehemals junge Edelkastanie zwischen zwei Felsbrocken wuchs. Beim Dickenzuwachs konnte der Stamm nicht wie üblich rund wachsen und stülpte sich allmählich über die beiden

Findlinge. Die Steine sind mit der Zeit vermutlich zusammengebrochen. Der beliebteste und gleichzeitig bekannteste Baum ist eine Edelkastanie in Brusino-Arsizio (vgl. Nr. 41). Dort auf der Alp di Brusino öffnet sich der Wald zu einer kleinen Weide, von wo man neben dem gemütlichen Grotto einen herrlichen Blick auf den Lago di Lugano hat. In Chironico stehen zwei besondere Bäume (vgl. Nr. 42–43). Der dickere im Dorf misst noch 12,55 m, obschon er nur noch aus einer Stammhälfte besteht. Eine riesige Adventivwurzel lässt erahnen, dass dieser Baum bereits sehr alt sein muss. Diese Edelkastanie war noch vor wenigen Jahren der dickste Baum der Schweiz und mass ursprünglich vermutlich sogar etwa 15 m im Umfang. In der Nähe befindet sich Orsino, das zu Giornico gehört. Ein freistehender Baum bringt es dort auf 10,45 m (vgl. Nr. 44).

Drei drollige Bäume findet man auf engem Raum im Maggiatal bei Cevio. Der Weg führt durch Felsbänder, über die sich wildromantische Gebirgsbäche ergiessen. Einer der Bäume, der unterhalb der Äste bereits 10,00 m Stammumfang besitzt, steht unmittelbar am Aufstieg des Wanderweges. Der gedrungene, zerfallene Stamm weist einen gebogenen Starkast auf, der talabwärts wächst. Noch verwegener ist ein Exemplar etwas oberhalb des Hanges. Der kurze Stamm verfügt nur über einseitig gewachsene, weit ausladende Hauptäste (vgl. Nr. 46). Die dickste Edelkastanie des Trios besticht dafür von einer Seite mit einem breiten Stammdurchmesser (siehe Nr. 45).

Gewaltig ist eine Edelkastanie in Giumaglio in der Siedlung Brenza (vgl. Nr. 47). Auch bei einer Edelkastanie in der Nähe scheinen die Stockausschläge wie wild auf alle Seiten zu gehen – als wollten sie die herunterkollernden Steinbrocken der hinter ihr befindlichen Felswand abwehren (vgl. Nr. 48). Den eindrücklichsten Sockelstamm besitzt ein Baum in Diganengo bei Pollegio (vgl. Nr. 49). Dafür weist eine alte Edelkastanie in Piüghei bei Malvaglia einen auffallend hochgestreckten Stamm auf, in dem ein Bretterboden eingebaut wurde (vgl. Nr. 50). Grosse Starkäste sind abgebrochen, die Zweige räkeln sich deshalb in alle Richtungen.

Eine der ehemals dicksten Edelkastanien des Landes steht in Cresciano, besteht aber heute nur noch aus einer Hälfte. Ein Reststamm ermöglicht eine Rekonstruierung von annähernd 13 m Stammumfang. Leider ist die volle Breitseite dieses grandiosen Baumes nicht fotografierbar. Aber auch seine schmalste Seite lässt die Proportionen erahnen (vgl. Nr. 51). Folgt man dem nahe gelegenen Bach talabwärts, gelangt man bald zu einem weiteren Juwel. Die hier stehende Edelkastanie wirkt auf einer Seite wie ein riesiger Kopf mit Bullauge (vgl. Nr. 52). Zwischen den beiden zuletzt beschriebenen Bäumen wächst eine ausgesprochen fotogene Edelkastanie. Ihr gekappter Stamm steht so schief, dass er sich fast auf den Boden legt (vgl. Nr. 53), und dies auf einem Klippenvorsprung. Wer den Baum messen will, riskiert einen Sturz in die Tiefe. Und schliesslich wächst weiter

50 Edelkastanie, Malvaglia TI
Castanea sativa Mill.

ca. 450-jährig (um 1560)
10,60 m Stammumfang
3,06 m BHD
9,40 m Taillenumfang

DIE EDELKASTANIE

51   Edelkastanie, Cresciano TI
Castanea sativa Mill.

ca. 600-jährig (um 1410)
11,55 m Stammumfang (in 1,3 m H.)
3,68 m BHD
10,10 m Taillenumfang

52   Edelkastanie, Cresciano TI
Castanea sativa Mill.

ca. 450-jährig (um 1560)
10,75 m Stammumfang
11,50 m Basisumfang

53	**Edelkastanie, Cresciano TI**	54	**Edelkastanie, Cresciano TI**
	Castanea sativa Mill.		*Castanea sativa* Mill.
	ca. 350-jährig (um 1660)		ca. 450-jährig (um 1560)
	8,30 m Stamm- & Taillenumfang		9,85 m Stammumfang (in 1,5 m H.)
	2,94 m BHD		9,75 m Taillenumfang

nördlich eine Edelkastanie, die wegen ihrer mächtigen Stammwand von weitem kaum von der Felswand neben ihr unterschieden werden kann (vgl. Nr. 54). Die Edelkastanienwälder von Cresciano können als die bedeutendsten der Schweiz betrachtet werden, da sie auf dichtestem Raum die grösste Anzahl der wirklich dicken Edelkastanien beherbergen. Leider hat man auch hier begonnen, die kleinen Wanderwege durch breite Forststrassen zu ersetzen, um so den Rustico-Besitzern die Zufahrt mit dem Auto zu ermöglichen. Dabei müssen oft sogar die ältesten und schönsten der Altbäume weichen, von denen kein einziger unter Schutz steht.

DIE EIBE
Eine Zeitlose versteckt sich im Dunkeln

55 Eibe, Ueberstorf FR
Taxus baccata L.

ca. 250-jährig (um 1760)
3,95 m Stammumfang
1,29 m BHD
3,60 m Taillenumfang
14,00 x 13,50 m Kronenbreite

Alleinstehende Eiben, wie jene in Ueberstorf, findet man europaweit sehr selten. Damit die Bauern mit ihren Maschinen unter ihr durchkommen, wurde ihre «Frisur» unten abgeschnitten.

Die Eibe (*Taxus baccata*) besetzte zwischen den Eiszeiten grosse Areale in Europa. Nach der letzten Eiszeit wurde sie von der vor etwa 4500 Jahren einwandernden Buche zurückgedrängt, vor allem aber der Mensch sorgte vom Mittelalter an für eine radikale Dezimierung. Heute findet man grössere Vorkommen des schattenfesten Baumes nur noch in dunklen, eingeschnittenen Steilhängen, unterhalb der Kreten des Jura, im Zürcher Sihlwald, im ungarischen Bakonywald oder in der englischen Grafschaft Sussex am Kreidekalkmassiv von Kingley Vale. Wo andere Bäume mangels Licht nicht wachsen würden, gedeiht die Eibe; im Vergleich zur Waldkiefer kommt sie mit viermal weniger Licht aus. In düsteren Wäldern braucht sie allerdings durchschnittlich zehn Jahre, bis sie eine Höhe von 0,3 m erreicht, weshalb sich heute die meisten Bäume wegen Wildverbiss kaum natürlich verjüngen können.

EIN UNVERSTANDENER NADELBAUM

Weltweit kommen auf der Nordhalbkugel rund sieben Eibenarten vor, wobei die europäischen zur selben Art gehören. Da sich die Eibenarten teilweise untereinander kreuzen, ist eine Bestimmung schwierig. Seit 1760 schätzen Gärtner die Säuleneibe (*Taxus baccata* 'Fastigiata'), die von einer natürlichen Mutation eines heute noch lebenden Baumes in Irland abstammt. Die Gemeine oder Europäische Eibe hat sich im Verlaufe ihrer Evolution kaum verändert. Ihr Bauplan besteht seit einer Million Jahren, während deren sie offenbar kaum gezwungen war, sich weiter anzupassen. Botanisch gehört sie zwar zu den Nadelbäumen, bildet aber eine eigene Familie, die der Eibengewächse. So trägt sie im Unterschied zu den europäischen Nadelbäumen keine Zapfen, behält ihre weichen Nadeln bis zu acht Jahre, besitzt harzfreies Holz, eine glatte Borke und kann wie viele Laubbäume Stockausschläge bilden.

Da die Eibe für Mensch und Pferd giftig ist und deshalb gekappt wurde und ausserdem vom Wild in jungen Jahren verbissen wird, wächst sie oft mehrstämmig. Diese Erscheinung hat dazu geführt, dass sich in der Literatur hartnäckig die Meinung hält, alte Eibenstämme seien meistens aus mehreren zusammengewachsenen Einzelstämmen entstanden. Mit ein Grund, warum die bedeutendsten Eiben der Normandie und Englands in spezialisierten Baumbüchern fehlen. Tatsache ist, dass Stamm und Äste der Eibe sich wie bei Hainbuchen im Alter kehlwüchsig (im Stammquerschnitt nicht rund, sondern ausbeulend) entwickeln, was an nebeneinander liegende Falten eines Vorhanges erinnert. Beim Dickenwachstum des Baumes werden diese proportional nicht breiter, sondern vermehren sich. Da die Eibe im Gegensatz zu anderen Nadelbäumen eine glatt abblätternde Borke aufweist und diese durch Wildfegen und andere äussere Einflüsse geschädigt werden kann, ist diese gerieft Stammform eine überlebenswichtige Taktik. Zwischen den entstandenen Rillen bleibt die Rinde unbeschadet erhalten, weshalb der Saftstrom weiterhin funktioniert. Ähnliches treffen wir bei Rosengewächsen wie Apfel, Birne, Quitte oder Weissdorn an, die trotz geschälter Rinde auf der Weide eine intakte Krone tragen. Wenn die Eibe ein gewisses Alter erreicht hat, beginnen sich die einzelnen Stammstränge durch die Stammfäule aufzulösen, weshalb es aussehen kann, als wären mehrere

56 Eibe, Crémines BE
Taxus baccata L.

ca. 1500-jährig (um 510)
4,25 m Stammumfang
1,34 m BHD
5,00 m Basisumfang
8,50 m Kronenhöhe

Wie eine Schraube dreht sich einer der ältesten Bäume Europas aus dem kargen Boden einer steilen Klus.

57 Eibe, Toffen BE	58 Eibe, Heimiswil BE
Taxus baccata L.	*Taxus baccata* L.
ca. 330-jährig (um 1680)	ca. 450-jährig (um 1560)
4,50 m Stammumfang	6,80 m Stammumfang
1,48 m BHD	2,16 m BHD
25,50 x 15,10 m Kronenbreite	6,70 m Taillenumfang

Jungbäume im Kreis gewachsen. In Fachbüchern heisst es, dass einzelne Stockloden und Adventivwurzeln ausserhalb des Stammes miteinander verschmölzen und einen Scheinstamm bildeten. Die hohlen Stämme seien womöglich notwendig, damit der Wind hindurchblasen könne und der Stamm kein Hindernis darstelle. Solche absurden Ideen zeigen, dass langsam wachsende Bäume, deren Entwicklung erst über Generationen verfolgt werden kann, oft grundlegend missverstanden werden. Die Eibe bildet durch vegetative Vermehrung neue Einzelstämme, insbesondere wenn ein grösserer Ast lange Zeit auf dem Boden aufliegt und wurzelt. Stockloden oder Adventivwurzeln wachsen aber nie in der Menge und Vollkommenheit, dass sie einen mehrere Meter dicken Stamm ersetzen könnten. Wegen der Vermutung, dass Eibenstämme aus neuen Einzelstämmen entstanden sind, wurden die Altersangaben bei einem Stammumfang von etwa 10 m von mutigen 4000 Jahren auf 800 Jahre heruntergesetzt. Überdies zeigten hohle Stämme alter Eiben, dass die Jahrringe oft viel breiter sind als bisher angenommen. Allerdings wurden ausschliesslich alte Eiben der Normandie und Englands untersucht, die in wintermilden Klimaregionen stehen. Da sie ausserdem immer auf Friedhöfen wachsen, wo sie über Generationen gepflegt wurden, konnten sich diese Solitärbäume weit schneller entwickeln als üblich. Trotzdem liegen bei den ältesten unter ihnen die Jahrringe im äussersten Stammbereich so nahe beieinander, dass man zum Teil von einem Wachstumsstopp sprechen könnte. Zudem müssen sich die Jahrringe auf einen immer grösseren Stammumfang verteilen, ohne dass die Bildung von Biomasse automatisch zunimmt. Oft braucht eine Eibe 250 Jahre, um einen Stammumfang von 1,5 m zu erreichen. Die grösste Wachstumsperiode liegt nach eigener Schätzung vermutlich zwischen 200–600 Jahren. Danach wird das Kambium, das für die Bildung des Dickenwachstums verantwortlich ist, schwächer und schwächer, bis es schliesslich je nach Baum etwa nach 800–1500 Jahren ganz erliegt. Forscher Allen Meredith, der in Grossbritannien akribisch den Alteiben nachging, und Dendrologe Alan Mitchell sind sich einig, dass Eiben 4000 Jahre alt werden können. Fest steht, dass eine Eibe bei regelmässiger und konstanter Stammzunahme von durchschnittlich 3 mm (ein so fortdauerndes Wachstum ist aber unwahrscheinlich) bei einem Umfang von 18 m mindestens 950-jährig sein muss. Eine solche steht auf dem Friedhof in Fortingall in der Grafschaft Perth im geografischen Zentrum Schottlands. Da man an Beltane, am 1. Mai, den hohlen Stamm anzündete, um symbolisch das Vieh zu reinigen, wurde die dickste Eibe der Welt bis auf drei Restteile niedergebrannt. Ihr angebliches Alter von 9000 Jahren scheint unmöglich. Aber selbst mit 1000–4000 Jahren gehört diese Eibe noch zu den ältesten Bäumen der Welt. Bereits über 1000-jährig könnten die über 10 m messenden Exemplare im englischen Tandridge, Crowhurst, Tisbury, Much Marcle oder die in den französischen Orten bei Ménil-Ciboult, Estry, La-Haye-de-Routot, Lande-Patry oder Saint-Ursin sein. Wesentlich älter ist aber vermutlich eine Eibe auf 1150 m ü. M. im bayrischen Balderschwang. Der ursprünglich über 8 m im Umfang messende Stamm hat sich im Laufe der Zeit in zwei Einzelstämme aufgeteilt, die beiden Einzelfragmente sind aber genetisch identisch.

Nachwachsendes Waffenarsenal

Die Samen mit dem roten Fruchtmantel verholzen nicht, wie bei Nadelbäumen üblich; der Artname «baccata» bedeutet schlicht «beerentragend». «Taxus» bezieht sich entweder auf das lateinische Wort «taxare» für «strafen» oder auf das ältere griechische Wort «toxon», was Eibe und Bogen heisst. Auch der althochdeutsche Begriff «iwa» steht für Eibe und Bogen. Bereits in der Jungsteinzeit be-

nutzte man Eibenbogen für die Jagd. In England fand man einen Eibenspeer, dessen Alter mit 250 000 Jahren berechnet wurde. Auch der Pfeilbogen, mit dem Ötzi vor rund 5000 Jahren in den Tiroler Bergen umherzog, war aus Eibenholz gefertigt. Ötzi soll von einem Pfeil, der aus über 80 m Entfernung von einem Eibenbogen abgeschossen wurde, tödlich getroffen worden sein. Das elastische, bruchfeste, wasser- und pilzresistente Holz wurde zum Grundstein für die Produktion von Waffen wie Bogen, Pfeilen, Lanzen und Armbrust. Wenn der Bogen so aus dem Holz geschnitten wird, dass das Kernholz innerhalb der Wölbung liegt, erreicht er eine enorme Zugfestigkeit. Die innere Holzschicht ist sogar so elastisch, dass ein Bogen zu einem Kreis geformt werden kann, ohne zu zerreissen. «Yeaman» – abgeleitet von «Yew», englisch für «Eibe» – hiessen die Bogenschützen Englands. Da eine Armee aus fünftausend Soldaten pro Sekunde knapp tausend Pfeile auf eine Distanz von 200 m zielsicher abschiessen konnte, wurde der Eibenbogen zur effizientesten Waffe des Mittelalters. Aus diesem Grund pflanzte man die Eibe als nachwachsendes Waffenarsenal rund um die Burgen.

Angeblich soll der Normanne Wilhelm 1066 nur dank seiner Eibenbogen die Angelsachsen besiegt haben. Durch ihn kam der Legende nach die Eibe von der Normandie nach England. Besonders in Grossbritannien führte die Übernutzung fast zur Ausrottung der Eibe. Eibenholz wurde deshalb vom Kontinent nach England verfrachtet, besonders aus den Alpen, Karpaten und baltischen Ländern, wie eine holländische Zollrolle aus dem Jahre 1287 belegt. Die Nachfrage war so gross, dass bis Ende des 16. Jahrhunderts die Eibenpopulationen auch in den übrigen europäischen Ländern fast vollständig geplündert wurden. Die Rodungen stoppten erst um 1625 mit dem Aufkommen von Pulverwaffen.

Früher fertigte man aus dem zähen und äusserst beständigen Eibenholz aber auch Dinge wie Papiermesser, Zahnstocher oder Sohlbalken beim Hausbau. Bei bronzezeitlichen Siedlungen fand man so viele Gegenstände aus Eibenholz, dass man auch von der «Eibenkultur» spricht. Im frühen 18. Jahrhundert entdeckte man das edle, dunkelrote Holz vor allem für die Rokokomöbel. Damals begann man auch, den schnittverträglichen Baum in Parks als Heckenpflanze zu setzen. Wegen der dicht besetzten Nadelzweige sind der Fantasie der Gartenbildhauer praktisch keine Grenzen gesetzt.

MEDIZINAL- ODER GIFTPFLANZE?

Die Schnittverträglichkeit der Europäischen Eiben rettete den Pazifischen Eiben *(Taxus brevifolia)* das Leben. Als nämlich 1963 die sogenannten Taxane in der Rinde dieser nordamerikanischen Eibenart entdeckt wurden, war der Grundstoff für ein revolutionäres Krebsme-

59 Eibe, Rüthi SG
Taxus baccata L.

ca. 900-jährig (um 1110)
3,80 m Stamm- & Taillenumfang
1,24 m BHD

60 Eibe, Moutier BE
Taxus baccata L.

ca. 1500-jährig (um 510)
4,30 m Stammumfang
1,37 m BHD
5,00 m Basisumfang
5,00 m Kronenhöhe

Seit über hundert Jahren besteht dieser Methusalem nur noch aus einer Hälfte des Stammes. Die Eibe stockt zusammen mit anderen verzwergten Baumgreisen auf einer Jurakrete.

dikament geboren. Jährlich fällte man für die Gewinnung der Taxane Hunderttausende Eiben an der pazifischen Küste Nordamerikas. Das Abholzen fand erst zwanzig Jahre später ein Ende, als man dieselben Wirkstoffe auch in den Nadeln der Europäischen Eiben entdeckte. Von nun an musste die Eibe nicht gleich gefällt, sondern konnte auch nur zurückgestutzt werden.

Die Eibe ist im Prinzip in allen Teilen giftig; einzig das süsse Fruchtfleisch um die Kerne der roten Scheinbeeren weiblicher Eiben, auch «Arillus» genannt, bildet eine Ausnahme. Da wiederkäuendes Vieh und Wild sich an das Gift der Eibe gewöhnt haben, kommt es bei ihnen im Gegensatz zu Pferden und Eseln nicht zu einer tödlichen Vergiftung. Verschiedentlich berichten aber Förster, dass gesunde Pferde gar keine Eibennadeln fressen. Andere Quellen besagen, dass ein Hase ab 20 Gramm Taxin verendet, während es bei Menschen und Pferden bereits ab 2 Gramm des Giftstoffes (resp. 50–100 Gramm Nadelblattmasse) zu Herz- und Atemstillstand kommt. Eibennadeln verwendete man früher als Abtreibungsmittel sowie als Betäubungsmittel in der Fischerei. Man befürchtete sogar, dass man im Schatten des Baumes sterben könnte und der Trinkbecher aus Eibenholz zu Vergiftungen führt. Gallier bestrichen mit dem giftigen Nadelsaft ihre Pfeile. Wegen ihrer Giftigkeit entstand aus dem griechischen «toxon» für Eibe und Bogen auch die Bezeichnung «toxisch». Die Eibe ist aber nicht nur deswegen zum Baum des Todes erklärt worden. Durch ihre schier unendliche Verjüngbarkeit ist sie Symbol für Tod und Wiedergeburt geworden. So bedeutet das altnordische «aevi» oder das althochdeutsche «ewa» auch «Ewigkeit». Man glaubte, die Wurzel würde in den Mund eines Toten wachsen und von dort zur Seele, wodurch der Verstorbene mit der Eibe vereint würde und weiterleben könnte (siehe auch S. 203). Verstorbene wurden entweder in einem hohlen Eibenstamm, in einer Art Sarg, vergraben, oder man pflanzte auf ihre Gräber eine Eibe. Nach einer englischen Sage waren Tristan und Isolde in Tintagel begraben worden. Aus ihren Gräbern wuchs ein Eibenwald heran, den König Marke, der Vater von Isolde, stets umhauen liess. Als die Bäume zum vierten Mal nachwuchsen und die Äste der Eiben immer wieder ineinander wuchsen, liess er, überzeugt von der Liebe der beiden, die Eiben stehen.

Eine interessante Studie unterbreitete Allen Meredith. Er stellte fest, dass Eiben in bestimmten Himmelsrichtungen neben heidnischen Kultstätten stehen. Die Kultplätze selbst wurden später durch neue Bauten und christliche Kirchen ersetzt. So sind heute die ältesten Eiben an der Nordseite von Kirchen zu finden. Dies soll auf einen Brauch in der Jungsteinzeit (ca. 4000–2000 v.Chr.) zurückgehen. Eiben, die östlich oder westlich einer Kirche stehen, sollen dagegen aus der Keltenzeit (700–300 v.Chr.) stammen, und die am Südfuss einer Kirche sollen zur Zeit der Sachsen-Herrschaft gepflanzt worden sein.

Gegen die Eibenverehrung der Heiden konnte das Christentum nichts ausrichten, weshalb sie die Friedhofseiben nicht fällten, sondern im Namen des Christentums stehen liessen. Das Zentrum der schottischen Christianisierung war die Insel Iona, auch «Insel der Eiben» genannt. Viele Städte tragen heute abgewandelt den Namen «Eibe». Auch New York enthält im Wappen einen Eibenzweig, denn die Stadt soll ursprünglich um eine hundertjährige Eibe herum gebaut worden sein.

In den «Metamorphosen» des römischen Dichters Ovid jagen die Rachegöttinnen, Furien genannt, mit brennenden Eibenfackeln die toten Seelen durch eine Eibenallee. Die höchste irische Gottheit Dagda (Eochaid) trug eine Eibe als Waffe mit sich, ausserdem eine Keule aus Eibenholz, deren Ende entweder Tod oder Leben brachte. Bei den Iren stützen fünf Bäume das Himmelsgewölbe. Zwei von ihnen sind Eiben. Die eine steht in Ross, trägt vier Birnen und ist ein Baum der Erkenntnis, der Zerstörung und Tod bringt. Die zweite steht in Munga und trägt Äpfel, Eicheln, Haselnüsse und steht für das Gute, die Wissenschaft und den Wohlstand. In der Weltanschauung war bei den Iren der Druide Mog Ruith oder bei den Bretonen, Galliern, Germanen und Dalmatiern der Gott Taranis ein Eibenrad, stellvertretend für das Abbild des Kosmos. Wenn es zu drehen aufhörte, war der Weltuntergang nahe. Einige Sprachforscher glauben sogar, dass der Weltenbaum Yggdrasil eine Eibe war und nicht eine Esche, wie bisher angenommen (siehe S. 94).

Die Eibe – Baumporträts

Die Eigenschaft von Ästen, bei Bodenkontakt zu wurzeln und sich so vegetativ fortzupflanzen, trifft man vorwiegend bei mächtigen Eiben in England an. Ein Anschauungsobjekt einer vegetativen Vermehrung findet man im privaten, nicht zugänglichen Garten von Schloss Toffen. Der kräftige Stamm trägt eine weitausladende Krone, wobei einige Äste sogar auf die andere Seite eines Baches neben der Eibe wachsen und dort wurzeln. Leider wurden von diesen Ästen etliche abgeschnitten. Die übrig gebliebenen haben sich aber bereits aufgerichtet und werden, sofern man diese dendrologische Besonderheit lässt, zu eigenständigen Bäumen. Die Eibe stammt vermutlich aus der Zeit um 1671, als Hans Georg III. von Werdt das ehemalige Schloss und den Hof in einen barocken Landsitz umgestalten liess.

Eindrücklich sind vor allem die kaum wachsenden Individuen, die, teilweise in über 1000 m ü.M., im Jura und in den Voralpen stehen. Solche Eiben haben trotz härtester Lebensbedingungen über Jahrhunderte überlebt und stocken auf Felsen mit nur wenig Humus. Der nährstoffarme Boden verfügt über wenig Feuchtigkeit, da das Wasser rasch abfliesst. Während im Sommer enorme Trockenheit und Hitze herrschen, sind die Minustemperaturen im Winter im steinernen Untergrund besonders tief. Bereits als Jungbaum hat eine solche Eibe unter Schnee- und Steinlawinen sowie Wildverbiss zu leiden. Dazu kommt, dass die langsam wachsende Eibe von konkurrenzierenden Baumarten eingeengt und beschattet wird.

Eine solche Eibe mit 4,20 m Umfang auf der Alp Bremgarten bei Laupersdorf wurde mittels Kernbohrung auf ein Alter von 423–532 Jahre datiert. Etwa 700-jährig dürfte eine Eibe auf der Hasenmatt bei Lommiswil sein. Noch härtere Bedingungen hat eine Eibe auf der Alp Brunnenberg bei Rüthi (vgl. Nr. 59). Sie ist etwa 900 Jahre alt. Die Jahrringe von Eiben in Crémines (vgl. Nr. 56) sowie jener in Moutier (vgl. Nr. 60) im bernischen Jura verraten ein Alter von über 1000 Jahren. Diese Eiben weisen im Maximum innerhalb von 1 mm 8 Jahrringe, im Minimum 2 Jahrringe auf, was bei einem Umfang von 4,25 m ein durchschnittliches Alter von unglaublichen 3380 Jahren ergeben würde. Zählt man fehlende Jahrringe dazu, die bei mangelndem Wachstum vorkommen, könnte das Alter sogar wesentlich höher liegen. Solange aber keine eindeutigen Beweise für ein so hohes Alter vorliegen, wird die Angabe vorsichtshalber auf 1500 Jahre reduziert. So oder so handelt es sich aber um die ältesten Bäume der Schweiz und zugleich Europas.

Bisher galt die «Gerstler-Eibe» in Heimiswil als dickste und älteste der Schweiz, mit einem geschätzten Alter von über 1000 Jahren (vgl. Nr. 58). Dieser etwa 450-jährige Solitär stand vermutlich nur als Jungbaum im Bestand und zeigt seit über hundert Jahren ein rasche Umfangzunahme.

DIE EICHE
Eine Halbstarke trotzt den Naturgewalten

Die Eiche galt bei den Römern als Überfluss- und Wohlstandssymbol für das «goldene Zeitalter» und ist für viele Kulturen der Archetyp für Stärke und Männlichkeit. Während andere Baumarten sich Windböen oder Schneedruck bedingungslos beugen, stemmt sie sich beharrlich gegen die Naturgewalten. Ihre starre, kompromisslose Baumarchitektur bleibt aber deswegen selten ungebrochen. Eine Linde beispielsweise treibt bei Habitusverlusten unermüdlich aus, die Eiche bildet dagegen selten eine Sekundärkrone, und an der Abbruchstelle bleibt eine grobe Wunde zurück, die sich kaum überwallt. Im Alter wirken viele Eichen unnahbar; oft ist einzig der wuchtige Stamm von der einstigen Pracht übrig. Trotzdem wird die Eiche oft gewählt, wenn es darum geht, seinen Lieblingsbaum zu nennen. Gründe dafür sind sicher ihre zickzackförmigen Verzweigungen und die ausgeprägte Borke, die die knorrige Stammfront hervorhebt.

Die Eiche gehört weltweit mit rund 530 Arten zu den Buchengewächsen und ist ein Kätzchenblüher. Da sich viele Arten untereinander kreuzen, ist die Bestimmung oft eine Interpretationssache. Alleine Mexiko und Guatemala – wo noch heute jährlich neue Arten entdeckt werden – beherbergen rund 230 Arten, wie der luxemburgische Eichenspezialist Eike Jablonski, Mitautor des zweibändigen Werkes «Guide illustré des chênes», festhält. In Mitteleuropa sind die Stieleiche *(Quercus robur)* – «robur» lateinisch für «Stärke» – und die Traubeneiche *(Quercus petraea)* verbreitet. Man findet in der Schweiz an kalkhaltigen Südhängen, hauptsächlich zwischen Pieterlen und Yverdon, aber auch die aus südeuropäischen Ländern kommende Flaum- *(Quercus pubescens)* und die Zerreiche *(Quercus cerris)*. Sogar die Roteiche *(Quercus rubra)*, die 1691 von Amerika nach Europa mitgebracht wurde, hat sich als Neophyt teilweise bei uns eingebürgert. Die dickste des Landes steht auf einer abgelegenen Juraweide bei Soyhières und misst 5,25 m im Umfang. In der Südschweiz, vornehmlich in den Parks Luganos und Locarnos, wird die aus dem Mittelmeerraum und Südeuropa stammende, immergrüne Steineiche *(Quercus ilex)* oder die Korkeiche *(Quercus suber)* angepflanzt. Viele exotisch wirkende Eichenarten sind durch natürliche Mutationen entstanden. Eine davon ist die mittlerweile überall in Europa verbreitete Säuleneiche *(Quercus robur f. fastigata)*, die wegen ihrer Kronenform oft mit der Säulenpappel verwechselt wird. Der Mutterbaum, eine natürlich mutierte Stieleiche, steht bei Harreshausen in Oberhessen und wurde erstmals 1781 beschrieben. Die Meinung, die Wuchsform dieser Eiche sei entstanden, weil ihre Wurzeln in einem Brunnenschacht eingeengt worden seien, wurde widerlegt, als man entdeckte, dass die vegetative Vermehrung neue pyramidale Jungeichen hervorbrachte. Eine andere Studie belegte, dass die «schöne Eiche» von Harreshausen direkt auf einem Reizstreifen von zwei sich kreuzenden Wasseradern steht. Eine Untersuchung bei fünfhundert anderen Bäumen, die auf solchen Störzonen stehen, bestätigte ein verändertes Wuchsverhalten. Trotzdem könnte die Säuleneiche auch nur durch eine Samenmutation entstanden sein, denn angeblich soll es in Nordspanien sogar ganze Wälder davon geben, die aber eine aufrechtere Form aufweisen. Da die Masse der Harreshauser Eiche seit ihrer Ent-

---

61 Stieleiche, Châtillon JU
Quercus robur L.

ca. 420-jährig (um 1590)
8,85 m Stammumfang
2,90 m BHD
24,00 m Kronenbreite
ca. 50 m³ Stamminhalt

62	Eiche, Lausanne VD
	Quercus sp.

ca. 600-jährig (um 1410)
8,80 m Stammumfang
2,47 m BHD
7,30 m Taillenumfang
11,30 m Basisumfang

deckung dokumentiert wurden, liess sich anhand des Zuwachses ein Alter von 600 Jahren errechnen. Beim heutigen Stammumfang von 4,20 m ist das sehr viel, weshalb eine Kernbohrung Gewissheit bringen sollte. Das Resultat ergab, dass die Alterseinschätzung richtig war. Wie bei der Blutbuche ist auch hier der Mutterbaum von langsamem, zähem Wuchs, während die Abkömmlinge frohwüchsigere Eigenschaften zeigen und oft kurzstämmig bleiben. Die Anzahl der Varietäten, besonders der Blattmerkmale, die oft verkümmert, besonders gefiedert oder panaschiert sind, wird durch die gezielte Kultivierung unüberschaubar.

BAUM VON DONAR, ZEUS, PERUN UND TARANIS

Bereits die Hethiter, Perser, Griechen und Römer verehrten die Eiche. Eichenkulte waren auch bei den Kelten üblich. Der Name Druide leitet sich vom indogermanischen «dair» ab, was «Eiche» bedeutet. Druiden waren weissagende Priester der Kelten, die die heiligen Eichen bestiegen, um mit einer Sichel heilbringende Misteln herunterzuschneiden. Um ihre Zauberkraft zu bewahren, mussten sie bei Neumond geerntet werden, weshalb die Sichel vermutlich ihre spezielle Form erhalten hat. Solche «Eichenmisteln» werden auch Riemenblumen genannt und unterscheiden sich botanisch von der uns bekannten Mistel, die vielerorts als Schutz- und Glückssymbol über der Türe oder als Schmuck an Weihnachten aufgehängt wird.

Den Germanen war Donar (nordisch Thor) ein regenbringender Vegetationsgott, der mit seinem Hammer donnernd und blitzend auf die Erde niederschlug. Die Eiche war Donar geweiht, da sie wegen ihres niedrigen elektrischen Widerstands und der tiefen Pfahlwurzeln, die oft im Grundwasser stehen, gerne vom Blitz getroffen wird. Donars Wochentag, den Donnerstag, könnte man auch als Tag der Eiche betrachten. Zu den bedeutendsten Naturdenkmälern gehörte einst die gewaltige Donar-Eiche, die im hessischen Geismar bei Fritzlar stand. Um den Heiden ihren Glauben auszutreiben, liess der angelsächsische Bischof und Missionar Bonifatius diese Eiche im Jahre 723 fällen. Der Geschichte zufolge soll er aus ihrem Holz als Zeichen der neuen Glaubensordnung eine Kapelle erbaut haben. Einige Interpreten erzählen jedoch, dass der «Apostel der Deutschen» nach dem Baumfrevel einen gewaltsamen Tod fand. Um 770 zerstörte Karl der Grosse den Sachsen die «Irminsul»; einen totempfahlähnlichen Baumstamm, vermutlich eine Eiche, Symbol für den Weltenbaum und die Verbindung von Himmel und Erde.

Während der Christianisierung wurden die alten heiligen Eichen der Heiden vernichtet. Um 500 n.Chr. wurde beispielsweise den Griechen die Zeus-Eiche an der Orakelstätte zu Dodona im Epirischen Gebirge zerstört und durch eine Basilika ersetzt. Sogar der Petersdom in Rom steht auf einem ehemaligen, dem Jupiter geweihten Eichenwald. In der Schweiz wurde eine heilige Eiche durch das Kloster in Disentis ersetzt. Der Legende nach soll Glaubensstifter Sigisbert die Axt gegen den Baum angesetzt haben, als ein Heide ihn mit einer Sense bedrohte. Dessen Arme erstarrten jedoch, und erst als die Eiche gefällt war und er den Mönch bittend um Verzeihung flehte, erlöste Sigisbert diesen aus seiner misslichen Lage.

Bei der Christianisierung wurde die Eiche zum Teufels- und Hexenbaum. Da man die alten Weltvorstellungen nicht einfach ausmerzen konnte, wurden heidnische Rituale im Christentum übernommen. So wurde in Russland im 10. Jahrhundert die dem Donnergott Perun geweihte Eiche auf der St.-Georgs-Insel gefällt, die Zweige verteilte man aber mit Lob-, Dank- und Bittgesang an die Leute. Bekannt war auch die heilige Perun-Eiche der Preussen, östlich der Weichsel in Romove («Perun», aus dem Indogermanischen für «Eiche»). Diese wurde mit seidenen Vorhängen verhüllt und mit Bildern der Gottheiten behängt. Nur die «Waidelotten», die damaligen Priester, hatten das Recht, hinter diesen Vorhang zu sehen. Erst im 14. Jahrhundert, als der Glaube an die heidnischen Götter abklang, traute sich ein Bischof, derjenige von Ermeland, die Eiche zu beseitigen. Erhalten geblieben ist der slawische Spruch «bis zu Peruns Eiche», was so viel heisst wie «bis zum Ende der Welt», und in Litauen sagt man noch immer: «Perkunas schlägt nieder», wenn es donnert. Eine Perun-Eiche auf der Insel Bujan wird in der russischen Mythologie als Weltenbaum beschrieben. Den Kelten war sie ein Himmelsherrscher und dem Wettergott Taranis gewidmet, der wiederum ein Symbol des Hirschkäfers war. In Serbien und Kroatien werden an Heiligabend, dem «badnji dan», zwei bis drei entastete Jungeichen ins Feuer gelegt. Unzählige Variationen solcher Eichenkulte findet man in allen Gegenden, wo die Eiche natürlicherweise zu einem grossen Baum heranwächst. Manch eine Eiche leidet aber unter den Baumkulten der Menschen.

63 Stieleiche, Mümliswil SO
Quercus robur L.

ca. 550-jährig (um 1460)
6,30 m Stammumfang
1,88 m BHD
5,90 m Taillenumfang

Die gedrungene Eiche besteht nur noch aus einem Stammteil, der von einer Seite an eine Sichel erinnert.

64 Traubeneiche, Felsberg GR
Quercus petraea (Matt.) Liebl.

ca. 600-jährig (um 1410)
7,20 m Stammumfang
2,36 m BHD
6,45 m Taillenumfang

Diese Eiche gehört trotz des mittleren Stammumfanges zu den ältesten Europas. Grund für den durchschnittlichen Umfang ist ihr Standort. Sie steht in 800 m ü. M. auf der Alp Laschein.

65	**Stieleiche, Morrens VD**
	Quercus robur L.

ca. 350-jährig (um 1660)
5,30 m Stammumfang
2,04 m BHD
5,15 m Taillenumfang
28,00 x 19,50 m Kronenbreite

Die kulturhistorisch bedeutendste Eiche der Schweiz ist zugleich eine der schönsten überhaupt und sollte höchsten Schutzstatus geniessen.

Beispielsweise die bei Cours-les-Barres stehende «Schlafende Eiche», in deren Stamm Jäger regelmässig Kugeln und Schrot schossen. Eine andere Eiche namens «Lapalud» bei Angers wiederum ist mit unzähligen Nägeln gespickt, die Zimmermänner auf ihrer Wanderschaft hinterliessen. Die meisten Eichen wurden aber dank gewisser Bräuche vor einer Fällung verschont, denn unter ihnen galten selbst mündliche Abmachungen als notariell beglaubigt; sie ist der Baum der Gerechtigkeit.

Die Mystifikation der Eiche blieb bis zum heutigen Tag bestehen, weshalb sie in Deutschland als der deutscheste aller Bäume betrachtet wird, obschon mit dem Einzug des Christentums eigentlich die Linde als neu geweihter Nationalbaum die Eiche hätte ablösen sollen (siehe S. 150). Nationalbaum ist die Eiche auch in Irland und inoffiziell sogar das Emblem Englands. Interessanterweise beschreibt das alte Testament die Eiche als Orakelbaum. Denn der Herr offenbarte sich Abraham jeweils, als dieser unter einer heiligen Eiche in der Stätte Sichem oder Mamre stand. Geweiht wurde die Eiche auch Reformator Martin Luther (1483–1546), wovon heute noch unzählige Luther-Eichen aus seiner Zeit zeugen.

Europas perfekteste und deswegen auch untypischste Eiche steht in Wintersingen (BL) und dürfte etwa 80 Jahre alt sein.

VON «EICHELFRESSERN» UND DEM «ACHERUM»

Man stelle sich vor, dass in den Lebensmittelmärkten anstelle von Kartoffeln, Mehl, Gemüse und Obst hauptsächlich Eicheln angeboten würden. Längst ist die Eichel als Nahrung für den Menschen in Vergessenheit geraten. Nur der bittere Eichelkaffee aus dem Pfadfinderlager lässt erahnen, dass die Frucht der Eiche überhaupt geniessbar ist. In Epochen vor unserer Zeitrechnung wurde der Eichel aber die grösste Aufmerksamkeit zuteil. Plinius schrieb im 1. Jahrhundert in seinem 12. Buch, dass die Früchte der Steineiche die ursprünglichste Nahrung der Menschen waren, und gut situierte Griechen nannten arme Bergleute im Peloponnes abschätzig «Eichelfresser». Noch 1563 wird im Zürcher «Tierbuch» von Conrad Gesner die Eichel als Obst bezeichnet. Im Gegensatz zum stacheligen «Fruchtbecher» der Edelkastanie und Buche ist die «Cupula» der Eiche, die nur die Hälfte der Frucht bedeckt, leicht von der Eichel zu entfernen. Bereits die Germanen schätzten die zu Mehl verarbeiteten Eicheln, und während des 1. Weltkrieges buken Russen aus Eichelmehl ein amtlich geprüftes Hungerbrot. Damit die Eichel geniessbar wird, muss sie allerdings erst entbittert werden. Dazu wird der enthaltene Gerbstoff der gekochten und zerstossenen Frucht tagelang gewässert und ausgewaschen. Die Entbitterung wurde immer weiter ausgereift. Schliesslich entdeckte man das sogenannte Mälzen, wobei man die Früchte vor der Verarbeitung ankeimen liess, um so unter anderem die Bitterstoffe (Tannine) abzuschwächen. Die süsslichen Eicheln der Art «*Quercus rotundifolia*» dienen noch heute als Beilage für spanische Fleischgerichte. Die Eichel enthält einen Drittel Stärke, ausserdem Zucker, Öl und Eiweiss.

Mit dem Import von neuen Pflanzenarten und den aus Kreuzungen entstandenen grossfruchtigen, geniessbaren Gemüse- und Obstarten wurde die Eichel bald nur noch als Tierfutter eingesetzt. Über Jahrhunderte diente sie vor allem der Schweinemast. Das Sprichwort «Auf den Eichen wachsen die besten Schinken» soll sagen, dass die mit Eichen gemästeten Schweine besonders kerniges Fleisch und festen Speck produzierten. Der Speck von Sauen, die mit Bucheckern gefüttert wurden, schmeckt hingegen tranig. Bereits die Kelten kannten den Masteintrieb in die eichenen Weidewälder. In diesen sogenannten Hutungen standen in lockerem Abstand jahrhundertealte Eichenveteranen, die man wegen ihrer Früchte nicht fällte. Der Wert eines Waldes wurde früher anstelle von Holz in Schweinen angegeben, die ein «Hutewald» zu ernähren vermochte. Forstlich betrachtet spricht man auch heute noch von einem Mastjahr, wenn die Eiche besonders viele Eicheln produziert. Dies geschieht rund alle sechs bis sieben Jahre. Ausser der Voll- und Sprengmast gibt es in weniger guten Samenertragsjahren die Halb- oder Viertelmast. Den Schweineeintrieb in die «Hutewälder» oder den Ort, wo die Schweine gemästet wurden, nannte man «Acherum». Aus dem «Acherum», einem Jedermannsrecht, entstanden streng geregelte Vorschriften, wie und wann man die Schweine in die Wälder treiben durfte. Ähnliche Nutzungsgesetze mussten auch bei der Laub- und Brennholzgewinnung oder der Ernte von anderen Baumfrüchten vorgeschrieben werden. Bei der Schweinemast endeten die Streitigkeiten oft in einem Gerichtsfall, meist unter einer alten Gerichtseiche.

Mit zunehmender Bevölkerungsdichte wurden die Eichenwälder um 1550 allmählich durch Weizenfelder geschmälert. Das Acherum verschwand aber erst mit der Einführung der Kartoffel aus den südamerikanischen Anden. Das exotische Kraut wurde in ganz Europa zum Hauptgemüse und verdrängte auch in der Schweiz 1740 die «Hutewälder». Die Schweine wurden nicht mehr in den Wald getrieben, sondern man brachte ihnen die Kartoffelschalen und Küchenabfälle in den Stall. Nur wenige «Hutewälder» wurden auf Wunsch von Jagdherren verschont. Heute kommen solche Waldungen mit älteren Eichen nur noch an der Donau, im New Forest und am Rohrberg im Spessart vor, wo geradwüchsige kerngesunde Eichenstämme Höchstpreise erzielen. Ausserdem im hessischen Rheinhartswald beim Dornröschenschloss Sababurg, wo die fotogene Kamineiche mit ihrem röhrenartigem Stamm und dem fenstergrossen Astloch steht. Ausser dem Wildensteiner Eichenhain bei Bubendorf sind in der Schweiz keine «Hutewälder» bekannt. Trotzdem findet man alte Eichen-Weidewälder auch bei uns; z.B. in Graubünden bei Felsberg und Maienfeld oder in Basel-Land bei Liesberg. Auch die Bezeichnung «Hard», die in der Schweiz vielerorts vorkommt, weist auf ehemalige Eichen-Weidewälder hin. Die Eiche ist in der Schweiz und Österreich nur mit 2 Prozent Waldanteil vertreten.

Der Untergang im «Hölzernen Zeitalter»

Eichenrindenabsud half bei Hämorrhoiden, Gebärmutterentzündungen, Angina und Erkrankungen der Magen- und Darmschleimhaut. Eichelgeist wurde bei Milzerkrankungen getrunken, und Regenwasser aus einem Eichenstumpf half im Volksglauben bei Sommersprossen und Warzen. Lange wurde Eichenrinde in der Rotgerberei wegen ihrer Gerbstoffe für die Herstellung von Leder verwendet. Dazu musste man erst die Rinde vom Holz schälen. 1401 heisst es in einer deutschen Urkunde des Gewohnheitsrechts von Oberursel im Wetter-

66 Eiche, Köniz BE
Quercus sp.

ca. 200-jährig (um 1810)
8,60 m Stammumfang
2,32 m BHD
6,15 m Taillenumfang
14,00 m Basisumfang
31,50 × 28,00 m Kronenbreite

Der alte, unter Naturschutz stehende Baum wächst neben der Siedlung Eichmatt auf der Flur «Moos» unterhalb von Schliern bei Köniz.

67 Stieleiche, Hochwald SO
Quercus robur L.

ca. 350-jährig (um 1660)
8,05 m Stammumfang
2,23 m BHD
6,45 m Taillenumfang
31,50 x 29,00 m Kronenbreite

au, dass demjenigen, der unbefugt eine Eiche schälte, die Gedärme aus dem Leibe gerissen und diese um den Stamm gewickelt werden sollten. Wer ohne Befugnis eine Eiche fällte, erhielt eine achtmal höhere Strafe als bei einem anderen Baum.

Das harte, fäulnis- und feuchtigkeitsresistente Holz gebrauchte man für Fässer zur Lagerung von Wein und Schnaps, für den Brücken-, Haus- und Schiffbau. Als Marineholz oder «father of ships», wie man in England die Eiche nennt, schwimmen im 17. Jahrhundert die ursprünglichen Wäldereien in England und Frankreich zum Grossteil auf den Ozeanen. Millionen von mächtigen Eichenstämmen wurden für den Bau der im Meer gelegenen Stadt Venedig aus den Wäldern Istriens geschlagen. Aber auch die Speicherstadt in Hamburg «verzehrte» gewaltige Mengen an Altbäumen. Als man das belastbare Holz ab 1850 auch für die Eisenbahnindustrie entdeckte, wurde der Niedergang der letzten alten Eichenwälder eingeläutet. Alleine die Schweiz fällte innerhalb eines halben Jahrhunderts Millionen von alten Eichen für den Bau der Eisenbahn-Trassees. Der Schaden von 50 Jahren Schwellenlieferung kann mit mindestens 5000 Jahren Mastnutzung verglichen werden, wie Forsthistoriker Karl Alfons Meyer schätzt. Das 19. Jahrhundert wurde deshalb auch als «hölzernes Zeitalter» betitelt. Dass selbst Türen üblicherweise aus Eichenholz waren, zeigt das englische Sprichwort «to sport the oak», was so viel heisst wie «nicht zu sprechen sein», indem man das Tor zwischen sich und den Besucher bringt und es verschliesst.

Traubeneichen mit Millimeter engen Jahrringabständen und jahrtausendealte Mooreichen, die im Wasser eine schwarze Farbe erhalten haben, sind heute in der Möbelindustrie für Furniere schier unbezahlbar. Die wirtschaftliche Wandlung der Eiche zeigt uns, wie unterschiedlich die Nutzungsbedürfnisse eines Baumes im Laufe der Zeit sein können. Alleine deshalb sollte man um den Erhalt eines möglichst grossen Artenspektrums bemüht sein, denn die Zukunft kann entscheidende wirtschaftliche, medizinische und kulturelle Anwendungen bringen, die wir heute noch nicht kennen.

Die Eiche ist allgemein als langsam wachsende Baumart bekannt, obschon sie an guten Standorten sogar der Buche davonwachsen und in 50 Jahren 20 m gross werden kann, bei einem durchschnittlichen Zuwachs von 2,5 cm pro Jahr. Im Waldbestand bleibt aber das Dickenwachstum oft gering und es bilden sich nur schmale Jahrringe. Der kurzsichtige Förster ist deshalb kein Eichenpflanzer, denn die Eiche wird erst nach Generationen hiebreif; in der Regel ab 200 Jahren. Wer Eichen pflanzt, glaubt an die Zukunft und investiert mehr, als er selber gewinnt.

Berühmte Eichenriesen

Die eindrücklichste Stieleiche steht auf dem Landgut Fredville bei Nonington und wird zu Recht «Majesty» genannt. Im Gegensatz zu den meisten dicken Eichen Englands, bei denen es sich um Kopfbäume handelt, wurde bei dieser Eiche nie in die Baumform eingegriffen. Der Stammumfang misst 13,95 m und in 5 m Höhe noch etwa 10 m. Ähnlich dick und gross sind die Stieleiche in Lydham und die berühmte «Major Oak» im Sherwood Forest. Letztere wird jährlich von einer halben Million Menschen besucht, weshalb ihre Borke durch deren Erklettern glatt und steinhart geworden ist. Die Vitalität des Baumes scheint aber ungebrochen, und man erzählt, dass vor 800 Jahren Robin Hood seine Getreuen darunter versammeln liess. Eine andere bekannte Stieleiche ist die «Bowthorpe-Eiche» bei Manthorpe. Der gedrungene und hohle, 13,50 m messende Stamm dient heute noch als Hühnerstall. Die dicksten Traubeneichen in England messen mehr als 13 m im Stammumfang. Einige, wie beispielsweise auch die bekannte «Queen Elizabeth Oak» im Cowdray Park bei Midhurst, waren einst noch dicker, wie die ramponierten Stämme zeigen. In Deutschland ist vor allem die massenreiche «Ivenacker-Eiche» bekannt, deren 11,40 m umfangstarker Stamm sich kaum zu verjüngen scheint. Ihr Holzvolumen wird mit 140 m³ angegeben. Mit geschätzten 1500 Jahren ist die «Femeeiche» in Raesfeld-Erle vermutlich eine der ältesten Eichen Europas. Ihr fast vollständig aufgelöster Stamm misst noch 12,30 m und wird durch Holzstützen aufrecht gehalten. Beeindruckend ist auch eine Stammruine einer Stieleiche im dänischen Wald bei

68 Stieleiche, Thun BE
Quercus robur L.

ca. 350-jährig (um 1660)
8,30 m Stammumfang
2,56 m BHD
8,00 m Taillenumfang
12,40 m Basisumfang
19,00 m Kronenbreite

Bevor man ihre mächtigen Hauptäste verstümmelte, hatte die «Bettlereiche» einen guten Zuwachs. Der brutale Eingriff hat sie aber viel Kraft gekostet.

Jaegerspris Nordskov. Der nur noch zur Hälfte bestehende Stamm misst noch 10,40 m im Umfang. Europas ungeschlagener Rekordhalter steht aber in Schweden in Norra Kwill. Die dortige 14,80 m messende Stieleiche könnte aufgrund ihres langsamen Wachstums tatsächlich bereits ein Alter von 1500 Jahren erreicht haben. Eine ebenso starke Eiche stand um 1860 noch in Covtory bei Wetherby. In Sachsen im Forstrevier Colditz, so berichtet Von Pannewitz, soll zur selben Zeit eine Eiche mit 16,80 m gestanden haben. Von den drei Hauptästen mass der dickste sogar 5,40 m im Umfang. Alle diese Eichen wurden aber von der «Damorys-Eiche» in der Grafschaft Dorset in der Nähe von Blanford übertrumpft. Der gewaltige Hohlraum bot Platz für zwanzig Menschen und wurde von einem alten Mann bewohnt. Nachdem 1703 ein Gewittersturm die Krone beschädigt hatte, wurde der Baum 1755 gefällt.

Ausser der Stiel- und Traubeneiche erreichen auch einige exotische Eichenarten über 7 m Umfang. Die schönste aussereuropäische Eiche ist eine immergrüne Virginia-Eiche (*Quercus virginiana*) auf der John's Island in South Carolina. Der Baum namens «Angel Oak» besitzt baumstarke Äste, die sich tentakelartig auf den Boden legen. Als Eichenkuriosum gilt die Kapellen-Eiche in der Normandie bei Allouville-Bellefosse. Der 10,30 m messende Baum hat noch einen grünen Seitenast, wird ansonsten aber von Dachschindeln bedeckt. Auf seiner Spitze errichtete man einen Kirchturm, und der Hohlraum beherbergt zwei kleine Kapellen. Der obere Raum wird durch eine Treppe erreicht, die sich um den Stamm windet.

Skurril ist eine Geschichte aus Bramberg bei Laupen. Als man dort 1750 eine Eiche fällte, kam im Hohlraum des Stammes ein Skelett in eisernem Harnisch hervor. Vermutlich handelte es sich um einen verletzten Krieger aus der Schlacht bei Laupen im Jahre 1339, der sich im Hohlraum versteckte. Nach dessen Tod verschloss sich der Hohlraum der Eiche im Laufe der Zeit wieder. Interessant ist auch ein Münzenfund im Stamm einer Eiche aus den Ardennen. Das Tagblatt «L'Etoile» vom 4.9.1824 schreibt, dass die gefällte Eiche aufgrund der samnitischen Münzen 3600 Jahre alt sein müsste. Die Hohlräume scheinen prädestiniert für die Aufbewahrung wertvoller Gegenstände. So ist beispielsweise die «Verfassungs-Eiche» in Hartford, Connecticut, denkwürdig, weil sie hundertfünfzig Jahre lang den Freiheitsbrief von König Charles II. von England beherbergte, in dem er der damaligen Kolonie ein gewisses Mass an Unabhängigkeit garantierte. Der Brief wurde ursprünglich von Hauptmann Wadsworth 1687 in der hohlen Eiche versteckt. In Norddeutschland steht sogar eine Eiche mit eigener Postanschrift: «23701 Dodauer Forst». Seit ein Stammloch dieser Eiche für den heimlichen Briefaustausch zwischen einer Försterstochter und einem Schokoladenfabrikanten verwendet wurde, worauf es 1892 trotz der Missgunst der Eltern zu einer Heirat zwischen diesen beiden kam, ist die «Bräutigamseiche» in Amors Geschichte eingegangen. Längst ist die 5,20 m messende Eiche so etwas wie eine Kontaktbörse für Alleinstehende geworden, und angeblich sollen über diesen Weg bereits über hundert Ehepaare zu ihrem Glück gefunden haben. Sogar der Postbote, der die Briefe einwirft, wurde persönlicher Empfänger von Post einer heiratswilligen Saarbrückerin.

69 Stieleiche, Pieterlen BE
Quercus robur L.

ca. 300-jährig (um 1710)
7,45 m Stammumfang
2,24 m BHD
6,60 m Taillenumfang

Eine echte Landmarke ist die Eiche ausserhalb von Pieterlen. Der Baum ist aber so gut wie unbekannt geblieben.

70 Eiche, Versoix GE
Quercus sp.

ca. 400-jährig (um 1610)
7,60 m Stammumfang
7,25 m Taillenumfang
ca. 35 m³ Stamminhalt

Die Sekundärkrone kommt gebündelt aus ein und derselben Höhe und erinnert daran, dass die ursprüngliche Krone gekappt wurde.

Die Eiche – Baumporträts

Weder heute noch in der Vergangenheit war jemals eine Eiche in der Schweiz bekannt, die mehr als 10 m Stammumfang aufweisen konnte. Die mächtigste Eiche, die bisher in der Literatur beschrieben wurde, hatte einen Stammumfang von 9,60 m. Hermann Christ schreibt 1879 in seinem Buch «Das Pflanzenleben der Schweiz», dass diese Eiche in Courfaivre stand. Lustigerweise steht zwischen Courfaivre und Châtillon noch heute die als dickste bekannte Eiche der Schweiz. Womöglich handelt es sich bei der um 1879 beschriebenen Eiche um diese. Ungenaue Umfangangaben waren früher kaum zu vermeiden. Oft wurde der Stamm auf Bodenhöhe gemessen oder es handelte sich um eine Schätzung anhand des ungefähren Durchmessers, der gerne übertrieben wurde. Die meisten Zahlen wurden zudem in Fuss angegeben, und bei der Umwandlung in die heute gebräuchliche Masseinheit wurde oft grosszügig aufgerundet.

Nicht anders ergeht es der eben erwähnten Eiche in Châtillon (vgl. Nr. 61). In der Literatur wird sie gerne als 1000-jährig oder gar als die älteste Europas verkauft; ist sie doch die einzige bekannte mächtige Vertreterin ihrer Art in der Schweiz. Die prägnanten «Buckel» am Stamm haben ihr vermutlich den Namen «Chêne de Bosses» gegeben. Das Alter des Baumes beläuft sich auf 380–420 Jahre, wie eine dendrochronologische Untersuchung ergab. Die Eiche steht frei auf einer Weide und konnte ungehindert gedeihen. Ihr Habitus ist deshalb eher breit als hoch. Der Sage nach soll sie von einem Bräutigam gepflanzt worden sein, der sie in der Hochzeitsnacht setzte. Erst dann, so wollte es der Brauch, würde das Paar eine glückliche Ehe führen. Mehrere Blitze hat sie bisher überlebt, und sogar einen Brand im Jahre 1960, als man versuchte, ein Hornissennest im Stamm auszuräuchern. Eine mit Holzschindeln bedeckte Stelle soll verhindern, dass Feuchtigkeit den Stamm zersetzt.

Dass die «Chêne de Bosses» den Titel als älteste Eiche Europas nicht verdient, ist mittlerweile bekannt. Dass sie aber nicht einmal den ersten Rang unter den Eichen der Schweiz belegt, ist neu. Verdient hat diesen Titel eine Eiche bei Lausanne, die wegen ihrer speziellen Lage unbekannt geblieben ist. Sie steht nämlich etwas abseits in der Nähe der Rudolf-Steiner-Schule in Bois Genoud an einem Waldrand (vgl. Nr.

71 Stieleiche, Dielsdorf ZH
Quercus robur L.

ca. 400-jährig (um 1610)
7,05 m Stammumfang
2,02 m BHD
33,00 m Kronenhöhe
ca. 50 m³ Stamminhalt

72	Eiche, Bubendorf BL
	Quercus sp.

ca. 250-jährig (um 1760)
6,05 m Stamm- & Taillenumfang
1,93 m BHD (in 1,3 m H.)

Die kurioseste Eiche des Landes gebärdet sich wie ein Platzhirsch in einem Rudel aus vielen weiteren Individuen seinesgleichen.

62). Da die Eiche vollständig in einem Efeu unterging, stellte sie sich erst bei der Entfernung der Kletterpflanze als neue Rekordhalterin heraus. Mit 8,80 m Umfang ist sie praktisch genauso dick wie die «Chêne de Bosses», obschon von ihr nur noch die Hälfte des ursprünglichen Stammes vorhanden ist. Sie ist vielleicht eine der wenigen Eichen in der Schweiz, die wirklich einmal einen Stammumfang von über 10 m hatte. Der Stamm war schon länger hohl und wurde angeblich vor rund zehn Jahren von Kindern in Brand gesetzt. Efeu drohte die Eiche wegzudunkeln. Er hatte aber auch sein Gutes: Der angegriffene Stamm war nach dem Brand wegen der kargen Beschattung der Krone direkter Sonneneinstrahlung ausgesetzt, was dem Baum hätte schaden können. Dank des schützenden Efeus bildete sich, und dies ist höchst sonderbar, unterhalb der primären Borke eine zweite. Erstere fällt nun langsam ab und wird durch die glatte und frische Borke darunter ersetzt. Es scheint fast, als ermöglichte erst der Efeu, die erste angebrannte Borke zu zersetzen, und hätte damit der Eiche den Anreiz gegeben, eine neue Rinde zu produzieren. Auch wenn diese Eiche für manche nur noch eine Ruine darstellt – in ihrer Form kann sie ohne weiteres noch viele Jahrhunderte überdauern.

Eine Eiche bei Mümliswil, die ebenfalls einen Stammumfang von fast 10 m aufwies, wie ein Bild aus dem Jahre 1878 zeigt, besitzt heute nur noch einen kleinen Rest ihrer einstigen Grösse. Anfang des letzten Jahrhunderts zerriss vermutlich ein Sturm ihre Krone. Heute ist nur noch ein Drittel übrig geblieben, der wie eine Sichel aus dem Boden ragt und eine kleine einseitige Krone trägt (vgl. Nr. 63). Erstaunlicherweise beträgt der Stammdurchmesser von einer Seite noch immer 2,65 m. Mittlerweile ist sie in einer Resignationsphase und gewinnt nicht mehr viel an Zuwachs. In Anbetracht dessen, dass sie bereits vor über hundert Jahren einen Umfang von fast 10 m besessen hat, wäre ein Alter von etwa 550 Jahren denkbar.

Vor allem wegen ihres Alters ist eine Traubeneiche in Felsberg interessant (vgl. Nr. 64). Ihr fassartiger Stamm beherbergt angeblich, wie Kernbohrungen ergaben, durchschnittlich nur 1 mm breite Jahrringe. Bei einem Umfang von 7,20 m und mit Einberechnung möglicher Wachstumsschwankungen wurde ein Alter von 500–700 Jahren ausgemacht. Der hoch gelegene und trockene Standort bietet aber für eine Eiche keine idealen Bedingungen.

Die Eiche in Morrens (vgl. Nr. 65) darf man ohne Übertreibung als eine der bedeutendsten einstufen. Unverständlicherweise taucht diese Eiche in keiner Literatur auf und es scheint auch sonst nicht bekannt zu sein, wann und von wem sie gepflanzt wurde, obschon sie offensichtlich in Jugendjahren gekappt und anschliessend geleitet wurde. Ihre acht tentakelartigen Hauptäste werden von drei eisernen Stützen und einem hölzernen Pfosten getragen. Auf einer Fotografie aus 1933 sieht man, dass bereits ein Ast gestützt wurde. Angeblich gab es unter diesem sogar einmal eine Plattform, und man vermutet, dass die Eiche einst als Galgenbaum diente. Das Keimjahr des Baumes dürfte auf das 17. Jahrhundert zurückgehen, als der Brauch geleiteter Bäume in der Schweiz in Mode war. Geleitete Bäume wachsen durch den künstlichen Eingriff oft nur sehr langsam und stellen das Dickenwachstum zu Gunsten der Kronenbildung ein.

Ähnlich bedeutend ist eine Eiche in Wintersingen, die wegen ihrer regelmässigen Form an eine Linde erinnert (siehe S. 80). Ein solch atypisches Wachstum bei einer Eiche ist europaweit einmalig.

Als Eiche mit der imposantesten Krone darf die Eiche am Dorfeingang bei Schliern genannt werden (vgl. Nr. 66). Die Eiche in Obertüflete bäumt sich hinter einem Bauernhof auf (vgl. Nr. 67). Vor allem zwei riesige Stammknollen in der Krone wirken etrusk.

Eine der bizarrsten Kronen hat die «Schoren-Eiche» in Allmendingen mit 7,00 m Umfang. Im Nachbarort Gwatt befindet sich die «Bettler-Eiche» (vgl. Nr. 68). Sie war einst genauso schön wie die Eiche in Allmendingen, bis ein Eigentümer ihre Äste 1902 abriss, da der Baum die Aussicht versperrte. Später wurde eine Wohnsiedlung um den Baum gebaut, weshalb der Blick heute an einem amputierten Baum vorbei auf eine Hausfassade fällt.

Besser erging es der Eiche in Pieterlen, die aber ebenfalls wegen des Schneefalls im Frühling 2009 einen Hauptast zu beklagen hat (vgl. Nr. 69). Aus diesem Grund wurde die Eiche in Versoix zurückgeschnitten (vgl. Nr. 70). Leider ist der Baum dadurch abgestorben. Solch groteske Kronenformen findet man oft bei Alteichen, deren Totäste oftmals über Jahrzehnte am Baum stehen bleiben.

Die hochgewachsene «Haferholz-Eiche» in Dielsdorf hat im Frühjahr 2012 ebenfalls einen Starkast verloren. Ihr Stamm, der sich bis in

73 Stieleiche, Regensdorf ZH
Quercus robur L.

ca. 350-jährig (um 1660)
3,50 m Stammumfang (in 3,5 m H.)
1,43 m BHD (in 7 m H.)

Für immer gebunden, wuchs diese Eiche fugenlos in die Ruine ein.

eine Höhe von 12 m nur wenig verjüngt, beinhaltet alleine 23 m³ Nutzholz (vgl. Nr. 71).

Im bekannten Eichenreservat Wildenstein bei Bubendorf ist der getätigte Pflegeaufwand fragwürdig. Während die dortigen bis zu 8,50 m Umfang messenden Eichen gehegt und gepflegt werden, wurden erst kürzlich viele der mindestens so bedeutenden Elsbeeren, die zu den dicksten und seltensten des Landes gehören, umgesägt. Wildenstein gilt als bedeutendstes Eichenreservat der Schweiz. Die angeblich bis zu 520-jährigen Eichen sind sehr verschieden gewachsen. Eine besitzt einen elefantenfussartigen Stamm, eine andere teilt sich praktisch ab Bodenhöhe in zwei Hauptstämme auf. Es gibt solche, die wegen ihres hohlen Stammes oder der ausgeprägten Kandelaberäste besonders augenfällig sind. Die drolligste mit einem Stammumfang von immerhin 6,05 m gabelt sich wie ein Geweih und hat eine besonders zickzackförmige Verzweigung (vgl. Nr. 72).

Noch eigenwilliger ist eine Eiche in Regensdorf, bei der Altburg (vgl. Nr. 73). Diese Eiche wuchs in jungen Jahren am Fuss der Ruine. Als einer der Hauptverzweigungen ab einem gewissen Alter in eine der Ruinenöffnungen gelangte, wuchs dieser Ast durch das Gewölbe bis zur obersten Turmspitze. Später wurde das Ganze mit Erde aufgefüllt, weshalb es heute so aussieht, als würde die Eiche erst auf der Turmspitze gedeihen. Die Eiche ist im Verlauf der Jahrhunderte so mit der Ruine verschmolzen, dass sie untrennbar zum prägenden Bild dieses Ortes geworden ist.

DIE ELSBEERE
Neu ergründer Wirtschaftszweig

74   Elsbeere, Möhlin AG
Sorbus torminalis (L.) Crantz

ca. 120-jährig (um 1890)
2,40 m Stammumfang (ohne Efeu)
0,75 m BHD (ohne Efeu)

Die letzte ältere Elsbeere steht neben einer Reihe von Betonblöcken, die als Panzerhindernisse gebaut wurden.

Die Elsbeere *(Sorbus torminalis)* gehört wie die Eberesche, die Mehlbeere und der Speierling zu den Rosengewächsen und der Gattung der Sorbus-Arten. Die Botaniker Carl Linné und Heinrich Johann Nepomuk von Crantz ordneten die Elsbeere um 1750 noch in zwei unterschiedliche Gattungen. Dass man nicht wusste, in welchen Topf sie gehört, wird auch anhand der Synonyme «Ruhrbirne», «Schweizer Birnbaum» und «Wilder Speierling» deutlich.

Der selten gewordene, in Wäldern bis über 30 m hohe Baum kennzeichnet sich durch seine gelappten und gezähnten Blätter, die sich im Herbst orangerot verfärben. Die anfangs glatte, graue Borke wird im Alter blättrig, rissig oder schuppig und erinnert je nachdem an den Stamm einer Kirsche, Eiche oder Birne. Das ausgesprochen zähe und schwere Holz der Elsbeere ist dem der Birne am ähnlichsten. Der hohe Preis für das Holz ist auch der Grund, dass man begonnen hat, die Elsbeere gezielt aufzuforsten.

Da die wärmeliebende Elsbeere auf wüchsigen Standorten gegenüber anderen Baumarten im Bestand nicht konkurrenzfähig ist, bleibt ihr oft nichts anderes übrig, als mit trockeneren Standorten vorlieb zu nehmen. Andreas Rudow vom Projekt Förderung seltener Baumarten, ETH Zürich, stellte bei seiner Forschungsarbeit fest, dass die Elsbeere sich oftmals mittels Wurzelbrut, der vegetativen Vermehrung, fortpflanzt. Solche kollektiven Baumgruppen sind Klone eines Mutterbaumes und über die Wurzeln mit diesem verbunden. Dies ermöglichte der Elsbeere vermutlich, vereinzelt bis heute im Waldbild zu bestehen. Das grösste Vorkommen in der Schweiz findet man im Gebiet um Schaffhausen und Basel. Im bekannten Wildensteiner Eichenschutzgebiet in Basel wachsen unmittelbar am Stamm der alten Eichen bis zu 1,90 m messende Elsbeeren. Die dickste Elsbeere der Schweiz steht als Waldbaum in Möhlin. Sie ist von den ursprünglich zwei Bäumen die letzte Elsbeere in der Schweiz mit über 2 m Umfang und sollte unbedingt erhalten werden. Eine ähnlich dicke stand bis vor kurzem nahe von Otelfingen an der Lägern. In Südengland existieren sogar noch zwei Bäume mit über 4 m Stammumfang.

SCHNAPS AUS ELSBEEREN

Früher wurden die kleinen, braunroten und weissgetupften Früchte gegessen, sobald sie überreif waren. Oder man stellte Essig, Konfitüre oder Branntwein daraus her. Der botanische Name *(Sorbus torminalis)* stammt vom Wort «sorbere» für «schlürfen» ab, was darauf schliessen lässt, dass die gepressten Beeren als Saft getrunken wurden. Die nach dem ersten Frost essbaren Beeren helfen gegen die Ruhr (Durchfall), was im Latein als «tormina» bezeichnet wird. Deshalb nannte man die Elsbeere auch «Ruhrbirne». Getrocknet halfen die Beeren ausserdem gegen Heiserkeit und bei Menstruationsbeschwerden.

In der Mythologie war die Elsbeere mit der germanischen Gottheit «Donar» verbunden. Sie galt als glücksbringend und unheilabwehrend.

DIE ERLE

Mit den Füssen im Wasser

75 Schwarzerle, Pieterlen BE
Alnus glutinosa (L.) Gaertn.

ca. 100-jährig (um 1910)
3,30 m Stammumfang
1,02 m BHD
3,20 m Taillenumfang
6,70 m Basisumfang

Eine Erle mit majestätischem Wuchs steht an der Leugene zwischen Pieterlen und Lengnau im Kanton Bern.

Die Erle gehört der Familie der Birkengewächse an und existiert hauptsächlich auf der nördlichen Halbkugel. Von den 35 Arten sind drei in Mitteleuropa heimisch. Die Schwarzerle *(Alnus glutinosa)* ist die stattlichste. Die Grauerle *(Alnus incana)* und vor allem die Grünerle *(Alnus viridis)* trifft man in höheren Regionen an, letztere strauchartig im Gebirge bis in eine Höhe von 2800 Metern. Trotz niedergehenden Lawinen und Geröllverschüttungen richtet sie sich immer wieder auf und trotzt allen Wetterlagen.

Erlen säumen gerne kleinere Bachläufe. Besonders die Schwarzerle erträgt Staunässe problemlos. Eine Eigenart sind die kugelartigen Gebilde der Wurzeln, in denen der «Strahlenpilz» Luftstickstoff bindet und dem Baum so Nitrat zuführt. Dies ermöglicht der Erle, selbst auf nährstoffärmsten Böden zu wachsen. Als Saum- und Auengehölz ist sie ein wichtiger Bestandteil für den Gewässerschutz, da sie mit ihren Wurzeln die Uferzonen stabilisiert. Manche Erlen haben eine verdickte Stammbasis und durch die Fluten ausgewaschene mangrovenähnliche Wurzelfüsse. Der lateinische Name «glutinosa», also «gluten», bedeutet Leim und verweist auf die klebrigen jungen Blätter der Erle. Diese sind jeweils gestutzt und erinnern der Form nach an ein Herz. Speziell ist auch der Laubfall; dieser erfolgt wie bei der Esche im grünen Zustand.

In der Medizin spielt die Erle, bis auf ihre kühlende und schmerzlindernde Wirkung, keine entscheidende Rolle; gemäss Esoterikern sollen Blätter im Schuhwerk gegen müde Beine helfen. Ihr hauptsächlich aus Splintholz bestehendes Holz ist leicht, weich und fettarm und eignet sich besonders für Bauten im Wasser. Darin wird das Holz immer härter und schwärzer – Venedig steht nicht zufällig zur Hälfte auf Erlenpfählen. Vor allem das Holz der Schwarzerle gebrauchte man auch für

76 Schwarzerle, Bolken SO
Alnus glutinosa (L.) Gaertn.

ca. 180-jährig (um 1830)
5,30 m Stammumfang
1,66 m BHD
5,10 m Taillenumfang
8,70 m Basisumfang
3,05 m & 1,80 m Stämmlinge

Küchenutensilien. Als Brennholz hat es die Eigenschaft, rauchfrei zu sein. Erst spät wurde das gelbrote Holz für die Möbelindustrie entdeckt. Die ab zwanzig Jahren hiebreifen, frisch geschlagenen Stämme «bluten» regelrecht – verfärben sich rot –, weshalb sie als Mahagoni-Imitation verwendet werden. Dank dieser Besonderheit eignete sich die Erle zum Färben: Aus Blättern wurde grüner, aus Zweigen brauner und aus der Borke schwarzer Farbstoff gewonnen. Den schwarzen Gerbstoff brauchte man vor allem, um Leder zu färben, und mit dem Absud bestrich man Fischernetze, um sie haltbar zu machen. Aus den Erlen-Zäpfchen konnte schwarze Tinte hergestellt werden; die klebrigen, frischen Erlenzweige hängte man als Mückenfänger in den Stall.

Früher fürchteten Wanderer das Erlenweib, das sich in den sumpfigen Erlenbrüchen aufhielt, oder die «Irle» oder «Else»; ebenfalls eine hinterlistige Hexe. Deshalb heisst es: «Erlenholz und rotes Haar sind aus gutem Grunde rar», oder: «Rotes Haar und Erlenloden wachsen nicht auf gutem Boden.» Auch die Redewendung «über jemanden den Stab brechen» bezieht sich auf die Erle. Wurde jemand aus der Familie und dem Dorf verbannt, brach man im Gericht symbolisch vier Erlenstäbe über seinem Kopf und warf diese in verschiedene Himmelsrichtungen. Auf Griechisch bedeutet Erle «ich schliesse» oder «ich umschliesse». In der griechischen Mythologie kommt die Erle immer wieder vor. Als das dänische Lied des «Elfenkönigs» von Johann Gottfried ins Deutsche übersetzt wurde, wurde aus dem «Elfenkönig» versehentlich ein «Erlenkönig», wie Doris Laudert in «Mythos Bäume» bemerkt.

Die Erle – Baumporträts

Da Erlen meist in geschützten Auenlandschaften stehen, werden sie selbst von Naturschützern und Baumkundlern kaum wahrgenommen. Tatsache ist, dass Erlen mit einem Umfang von über 3 m sehr rar sind. Eine dieser Erlen, die sich ihrer Grösse wegen von den anderen Erlen abhebt, steht an der Segetzstrasse in Solothurn. Ihr Stamm misst immerhin 3,65 m. Vorbildlich gewachsen ist eine solche in Pieterlen (vgl. Nr. 75). Nur an einem Ort in der Schweiz gedeihen noch mächtigere Erlen: am kleinen, idyllischen Inkwilersee, der von Seerosen umrahmt wird. Die dickste misst 7,00 m, ist jedoch wie ihre Nachbarsbäume mit 6,15 m und 4,40 m mehrkernig und teilt sich in 1 m Höhe in kräftige Einzelstämme. Imposanter wirkt dagegen eine Erle, die ursprünglich vermutlich ebenfalls einmal auf 2 m Höhe gekappt worden ist (vgl. Nr. 76). Der Stamm mit seinen brettartigen Wurzelausläufern ist auf einer Seite offen. Europas mächtigste Erlen stehen in England und Schweden. Eine Schwarzerle am Vätternsee in Hjo erreicht einen Stammumfang von 6,50 m und ist aussergewöhnlich hochstämmig. Die bisher dickste Erle mit 7,85 m Stammumfang vermassen wir in Södermanlands län bei Nyköping.

Die Esche
Ein Blattkleid aus grünen Federn

Die Esche ist in Europa weit verbreitet und wächst teilweise sogar noch in 1400 m ü.M. Von den über 70 Arten, die alle in den gemässigten Zonen der Nordhalbkugel vorkommen, ist vor allem die Gemeine Esche *(Fraxinus excelsior)* heimisch. Seltener findet man bei uns die Schmalblättrige Esche *(Fraxinus angustifolia)* und die Manna- oder Blumenesche *(Fraxinus ornus)* – ebenfalls zu den Ölbaumgewächsen gehörend –, die in Südeuropa am Mittelmeer wachsen. Typisch ist bei Eschen die gefiederte Blattform, die exotischen Baumarten mit ähnlich geformten Blättern, wie beispielsweise dem «Eschen-Ahorn» oder der «Samthaarigen Stinkesche», den deutschen Namen gab. Die Gemeine Esche erreicht 45 m Wuchshöhe, und dank ihres schnellen Wachstums weist sie bereits ab wenigen Jahrhunderten einen Stammumfang von über 9 m auf. Um 1860 soll eine Esche mit 10 m Umfang auf dem Kirchhof zu Bonhill, in der schottischen Grafschaft Dunbarton, gestanden haben, in deren Hohlraum Glasfenster und Bänke eingebaut wurden. Noch viel mächtiger war eine Esche neben einer Kirche auf einer arkadischen Insel. Sie besass auf 1,5 m Höhe unvorstellbare 17,70 m Stammumfang. Angeblich stand um 1860 in Spanien eine Schmalblättrige Esche mit 12,50 m Umfang. Bekannt ist heute eine Esche mit kugelartigem Stamm im englischen Dorf Clapton. Diese und eine Esche auf der schwedischen Insel Djursö haben beide einen Stammumfang von 10,00 m. Das älteste Exemplar steht mit 9,05 m Umfang in Peist (vgl. Nr. 77). Die Jahrringe dieser Esche liegen relativ dicht nebeneinander, da sie auf 1247 m ü.M., knapp an der natürlichen Vegetationsgrenze, gedeiht. Diese international bedeutende Esche könnte bereits 350 Jahre alt sein. Erstaunlich, dass sie kaum bekannt ist, dabei steht sie direkt neben einem Bahnhof der Rhätischen Bahn. Mächtig ist auch eine Esche in Les Bayards mit 7,80 m Stammumfang, deren Stamm sich in 2 m Höhe in drei Dolden teilt.

Biegsam und zäh

Waldbaulich unterschieden wird zwischen der «Wasseresche», die auf feuchtem Boden steht, und der «Kalkesche», die auf trockenen Standorten gedeiht, z.B. im Jura. Unabhängig vom Standort verfärbt sich das Kernholz ab 80 Jahren meist bräunlich, was seine Qualität mindert. Ist es aber mit einer weissen Maserung durchzogen, wird es teurer als «Olivenesche» oder «falsches Olivenbaumholz» verkauft. Die jungen Triebe verwendete man für Zaunpfosten, wobei die Esche für diesen Zweck geköpft wurde. Das lateinische «Fraxinus» stammt denn auch vom griechischen «phrasso» ab, was «umzäunen» heisst. Die Artbezeichnung «excelsior» leitet sich von «excellere» (herausragen) ab und ist die Steigerungsform von «excelsus» (hoch). Eschenholz ist zäh, sehr elastisch und splittert nicht, weshalb es für die Fertigung von Speer und Bogen begehrt war. Das altnordische «ask-r», das angelsächsische «äse» und das griechische «melia» bedeuten

77	**Esche, Peist GR**	78	**Esche, Lajoux JU**
	Fraxinus excelsior L.		*Fraxinus excelsior L.*
	ca. 350-jährig (um 1660)		ca. 100-jährig (um 1910)
	9,05 m Stammumfang		4,00 m Stammumfang
	2,87 m BHD		1,25 m BHD
	9,00 m Taillenumfang		3,60 m Taillenumfang

79 Esche, Messen SO
Fraxinus excelsior L.

ca. 150-jährig (um 1860)
6,05 m Stammumfang
1,81 m BHD
5,60 m Taillenumfang
15,50 m Basisumfang

Die Esche ist in dem Stadium, wo Pilze ihren Stamm aushöhlen. Eine Taktik, um etliche Kilos abzuspecken. Ihre fünf kurzen Kranzäste lassen vermuten, dass die Esche früher geschneitelt wurde.

«Esche» und «Speer» zugleich. Mit einem Speer, der aus der heiligen Esche des Berges Pelion gefertigt war, gelang es Achilles, seinen trojanischen Kontrahenten Hektor niederzustossen. Friedlicheren Zwecken dienten die Eschenholzpfeile des Liebesgottes Amor.

Lange war Eschenholz für die Herstellung von Skis, Leitern, Rudern, Tennis- und Hockeyschlägern und Wagenrädern gefragt, bevor neue Materialien es ersetzten. Heute gebraucht man das Holz mehrheitlich für Werkzeugstiele, Turngeräte und Billiardqueues, da es sich warm anfühlt.

Kostbare Krankenkost

Die Esche ist im Frühling einer der letzten Bäume, die austreiben, und einer der ersten, die ihr Blattwerk, noch im grünen Zustand, verlieren. Trotzdem gehörte sie wie Berg- und Feldahorn in den getreidearmen Gegenden, beispielsweise in den Bergen, bis um 1950 zu den wichtigsten Schneitelbäumen. Zur Gewinnung von Trockenfutter für die Tiere wurde die Esche alle zwei Jahre zurückgestutzt. Manch alte Esche erinnert mit ihren amputierten Starkästen und den besenartigen Zweigen noch heute an den ehemaligen Brauch. Bereits Römer nutzten Eschen, Ulmen und Pappeln als Tierfutterquelle und nannten das Schneiteln «tonsura». Bei der Laubtrocknung wurden die Blätter meistens unter ein Vordach gehängt. Der Begriff «Laube» hängt damit zusammen. Eschenblätter fungierten auch als Krankenkost für Tiere. Aber auch weniger gut betuchte Leute bedienten sich der Vitamin-C- und mineralreichen Blätter oder verwendeten diese für Matratzen- und Bettdecken-
polsterungen. Deshalb sagte man von armen Menschen im Appenzell auch, sie hätten «Blätter drüber und drunter».

Als Medizinalbaum füllt die Esche die Regale der Apotheke. «Eschengeist» ist ein Alkoholpot mit Wacholderbeeren und Eschenblättern, der aufgetragen gegen Gicht und Rheuma hilft. Als «Holzteer» wurde der Aufguss aus geraspeltem Eschenholz für die Blutreinigung, bei Rheuma und Syphilis getrunken. Ausserdem ist die Esche blutstillend. Die Fruchtflügel, die auch nach dem Laubfall noch lange büschelartig am Baum hängen, galten vielerorts als Potenzmittel. Die Manna-Esche produziert das «Manna», eine süssliche, gummiartige Rindenausscheidung, die wegen ihrer abführenden Eigenschaft in diverse Medikamente gemischt wurde.

Yggdrasil – Esche oder Eibe?

Bevor das Christentum verbreitet war, glaubten unzählige Kulturen, dass der Mensch aus dem Holz eines Baumes «entstamme». Vor allem die Esche wird oft als Stammmutter für die Entstehung der Menschheit genannt. Phoroneus, Sohn des Flussgottes Inachos und der Esche Melia, soll in Griechenland der erste Mensch gewesen sein, der den Gebrauch des Feuers entdeckte. Der Dichter Hesiod schreibt im 7. Jahrhundert, dass Zeus das dritte Menschengeschlecht aus Eschen schuf. Für den nordamerikanischen Indianerstamm Algonkin ist das erste Menschenpaar entstanden, als der Erschaffer einen Pfeil in eine Esche schoss. In der altnordischen Mythologie wurde Askr, eine Esche, durch Zauberkraft der Götter zum Mann, und aus Embla, einer Ulme, ging die erste Frau hervor. «...Sie fanden am Land, ledig der Kraft, Askr und Embla. Nicht hatten sie Sinn, nicht hatten sie See-

80	Esche, Mümliswil SO
	Fraxinus excelsior L.

ca. 150-jährig (um 1860)
5,70 m Stammumfang
1,78 m BHD
5,60 m Taillenumfang
17,00 m Basisumfang

le, nicht Lebenswärme, noch lichte Farbe, Sinn gab Odin, Seele Hoenir, Leben Lodurr» (aus «Völuspá 19, Edda»). Aus «ask-r» leitet sich auch «Aschemannen» ab, wie die Wikinger sich selbst nannten.

Die Germanen verstanden die Esche als Weltenbaum, so heisst es allgemein. Dr. Wieland Hopfner schreibt in der «Nordischen Zeitung» jedoch, die Eibe und nicht die Esche sei «Yggdrasil», der Weltenbaum der Germanen, gewesen. Die Übersetzung aus der dürftigen germanischen Literatur, die vom Christentum weitgehend vernichtet wurde, beruhe auf einem Fehler. So sollen bis heute vor allem die asischen und nicht die wanischen Lehren (Asen und Wanen bilden die beiden Göttergeschlechter in der nordischen Mythologie, erste das ältere) zur Fehlinterpretation der Weltenbaum-Geschichte geführt haben. In verschiedenen Textpassagen germanischer Literatur werde der Weltenbaum unter anderem als immergrüner Nadelbaum bezeichnet, was nur auf die Eibe zutreffen könne. Die Geschichte Yggdrasils wird in der Literatur so unterschiedlich interpretiert, dass die Übersetzung tatsächlich fragwürdig ist. Ob Esche oder Eibe – nach einer Quelle erfüllt Yggdrasil, auch «Ich- oder Schreckensträger» genannt, mit ihrer Krone den Kosmos, worin Mond und Sterne ihre Kreise ziehen. Sie beschattet die in den höchsten Bergen gelegene Götterstadt der Asen. Auf ihren neun Ästen trägt sie je eine Welt. Der Stamm wächst durch Mittelgard, das Reich der Menschen und Zwerge. Von den drei mächtigen Wurzeln wächst eine zum Urdbrunnen, wo die drei Nornen die Schicksalsfäden spinnen, eine andere nach Jotunheim, ins Land der Riesen. Die letzte Wurzel, woran der Drache Nidhöggr und seine Schlangenbrut nagen, erstreckt sich bis Nifelheim in die Unterwelt.

«Bim Esch» in Klosters steht eine der schönsten Eschen des Landes. Der schräge Stamm trägt eine perfekte kleine Krone.

81 Esche, Klosters GR
Fraxinus excelsior L.

ca. 175-jährig (um 1835)
6,20 m Stammumfang
1,85 m BHD
5,60 m Taillenumfang

Ein Adler, zwischen dessen Auge ein Habicht sitzt, kämpft jedoch mit dem Drachen und beschützt Yggdrasil, denn ihr Stamm ist hohl, vom Gewürm durchbohrt, und in der Krone verzehren vier Hirsche Knospen und Blätter. Schliesslich werden aber die Menschen durch Kriege den Weltuntergang herbeirufen. Nur Lif und Lifthrasir, die das neue Menschengeschlecht begründen werden, überleben den Fall des Weltenbaums.

Aus dem Stamm Yggdrasils soll auch der Göttervater Odin (Wotan) entstanden sein. Um die Kunst der Runenweisheit zu erlangen, durchlief er, auch der «Gehängte» oder «Galgenherr» genannt, eine qualvolle Läuterung. «Ich weiss, dass ich hing an einem Winde schwankenden Baum, neun ganze Nächte lang, mit dem Ger verwundet ... Ich nahm herauf die Runen, laut schreiend, dann fiel ich herab vom Baume. Da begann ich zu gedeihen, und weise zu sein, und zu wachsen», heisst es in der «Snorri-Edda» um 1220 von Snorri Sturluson. Angelehnt an diesen Mythos, hängten Stämme im schwedischen Uppsala männliche Opfer, bestehend aus Menschen, Pferden und Hunden, an einen heiligen Eschenhain. Solche Ritualmorde, die auch für Dänemark belegt sind, wurden von sich windenden Frauen mit Glockengebimmel und anstössigem Gesang begleitet. In der christlichen Lehre sind es die neun Sphären oder Kreise der himmlischen Heerscharen, die das Prinzip Yggdrasils aufnehmen. Die obersten neun Welten sind von himmlischen, geflügelten Wesen wie Cherubim und Seraphim bewohnt, und die untersten von Erzengeln und Engeln.

Als Oranna, die Schutzheilige Lothringens, im 5. Jahrhundert in Irland hätte vermählt werden sollen, flüchtete sie ins Grenzland Frankreich-Saarland. Dort lebte sie im Wald Berus als Einsiedlerin unter einer Esche. Eine andere Geschichte aus derselben Zeit erzählt, dass die Goten 499 n. Chr. den Bischof Volusien in der Nähe vom französischen Pamiers enthaupteten. Nach seinem Tod wuchs der bischöfliche Eschenstab zu einer Esche heran, die angeblich noch bis ins 17. Jahrhundert existierte. Nach einer anderen Interpretation wurde der heilige Bischof mit Lanzen durchbohrt, die zu einem Eschenwald gediehen. Auch die Lanzen bei der Schlacht 1242 im französischen Taillebourg sollen über Nacht zu wurzeln begonnen haben. Zum Gedenken an das Wunder wurde die Kapelle Notre-Dame de Bonsecours, ein Pilgerort, errichtet.

Den Kelten war Onionna die Göttin der Esche und des Ginsters. Der römische Beschützer der Holzfäller hauste ebenfalls in einer Esche. Wie den meisten grösseren Bäumen wurde auch der Esche eine apotropäische Eigenschaft gegen Teufel, Hexen und Schlangen nachgesagt. Im Norden Algeriens hängen Mädchen für ihr Liebesglück Amulette in die Esche. In England benutzte man die Fiederblätter ähnlich wie beim Gänseblümchen und zupfte sie einzeln ab. Dazu nannte man bei jedem Blatt in alphabetischer Reihenfolge einen Buchstaben. Das letzte Blatt verkündete dann den Anfangsbuchstaben des Namens des Zukünftigen.

DIE ESCHE 97

DER FELDAHORN
Speisebaum für Vieh und Mensch

82 Feldahorn, Gebenstorf AG
Acer campestre L.

ca. 200-jährig (um 1810)
4,60 m Stammumfang
4,50 m Taillenumfang
2,90 m Umfang (Stämmling)

Der mächtigste Feldahorn der Schweiz ist mit 21,00 m so hoch wie breit.

Der Feldahorn (*Acer campestre*) bevorzugt warme Terrains, kommt mit wenig Licht aus und wächst selbst auf kargem Boden. Seine Blattenden sind im Gegensatz zu Berg- und Spitzahorn abgerundet und wesentlich kleiner. Besonders augenfällig sind die vielen Blattformvarietäten, die innerhalb eines Individuums vorkommen können. Meist wächst der Feldahorn strauchförmig oder teilt sich früh in mehrere Stämmlinge. Ein Exemplar im Thuner «Schadaupark» demonstriert diese Wuchsart so vollkommen, dass er Kindern als Kletterbaum dient. Charakteristisch sind die netzrissige Borke und die Korkleisten an den Zweigen, die im Querschnitt betrachtet zahnradförmig sind. Der Feldahorn wird auch «Massholder» genannt. Darin verbirgt sich das altsächsische «mat», was «Speise» heisst. Im 16. Jahrhundert verstand man darunter allmählich nur noch Tierfutter, wie z.B. «Mast». Die Äste des Feldahorns wurden früher geschneitelt, um die jungen Triebe, die Milchsaft beinhalten, dem Vieh zu verfüttern. Aus den vergorenen Blättern wurde sogar eine Art Sauerkraut gemacht. Gegen Brand- und Frostbeulen, Augenfliessen, Schlangenbiss und Zahnweh halfen abgekochte Holz- und Rindenteile. Das harte, gemaserte Holz gebrauchte man für Geigen, Flöten und Drechslerarbeiten.

Der Feldahorn – Baumporträts

In der Schweiz stehen ein halbes Dutzend Feldahorne mit jeweils einem Stammumfang von 3,30 m. Im Jahre 1928 existierte im niedersächsischen Westerhof noch ein Feldahorn, der auf 2 m Höhe einen Stammumfang von 5,00 m aufwies, wie in der «Mitteilung der Deutschen Dendrologischen Gesellschaft» berichtet wird. Ein Exemplar im englischen Frittenden teilt sich erst in 1,5 m Höhe und bringt es davor auf 6,05 m. Mit etwa 21 m Kronenhöhe und 4,60 m Umfang ist ein einstämmiger Parkbaum beim Nationalmuseum Dobrzyca in Polen beeindruckend.

Einstämmige und grosse Feldahorne sind selten. Noch viel seltener ist aber einer mit solch ausgeprägtem Drehwuchs, wie er in Zürich steht (vgl. Nr. 83). Bernd Steiner meint in «Zürcher Baumgeschichten» dazu, er gleiche «einer Säule mit dorischen Kannelüren und korinthischem Kapitell». Der «verdrehte» Feldahorn am Uetliberg steht oberhalb des jüdischen Friedhofs am Zielweg.

Gebenstorf ist als «Wasserschloss der Schweiz» bekannt, da die Flüsse Aare, Limmat und Reuss dort zusammenfliessen. Eine andere Sehenswürdigkeit ist ein Feldahorn bei der reformierten Kirche, der sich ein trockeneres Plätzchen ausgesucht hat (vgl. Nr. 82). Stamm wie Krone sind schlicht überwältigend.

83 Feldahorn, Stadt Zürich
   Acer campestre L.

   ca. 120-jährig (um 1890)
   2,70 m Stammumfang
   0,86 m BHD
   2,70 m Taillenumfang

DIE FICHTE
Bäume von der Stange

Die Fichte (*Picea abies*), genauer die Gemeine Fichte, ist die einzige von weltweit etwa 50 Fichtenarten, die in Mitteleuropa vorkommt. Einst traf man sie hauptsächlich in den subalpinen Gebieten – in der Schweiz auf durchschnittlich 1250 m ü. M. – oder in Auen und Mooren an. Nässe erträgt sie gut, und sogar Temperaturen von bis zu –60° überlebt sie! Da sie selbst auf verarmten und verdichteten Böden ordentlichen Zuwachs leistet und im Vergleich zu anderen Baumarten im Keimlingsalter seltener von Wild beäst wird, wurde sie vom Forstmann zum Baum erster Güte erklärt. Besonders 100 Jahre nach dem Beginn der eigentlichen Forstwirtschaft, um 1800, begann man im europäischen Flachland mit dem sukzessiven Aufstocken des gewinnbringenden Nadelbaumes. Da die Gemeine Fichte erst so spät ihren Feldzug durchs Tiefland begann, finden sich die dicksten und ältesten Bäume ausschliesslich in den natürlichen Regionen wie den Alpen. Mächtiger werden nur die an der Westküste Nordamerikas einheimische Art «*Picea sitchensis*», die Stammumfänge von 16,90 m und Höhen von über 80 m erreichen kann, sowie die kleinere Schwester «*Picea engelmannii*» mit maximal 6,90 m Umfang und 67,70 m Höhe.

ERSTER VERFECHTER DER «VERFICHTUNG»

Holz, früher wichtigster Energielieferant, war ab Ende des 14. Jahrhunderts chronisch so rar, dass fast alle Wälder gerodet wurden. Die anspruchslose, frohwüchsige Fichte war eine willkommene Notlösung und machte die Wälder wieder rentabel. Mittlerweile bestehen zwei Drittel der mitteleuropäischen Wälder aus Koniferen. Dass dadurch die einheimische Flora und Fauna stark dezimiert wurde und die Fichte zum Problembaum werden konnte, ahnten die wenigsten. Einer der ersten Kritiker war der französische Förster Léon Pardé, der bereits 1937 die übertriebene Anpflanzung anfocht. Mit dem Aufkommen von Monokulturen liessen sich die Fichten im hiebreifen Stangenalter gezielter ernten. Die durch Kaltluftstaus in solchen Plantagen gebildeten Nebelfelder und die durch Anhäufung von Nadelstreu versauerten Böden wurden aber je länger, je mehr ein Thema. Grosse Verluste brachten auch Borkenkäfer, Fichtengallenläuse und Rotfäule, eine durch Hallimasch und Rotfäulepilz verursachte Krankheit. Dazu kommt, dass Fichten wegen ihres flachliegenden Wurzelsystems häufiger als andere Baumarten Opfer von Windwurf werden und wie Dominosteine fallen. Die anfängliche Begeisterung klang allmählich ab, und bald hiess es: «Willst du deinen Wald vernichten, so pflanze nichts als Fichten.» Immerhin die Hälfte der Bäume in der Schweiz sind Fichten, aber nur drei Prozent stehen auf standortungerechtem Terrain. Im natürlichen Gebiet ersetzen Fichtenwälder Lawinenverbauungen und verhindern Erosion und Steinschlag.

«DUFTE» GESCHENKE AUS DEM STRUNK

Während das «mastige» Fichtenholz aus dem Flachland für den Haus-, Schiffs-, Flugzeug- und Möbelbau verwendet wird, ist das langsam gewachsene Holz in den Bergen für den Geigenbauer von hohem Wert. Früher klopften die Saiteninstrumentenbauer mit einem Hammer an den Baum, um ihn «abzuhören». Beliebt war vor allem die «Schindeltanne», auch «Zottel- oder Haselfichte» genannt. Diese besitzt eng beieinander liegende Jahrringe und weist so tonverstärkende Eigenschaften auf. Selbst aus den besten Fichtenwäldern entsprach höchstens jeder hundertste Baum den hohen Anforderungen, die er für die Resonanzteile eines Saiteninstruments erfüllen musste.

Aus dem Harz wird das «Resina alba», ein Kolophonium, hergestellt; aus dem gefällten Strunk liess sich Teer und aus diesem wiederum Pech herstellen. Der lateinische Name «Picea», ursprünglich «pix», bedeutet «Pech» und bezieht sich ebenfalls auf das Harz. Aromatische Würze erhoffte sich der Käser, wenn er die geronnene Milch mit einer Kelle aus harzigem Fichtenholz rührte. Beim jurassischen «Vacherin Mont d'Or» lebt diese Tradition in den für den Käse zugeschnittenen dünnen Fichtenholzschachteln weiter. Weihnachtsgeschenke für Kinder, wie ausgehöhlte Fichtenstämme mit Süssigkeiten, waren in der französischen Franche-Comté üblich. Harz konnte sogar zu einer Art Vanillin verarbeitet werden.

Bei Gicht, Rheuma oder Hexenschuss wurden Blutstropfen und Haare des Kranken in eine Stammritze gesteckt und diese anschliessend mit Wachs verklebt. Dieser Aberglaube entstand wohl, weil der Absud von Fichtenrinde wirklich gegen die erwähnten Gebrechen half. Junge Nadeln geben einen schweisstreibenden Husten- und Grippetee ab, waren aber vor allem gegen die Vitamin-C-Mangelkrankheit Skorbut, auch «Scharbock» genannt, in Gebrauch. Fichtenharz, eine

84 Fichte, Pfäfers SG
Picea abies (L.) H. Karst

ca. 350-jährig (um 1660)
6,75 m Stammumfang
2,07 m BHD
41 m³ Stamminhalt
33,00 m Kronenhöhe

kräftigende Arznei, kaufte man früher in Apotheken unter dem Namen «pix burgundica». Das gesunde Harz kaute man als Kaugummiersatz. Die dichten «Schwefelwolken» der Fichtenpollen im Mai waren ein Zeichen für Hexerei; als unheilabwehrend galten Fichtenzweige, die die Leitkuh zwischen den Hörnern auf Alpaufzügen trug.

Die Grüne Dame

Die Fichte hat in den Mythen menschliche Züge angenommen. Die «Grüne Dame» mit der bergenden Eigenschaft ist die bekannteste Form. Sie soll Kinder und alte Menschen beschützen und Mädchen in die Liebesgeheimnisse einweihen. Sie verführt ausserdem Männer, um sie auf ihre Treue zu testen. Wer nicht besteht, wird in Sümpfe gelockt, in denen er sich verirrt. In Pontarlier ersetzt die «Grüne Dame» sogar St. Nikolaus, und mancherorts taucht sie als fliegender Drache mit zyklopischem, langstieligem, steinernem Auge auf.

Die phallische Zapfenform brachte der Fichte die Symbolik als Lebensspender ein und man sah sie gleichzeitig als Geburtsbaum, der die reinkarnierten Kinder hervorbrachte. Den Selkupen in Sibirien zufolge ist die Fichte allerdings ein alter Mann, Schutzpatron des Wildes, der Kinder verspeist. In Litauen glaubte man, die lebensbringende Erdgöttin «Semnja» sowie die wohltätige Fee «Laume» seien in der Fichte zu Hause. Auch die Seele einer verstorbenen Frau soll in die Fichte oder die Linde einziehen. Für die Hopi-Indianer im Südwesten der USA ist die Fichte ein magischer Baum, der verehrt wurde.

Da die Fichte auch mit Schwermut und Melancholie in Verbindung gebracht wurde, verwendete man ihre Zweige für Grabschmuck und den Scheiterhaufen. Sie ist die Hüterin vor der Pforte zu den Toten. In Märchen ist immer wieder von dunklen Fichtenwäldern die Rede, wo sich allerlei Gesindel herumtreibt. Diebe nannte man deshalb auch «Fichtengänger» und das Opfer «Fichtner». «In die Fichten führen» ist mit «Hinters Licht führen» gleichzusetzen.

Der typische «Tannenbaum» ist bei uns die Fichte und nicht die Tanne, mit Ausnahme der aus dem Kaukasus stammenden Nordmanntanne, die nur für das Weihnachtsgeschäft angepflanzt wird. Ursprung der heutigen Weihnacht sind vermutlich die «heiligen Nächte» des «Mitwinter- oder Julfestes» unserer Vorfahren. Immergrüne Zweige waren ein Symbol für wiederkehrendes Leben. Urkundlich erstmals belegt ist ein Weihnachtsbaum aus 1539 im Strassburger Münster. Erst nach dem deutsch-französischen Krieg (1870–71) verbreitete sich der «Tannenbaum» in allen Regionen Europas. Während früher Rosen und Äpfel am Baum hingen, sind heute Lichterketten und Kerzen gefragt. Ob der Weihnachtsbaum aus dem indogermanischen Weltenbaum oder der christlichen Paradiesbaum-Vorstellung entsprang, lässt sich nicht eindeutig nachweisen.

Vielseitige Gestalt

Die Fichte wird oft als «Rottanne» bezeichnet, was auf die rötliche Borke verweist. Fichte oder Fichtenholz, auf Englisch «spruce», heisst übersetzt «sauber» oder «adrett» und bezieht sich vermutlich auf die regelmässige Anordnung der Äste und den tadellosen, kerzengeraden Stamm. Der Förster jedoch weiss, dass kein anderer Baum so vielseitig wachsen kann wie die Fichte. «Jede Ficht hat ihr Gesicht» bestätigt sich, wenn man die unzähligen Spielarten dieses Nadelbaumes studiert. Der sogenannte Polymorphismus wird in der «Schweizerischen Zeitschrift für Forstwesen» 1934 alleine mit über 50 Fichtentypen bebildert. Für die mutierte, deformierte oder verzwergte Form eines Baumes kommen verschiedene Faktoren in Frage. «Modifikationen» nennen sich die phänotypischen Standortsformen, die durch äussere Einflüsse wie Klima, Boden, pflanzliche und tierische Schädlinge entstehen und nicht vererbbar sind.

So entsteht beispielsweise durch den Verbiss von Vieh und Wild das «Geissetannli», eine kegelförmige, klein gebliebene Fichte, die teilweise erst nach Dezennien einen rettenden Trieb hervorbringen kann und anschliessend normal gedeiht. Wenn mehrere Triebe sich aus dieser Misslage retten und die Fichte dadurch mehrstämmig wird, spricht man von einem Garbenbaum. Ein Verbiss bringt nicht nur die typischen Weidbäume hervor, die auf Maulhöhe der Tiere abgeschert sind. Oft entsteht dadurch auch Maserwuchs; durch beulenartige Verdickungen am Stamm erkennbar. Wenn die Fichte ihren Leittrieb verliert, bilden sich neue Sekundär- oder Tertiärtriebe, die einen Kandelaber bilden. Interessant ist auch die Harfenförmigkeit (vgl. Nr. 163). Falls die Äste durch den Wind austrocknen und absterben, kommt es zu einer einseitigen, windgescherten Form. Solche «Windfahnenfichten» sind nur auf einer Seite beastet. Echte Leidensgebilde sind, wie der Name andeutet, «Platten-», «Dünen-», «Matten-», «Kriech-» und «Zwergfichten». Diese «Krüppel» findet man meist ausser- oder oberhalb der natürlichen Vegetationsgrenze, wo sich der Baum durch ständigen Kampf ums Überleben zu einem uralten Bonsai entwickelt. Die «Polsterfichte» sieht aus wie ein «Gletschertisch» und entsteht, wenn die Teile oberhalb der Schneedecke im Winter durch Trockenheit, Kälte und Wind abgetötet werden, während die im Schnee gefangenen Zweige geschützt bleiben und sich, wenn auch sehr buschig, in die Horizontale entwickeln. Eine andere Form ist die klein gebliebene «Frostgeschädigte Fichte», die durch die Verkümmerung von hunderttausend Trieben eine undurchdringliche Kugel bilden kann. In Höhenlagen ist vor allem die «Spitzfichte» häufig anzutreffen. Auch diese Spielart entsteht dadurch, dass die Seitentriebe jeweils erfrieren, kurz bleiben und es zu einer Walzenform kommt. Ungewollt passt sich so eine «Spitzfichte» den örtlichen Gegebenheiten an und wappnet sich gegen Schneelasten. Je nachdem, ob Fichten an einem über-

85 Fichte, Diemtigen BE
Picea abies (L.) H. Karst

ca. 450-jährig (um 1560)
9,90 m Stammumfang (in 1,3 m H.)
3,15 m BHD
8,20 m Taillenumfang
ca. 65 m³ Stamminhalt
35,00 m Kronenhöhe

hängenden Steilhang gewachsen sind, auf einem Baumstrunk oder porösem Untergrund, bilden sich «Spiralen-» oder «Stelzenfichten». Steht eine Fichte auf Moorboden, kann es passieren, dass sie den Wipfel samt Sekundärästen auf den Boden hängen lässt. Dabei bleiben nur die äusseren Äste am Leben und es bildet sich im Inneren eine Art Zelt. Wird eine solche Fichte allerdings in für sie günstigeren Boden verpflanzt, richtet sie sich wieder auf.

Die Launen der Natur lassen aber ebenso viele, teilweise im Erbgut veränderte Wuchsformen entstehen, die nicht nur standortsbedingt sind, sondern eine eigene Art darstellen. Wer all diese Formen mit allen Mischformen schematisch zuordnen will, braucht viel Sachverstand, um eine eindeutige Einteilung feststellen zu können. Bereits 1930 werden im «Beissnerschen Handbuch der Nadelholzkunde» von J. Fitschen 77 verschiedene Wuchsformen und 48 «Zwergfichten» aufgezählt. Die Abart bei einem Baum wird wissenschaftlich als Spielart oder Mutation bezeichnet. Bei Abweichungsmerkmalen, die vererbbar sind, spricht man von einer Varietät (var.), bei einem Individuum, das die ungewöhnlichen Merkmale nicht an die nächste Generation weitergibt, oftmals von einer Form (f.).

Aus erblicher Veranlagung entsteht vermutlich die «Senkerfichte». Die unterste Beastung wurzelt bei solchen Bäumen wie bei einer «Mattenfichte», es bilden sich Töchterstämme und aus diesen teilweise sogar Enkelstämme, die alle durch den Mutterstamm miteinander verbunden sind. Ähnlich trifft man es sonst vor allem bei Thujagewächsen an, deren Schleppäste oft kräftiger als der Hauptstamm werden. Während bei der bereits erwähnten «Schindeltanne» die Sekundäräste nur schwach herunterhängen und mittellang werden, erreichen diejenigen der «Hängefichte» Längen von bis zu 6 m. Sie hängen an den ansonsten horizontal gewachsenen Hauptästen wie ein Vorhang herunter. Dagegen sind die Primäräste der «Beugefichte» von Anfang an nach unten gebogen, die Verzweigung jedoch normal. Die «Trauerfichte» vereint «Hänge-» und «Beugefichte» in einem. Alle Äste weisen die hängende Form auf und die Krone bleibt eng am Stamm liegen. Falls dabei selbst der Wipfel schlaff nach unten hängt, spricht man von einer «Kippfichte» oder bei Wipfellosigkeit von einer «Schirmfichte». Im Gegensatz dazu richten sich die Hauptäste der «Vertikalfichte» alle nach

86 Fichte, Göschenen UR
Picea abies f. deflexa

ca. 350-jährig (um 1660)
7,00 m Stammumfang (in 1,3 m H.)
2,23 m BHD
6,00 m Taillenumfang (in 3 m H.)
ca. 47 m³ Stamminhalt
41,50 m Kronenhöhe

Auffallend sind der «Säbelwuchs» des Stammes und die dünnen, hängenden Primäräste, die den Baum dem Typus der «Beugefichte» zuordnen lassen.

Die Fichte – Baumporträts

Mit 22 m³ Derbholzmasse respektive 41 m³ Stamminhalt und 33 m Höhe ist die «Calfeisental-Fichte» definitiv zu gross, um als Weihnachtsbaum in einem Wohnzimmer zu landen. Diese prächtige Fichte steht auf einer Weide oberhalb von St. Martin am Gigerwaldsee (vgl. Nr. 84). Nachdem Peter Brang, Forstingenieur von der Eidgenössischen Forschungsanstalt für Wald, Schnee und Landschaft, die Fichte im Calfeisental als dickste der Welt gekürt hatte, wurden weitere dicke Exemplare gemeldet. Eine darauf folgende Inventarisierung ergab, dass eine Fichte im Göscheneralptal (vgl. Nr. 86) dicker ist und somit zu den Weltrekordhaltern zählt. Noch dicker war nur eine Fichte in Thurwies im Kanton St. Gallen, allerdings ist von dieser nur noch ein zur Hälfte erodierter Stamm übrig. Erst kürzlich wurde im bayrischen Hintersteiner Tal eine gewaltige Fichte entdeckt, die mit 7,65 m Stammumfang und einer Taille von 6,10 m die beiden Exemplare sogar übertrumpft. Alleine ihr Derbholzvolumen wird mit 35 m³ angegeben.

Die Inventur der Forschungsanstalt ergab aber einen weiteren Fund, der alle bisher bekannten Fichten wie Stangenbohnen erscheinen lässt. Da diese Fichte wegen des starken Druckholzzuwachses nicht mit den anderen Fichten verglichen wurde, ging sie nicht als klare Siegerin hervor. Wenn man aber den Stammumfang von fast 10 m und die Gesamterscheinung betrachtet, können keine Zweifel aufkommen. Die «Fuchs-Tanne» im Diemtigtal, wie sie genannt wird, ist die gigantischste Gemeine Fichte, die bisher bekannt war (vgl. Nr. 85). In Zahlen ausgedrückt: Über dem gebündelten Astkranz misst der Mitteltrieb noch 5,45 m Umfang. Der Stamm ist, von der oberen Seite betrachtet, symmetrisch aufgeteilt, wobei der Hauptstamm sich in drei und diese sich wiederum in fünf Starkäste teilen. Von insgesamt elf Kronenästen existieren noch zehn, welche anfangs in einem Bogen, dann parallel in die Höhe wachsen und eine pyramidenförmige, mehrstämmige Krone bilden. Die dicksten Äste messen bis zu 3,80 m, eine Astkonstellation bringt es sogar auf 4,50 m Umfang. Eine weitere Astverwachsung ist weiter oben feststellbar. Trotz starker Druckholzbildung unter den Ästen dürfte die Fichte bereits ein Alter von 450 Jahren aufweisen. Seit dem Sturmtief «Lothar» führt kein Weg mehr zur abgelegenen Weide an der Schattwand bei Schwenden. Ein steiler Berghang, der von einem Wäldchen aus mannshohen Brombeerhecken überwachsen ist, trennt die Strasse von einem der imposantesten Bäume Europas. Wer sich trotzdem an den mühsamen Aufstieg wagt, erreicht die «Fuchs-Tanne» am Rande einer Weide in einer Stunde. Atemraubend ist nicht nur der Aufstieg. Wer vor dem mächtigen Stamm der Fichte steht, muss sich erst einmal hinsetzen.

Ein weiterer Rekordhalter befindet sich in der Surselva. Zumindest was die Höhe dieser Fichte betrifft, stellt sie andere Solitärbäume um eine Baumlänge in den Schatten (vgl. Nr. 87). Sie steht unterhalb der

oben. Diese darf jedoch nicht mit einer Kandelaberfichte verwechselt werden, die wegen des Verlusts des Leittriebes neue Sekundärwipfel gebildet hat. Sind die Äste auf das Äusserste reduziert, handelt es sich um eine «Sparrige Fichte». Bei der «Unterbrochenen Fichte» wiederum bildet sich ein riesiger verdickter Mitteltrieb, der breite, schuppenartige Nadeln trägt. Äusserlich befremdend wirken auch die wenig verzweigte «Araukarieähnliche Fichte» mit weit entfernten Astquirlabständen oder die «Zypressenfichte», deren Äste in die Vertikale streben, dicht gedrängt sind und eine rundliche Krone formen.

Ausführlicher porträtiert werden «Kugel-», «Hexenbesen-», «Pyramiden-», «Säulen-», «Schlangen-» und «Astlose Fichte» (vgl. Nr. 89–92). Es kann auch vorkommen, dass eine Fichte gleich drei verschiedene Spielarten auf derselben Krone hervorbringt, weshalb man sie «Trichotype Fichte» nennt, oder es wächst ein sogenannter Rückschlag zur Normalform. Ausserdem werden die unterschiedlich gewachsenen Sekundäräste in vier Typen unterteilt, den «Kamm-», «Band-», «Platten-» und «Bürstentypus». Die panaschierten Nadelverfärbungen werden je nach Farbe in «bleichsüchtig» oder «goldig» eingeteilt.

Wie die Krone bildet auch der Stamm abnormale Borkenstrukturen und Wucherungen. Genannt werden die «Lärchenrindige Fichte», «Kork-» und «Holz-Zizenfichte» und die «Knollen-» oder «Warzenfichte». Die Fichte ist also alles andere als ein Normbaum.

87	Fichte, Luven GR
	Picea abies f. deflexa

ca. 250-jährig (um 1760)
5,85 m Stammumfang
1,80 m BHD
5,25 m Taillenumfang (in 2 m H.)
ca. 40 m³ Stamminhalt
47,00 m Kronenhöhe
15,00 x 15,00 m Kronenbreite

Weiss wie eine Braut im Spitzenrock und glitzerndem Schleier kleidet sich die «Dame in Grün» im Winter.

Kirche in Luven auf der Wiese «Bual» und fiel bereits 1915 dem Disentiser Pater Dr. K. Hager auf. Damals hatte sie schon dieselbe Höhe wie heute die Fichte im Calfeisental. Bis heute ist der Zuwachs dieser Fichte namens «La Panera», trotz ihres Alters, höher als der durchschnittliche Zuwachs viel jüngerer Exemplare. Obschon sie nie im Wald stand und nicht gezwungen war, in die Höhe zu wachsen, hat sie die rekordverdächtige Grösse von 47 m erreicht, bei etwa 40 m^3 Stamminhalt. Sie gehört zwar zu den ganz Grossen, wird aber von einer Fichte im Südtirol mit 53 m und einer Fichte in Hinterhermsdorf bei Sachsen mit über 60 m Höhe übertroffen. Während sich im Winter die Bäume rund um «La Panera» demütig von den Lasten des Schnees verneigen, steht diese ungebeugt und stolz in der Landschaft. Ein Bild von 1916 zeigt die Fichte in Luven als «Hängefichte» *(Picea abies f. viminalis)* mit horizontalen Primärästen und vorhangähnlichen Seitenzweigen. Die heutige Form erinnert – auch ohne Schneelast – an den Beugetypus *(f. deflexa)*. Offensichtlich zieht sich «La Panera» ein anderes Gewand über. «La Panera» ist ein Brotgestell mit kranzförmig angeordneten Holzstangen, das man zum Schutz vor Mäusen aufhängt. Unter ihrer verdeckten Krone wird ersichtlich, warum die Fichte in Luven so getauft wurde. Die Anordnung der verhältnismässig dünnen Äste ist der Grund. Die gedeckte Himmelsleiter verleitete die Jungmannschaft früher, als Mutprobe bis an die Spitze des Baumes zu klettern, von wo sie nach aussen hangelten und sich von Ast zu Ast fallen liessen. Eine Mutprobe, die tödlich enden kann.

Von den Bergfichten, die unter den harten Bedingungen oftmals mehrkernig wachsen, haben einige einen beachtlichen Stammumfang erreicht. Die dickste steht in Glarus an der «Nassplatte» und bringt es auf 7,70 m. Mystisch wirkt vor allem die «Moosfichte» im vorderen Rumpf bei Wattwil (vgl. Nr. 88). Einst stand diese Wetterfichte mit ihrem symmetrischen Zwiesel frei auf einer Weide. Im Verlaufe der Jahrzehnte gesellte sich der eine oder andere Baum dazu und schloss die Fichte ein. Dadurch wurde sie gezwungen, in die Höhe zu wachsen. Die unteren vom Licht abgeschotteten Äste starben mit der Zeit ab, und die in der Nähe befindliche Tuffsteinwand begünstigte das Wachstum von feuchtigkeitsliebenden Pflanzen wie Moosen und Farnen, wovon sie mittlerweile eingekleidet wird. Dank diesen Umständen hat aber die «Moosfichte» ihr unverwechselbares Äusseres bekommen.

88   Fichte, Wattwil SG
Picea abies (L.) H. Karst

ca. 200-jährig (um 1810)
5,65 m Stamm- & Taillenumfang
1,81 m BHD

Wie Atlas trug die Fichte an der Landstrasse in Rafz eine Kugel auf ihrem Buckel. Solche «Hexenbesen» findet man auch bei anderen Nadelbäumen, selten aber so gross und ausgeprägt wie hier.

90   «Hexenbesenfichte», Glarus GL

89   «Kugelfichte», Rafz ZH

Einzigartig sind die «Kugel-» oder «Hexenbesenfichten» *(Picea abies f. globosa)*, deren Äste dicht gedrängte Kurztriebe haben und eine Kugel bilden. Oft ist bei «Kugelfichten» nur ein Seitentrieb von dieser Mutation betroffen. Im Falle der Fichte in Rafz bildete sich jedoch der ganze Wipfel zu einem Hexenbesen. Dieser ist in so vollendeter Form gewachsen, dass man meinen könnte, es handle sich um einen bewussten Zuschnitt eines Gärtners. Der Hexenbesen war bereits etwa 50-jährig und somit halb so alt wie der um 1910 gepflanzte Baum. Am 20.1.2012 wurde die einzigartige Fichte beim Bau nebenstehenden Hauses gefällt.

Selten kommt es vor, dass der ganze Baum zu einem einzigen «Hexenbesen» heranwächst. In der Schweiz sind immerhin zwei Exemplare bekannt. Die eine Fichte steht bei Ringgenberg am Brienzersee, die andere in der Nähe des Stafels auf der mittleren Fronalp, oberhalb von Ennenda. Letztere erinnert ihrer Kronenform nach eher an einen Laub- als an einen Nadelbaum.

Die «Hexenbesenfichte» dürfte trotz ihres Umfanges von 4,00 m bereits etwa 250-jährig sein, auch wenn in der Nähe gefällte Bäume auf ein jüngeres Alter hindeuten. Sie hatte aber bereits 1918 eine beachtliche Grösse, als sie erstmals von Prof. C. Schröter entdeckt wurde. Falls die «Hexenbesenfichte» nicht durch Pollen von normalen Nachbarfichten bestäubt wird, kann sich aus den Sämlingen ein junges «Hexchen» entwickeln. Die ersten drei herangezogenen Abkömmlinge solcher Sämlinge kamen 1935 in den botanischen Garten in Zürich, ein weiterer nach Glarus und ein fünfter in den botanischen Garten in St. Gallen, wo das Exemplar fälschlicherweise als «Pyramidenfichte» bezeichnet wird.

Die «Säulenfichte» trifft man natürlich hauptsächlich in den Bergen an. Interessant ist diese Form auch von nahem, wo man sieht, wie kurz die Nadeln solcher Spielarten sind.

92   «Schlangenfichte», Orvin BE

Artentfremdet wirkt die «Schlangenfichte» *(Picea abies f. virgata)*, die von allen Spielarten die eigenwilligste ist. Die Primäräste bilden praktisch keine Sekundäräste und wachsen horizontal, drehwüchsig oder schlangenförmig, wobei fast alle Übergänge zur Normalform vorkommen. Im extremen Fall ist die Schlangenfichte sogar vollständig astfrei und besteht nur aus einem benadelten Hauptstamm. «Astlose Fichten» sind jedoch ohne Stütze nicht lange überlebensfähig. Europas schönste «Schlangenfichte» versteckt sich auf 1000 m ü.M. auf einer Weide. Ihr 20 m hohes Haupt erinnert an die griechische Gestalt der «Medusa». Bereits in der «Schweizerischen Zeitschrift für Forstwesen» 1935 findet die früher noch freistehende Fichte Erwähnung. Eine Zuwachsbohrung ergab damals bereits ein Alter von 60 Jahren. Die heute etwa 135 Jahre alte Fichte misst knapp 2,30 m und ist anscheinend nur sehr langsam gewachsen. Leider ist die «Schlangenfichte» durch schnell wachsende Nachbarbäume beeinträchtigt. Es sollte unbedingt etwas unternommen werden, damit ein so einzigartiges botanisches Wunder nicht frühzeitig eingeht.

91   «Säulenfichte», Vaduz FL

Ähnlich wie ein «Hexenbesen» wächst die «Säulenfichte» *(Picea abies f. columnaris)*. Der Unterschied liegt darin, dass nur die Seitenäste mutieren, der Leittrieb aber normal wächst und sich so eine längliche Krone bildet. Wie die «Spitz-», «Beuge-» und «Trauerfichte» beugt diese kurzastige Wuchsform gegen Schneedruck vor. Eine der schönsten «Säulenfichten» Europas steht auf der Alp Pradamé bei Vaduz im Fürstentum Liechtenstein. Interessant ist, dass auch ein Nachbarbaum im oberen Kronenteil dieselbe Mutation aufweist.

DIE FICHTE   111

DER GOLDREGEN
Ein grosser Blumenstrauss für Schmetterlinge

93	Goldregen, Saignelégier JU
	Laburnum sp.
	ca. 244-jährig (um 1765)
	6,45 m Stammumfang
	7,50 m Basisumfang

Der Brusthöhendurchmesser misst bei einem der drei Stämmlinge alleine 1,17 m. Die Krone hat die Rekordbreite von 16,50 x 11,50 m.

94	Goldregen, Leuk VS
	Laburnum sp.
	ca. 75-jährig (um 1935)
	2,20 m Stammumfang
	1,80 m Taillenumfang

Der alte Goldregen blüht nur noch auf einer Seite, aber noch genug, um ein Bienenvolk anzulocken.

Der Goldregen ist ein Schmetterlingsblütengewächs und wird gerne als Zierstrauch angepflanzt. Besonders im Tessin und in Genf sind der Gemeine Goldregen (*Laburnum anagroides*) und der Alpen-Goldregen (*Laburnum alpinum*) heimisch. Bekannt ist der Goldregenwald oberhalb von Brissago. Um einen Wald im klassischen Sinne handelt es sich jedoch kaum. Man findet dort aber vereinzelt stattlichere Exemplare als Solitäre. Der Goldregen hat ein sehr dunkles Kernholz und ein ausgeprägtes, helles Splintholz. Es ist deshalb bei Drechslern sehr beliebt. Früher verwendete man die Blätter des Goldregens als Tabakersatz. Da sie nikotinähnliche Wirkstoffe besitzen, ohne süchtig zu machen, nutzt man sie in der modernen Medizin für «Ausstiegsraucher». Goldregen enthält in seinen Pflanzenteilen jedoch hoch toxische Wirkstoffe, die zu Schweissausbrüchen, Schwindel, Krämpfen oder gar Atemstillstand führen können. Die mächtigsten Goldregen messen über 3 m im Umfang und stehen in Irland und Schottland. Im Sommer 2013 meldete Dora Röthenmund aus Saignelégier einen Rekordbaum, der mit über 16 m Kronenbreite das Haus «La Combe» in Les Cerlatez 24 schmückt. Eindrücklich sind nicht nur seine Höhe und Breite, sondern auch der gewaltige Stamm. Dieser teilt sich ab Boden in drei einzelne Teile, wovon bereits der eine Stämmling einen Rekordumfang von unglaublichen 3,45 m aufweist. Das Pflanzdatum dieses einzigartigen Baumes reicht bis zum Hausbau 1765.

DIE HAINBUCHE
Eisen, das eifrig nachwächst

Die Hainbuche *(Carpinus betulus)* ist, im Gegensatz zur ähnlich aussehenden Hopfenbuche *(Ostrya carpinifolia)*, in Europa und Ostasien weit verbreitet. Die Hopfenbuche wächst natürlich in Südeuropa bis ins Tessin, wird aber in nördlicheren Regionen vereinzelt angepflanzt. Beide gehören nicht, wie der deutsche Name vermuten lassen würde, zu den Buchengewächsen, sondern in die Familie der Birkengewächse. Die Hainbuche ist ein «Kätzchenblüher» und «Wintersteher». Letzteres bedeutet, dass die Fruchtstände erst im neuen Jahr vom Wind davongetragen werden. Je älter der Baum wird, desto spannrückiger wird sein Stamm. Wülste, Dellen und Falten finden sich aber auch in den Ästen, die wie der Stamm von einer glatten Borke geschützt sind. Trotzdem heisst es in einem Volkslied: «Wenn eine tannigi Hose het und hagebuechig Strümpf, so chaner tanze wie är wott, äs git ihm keiner Rümpf.». Die Hainbuche eignet sich nicht nur als eckig zugeschnittene Hecke. Im Freistand entwickelt sie sich zu einem prächtigen, 25 m hohen Baum mit ebenso breiter Astauslage.

Die Hainbuche, auch «Hornbaum» oder «Steinbuche» genannt, zählt zu den schwersten einheimischen Hölzern: Ein Kubikmeter ihres Holzes bringt es auf 800 kg, während beispielsweise Pappelholz nur die Hälfte wiegt. Die ebenso harte wie kernlose Hainbuche wurde deshalb früher bei armen Leuten als «Eisenbaum» bezeichnet und war Ersatz für das einst teure Metall. Man verwendete das Holz für Schrauben, Maschinenteile, Rammböcke, Klavierhämmer und Drucklettern. Namen wie «Jochbaum», «Spindelbaum», «Dreschflegelbuche» und «Wielbaum» (Radwellen) beziehen sich auf Hainbuchenholz. Das Wort «hanebüchen», mittelhochdeutsch «hagebüechen», heisst so viel wie «aus Hainbuchenholz» und beschreibt einen grobschlächtigen Menschen.

95 Hainbuche, Stadt Genf
Carpinus betulus L.

ca. 250-jährig (um 1760)
5,80 m Stammumfang
4,90 m Taillenumfang

Bereits in jungen Jahren ist die Kehlwüchsigkeit im Stamm erkennbar. Bei älteren Hainbuchen wirkt die plissierte Oberfläche wie Falten eines Vorhanges.

WEHRHECKE UND LEBENDIGES BOLLWERK

Kaum ein Baum ist so schnittverträglich wie die Hainbuche. Selbst wenn sie auf den Stock gesetzt, also auf Bodenhöhe abgesägt wird, wächst sie eifrig nach. In einigen Wäldern wurde das Niederhauen von Hainbuchen sogar alle zehn Jahre betrieben. Hainbuche bedeutet, wenn man so will, «kleiner Wald aus einem Baum». Die Bauern benutzten sie als lebenden Zaun, um das Vieh vor wilden Tieren zu schützen. Der auch Hagebuche genannte Baum wurde deshalb als «behaglicher» Schutzbaum bekannt. Die Hagehölzer wurden bereits in vorchristlicher Zeit von keltischen Ackerbauern als Hecke eingesetzt.

In Trier bauten die germanischen Nervier und Treverer Wehrhecken gegen Angreifer, wie die von Cäsars Truppen. Die Bäume wur-

Die Hainbuche an der Seftigenstrasse in Bern hat internationale Bedeutung. Weltweit findet sich keine imposantere. Ihre elf Äste umspannen eine Breite von fast 30 m.

96 Hainbuche, Stadt Bern
Carpinus betulus L.

ca. 350-jährig (um 1660)
5,50 m Stammumfang
1,88 m BHD
5,45 m Taillenumfang
28,50 x 27,00 m Kronenbreite

den in einer Reihe dicht nebeneinander gepflanzt und regelmässig zurückgeschnitten, damit ein lückenloses Astgewirr entstand. Da die Äste steinhart sind, lässt sich eine solche Hecke nicht einfach wegdrücken. Die Hainbuchen wurden gebogen und geknickt, bis undurchdringliche, teilweise bis zu zwanzig Meter breite Mauern entstanden; in das Dickicht pflanzte man Brombeeren, Heckenrosen, Schwarz- und Weissdorn. Die Kunst bestand darin, nicht zu alte Äste zu verwenden und sie beim Biegen nicht zu brechen. Nur die Rinde durfte reissen, damit sich dort neue Triebe bilden konnten. Neutriebe wurden auf den Boden «gebückt» (gebogen), wo sie wurzelten. So kroch eine Hainbuche mehrere Meter am Boden entlang, ohne jemals mannshoch zu werden. Man nannte diese Landwehren auch «Knickicht»,

DIE HAINBUCHE 115

97 Hainbuche, Pfaffnau LU
Carpinus betulus L.

244-jährig (1765)
4,80 m Stammumfang
1,66 m BHD

«Wehrholz», «Landheeg» oder «Gebück». Eines der bekanntesten und stellenweise noch heute existierenden Bollwerke ist das «Rheingauer Gebück», nordwestlich von Mainz. Als die Rheingauer selbst den Angriff von Friedrich dem Siegreichen dank dem Pflanzenwall abwehrten, hiess es, das «Gebück» sei «Zeit seines Bestehens unbezwingbar». Mit dem Aufkommen neuer technischer Möglichkeiten gerieten die Wehrhecken jedoch in Vergessenheit. Bis heute geblieben ist die Tradition, die Hainbuche als Sicht- und Lärmschutz um Haus und Garten anzupflanzen, da die Blätter im Winter lange hängen bleiben. Besonders typisch für französische Parkanlagen sind die barocken, eckig geschnittenen Bosketten und Hainbuchenwände aus dem 18. Jahrhundert.

Aus «Hag» (heute Hecke) sowie «Hagse» wurde schliesslich «Hexe»: Kräuterkundige Frauen wussten ihren heilbringenden Kräutergarten mittels Baumhecken vor allerlei Getier zu schützen. Anders als manche Bäume, die eine breite Palette an medizinischen Wirkstoffen enthalten, ist die Hainbuche selbst als Heilmittel jedoch unbekannt; nur in der Bachblütentherapie wird sie als «Hornbeam» gegen Erschöpfung und Kopflastigkeit eingesetzt.

Die Hainbuche – Baumporträts

In Europa haben vor allem Deutschland, Grossbritannien und Irland viele alte Hainbuchen vorzuweisen. Die dicksten haben über 7 m Stammumfang.

Eine der dicksten Hainbuchen der Schweiz stand noch 1967 in Cologny bei Genf. Sie mass 5,70 m und teilte sich in zwei Hauptachsen. Nicht weit davon entfernt liegt der «Parc des Eaux Vives», worin sich einige stattliche Bäume befinden. Eine mehrkernige Hainbuche bringt es dort auf 5,80 m Stammumfang (vgl. Nr. 95).

Auf 1 m Höhe etwas schmäler, sonst aber unvergleichlich ist die Hainbuche an der Seftigenstrasse in der Nähe vom Eigerplatz in Bern (vgl. Nr. 96). Nirgends sonst findet man eine so vollkommen gewachsene Hainbuche. Der wuchtige Stamm teilt sich wie ein Geweih in elf anfangs horizontal wachsende Starkäste. Einige von ihnen wachsen nahtlos in andere und bilden Brücken und Schlaufen. Der spannrückige Stamm erinnert an einen alten Olivenbaum. Erstaunlicherweise ist

98   Hainbuche, Stadt Basel
Carpinus betulus L.

ca. 75-jährig (um 1935)
2,40 m Stammumfang
0,72 m BHD

diese Hainbuche trotz ihrer Bedeutung unbekannt geblieben. Sie dürfte ein Alter von mindestens 350 Jahren aufweisen.

Eine weitere Sehenswürdigkeit befindet sich im Pfarrgarten von Pfaffnau (vgl. Nr. 97). Die Hauptäste dieser Hainbuche wachsen wie aus einem Bündel, aus ein und derselben Höhe, und bilden einen auf die Seite geneigten Riesenstrauss. Im Oktober 2010 wurde dieser einmalige Baum beinahe gefällt. Zusammen mit Baumpfleger Walter Wipfli konnte «pro arbore» den Baum aber pflegen. Eine so prächtige solitäre Hainbuche findet man in Europa so schnell kein zweites Mal. Sie wurde vermutlich 1765 beim Bau des nebenstehenden Pfarrhofes gesetzt.

Einzigartig ist eine Hainbuche in der Stadt Basel am Rankhof (vgl. Nr. 98). Ihre äussere Erscheinung gleicht in allem einer «Süntel-» oder «Renkbuche»: Die Äste knicken sich mehrmals in verschiedene Richtungen, verrenken sich, wachsen in Stamm und andere Äste und bilden henkelartige Formen. Solche Verwachsungen lassen sich allerdings bei Buchen, und ganz besonders bei Hainbuchen, nicht selten feststellen. Der Wuchs selbst gleicht aber der einer Renkbuche. Es wäre das einzige bisher bekannte Exemplar, mit Ausnahme eines von Oberförster Tilemann bei Eschede 1843 erst- und letztmals beschriebenen Exemplars im Süntel. Es bleibt abzuklären, ob diese Wuchsform genetisch vererbbar ist.

DIE HASEL
Zu Unrecht enthauptet

99   Hasel, Laupersdorf SO
Corylus avellana L.

ca. 100-jährig (um 1910)
3,30 m Taillenumfang

In Mausteren wächst eine urige Hasel auf einem Stein. Wenn man die Stämmlinge dazu zählt, misst sie 4,30 m im Umfang.

Die Hasel (*Corylus avellana*) gehörte in Mitteleuropa vor 9000 Jahren zu den Pioniergehölzen, die die nacheiszeitliche Tundra begrünten. Der Name «Corylus» stammt vom griechischen «corys» und bedeutet «Maske», was auf die Hochblätter, die die Nüsse umschliessen, hindeutet. Die im Handel zu beziehenden Nüsse kommen aber meistens von der kultivierten Bluthasel und der Lambertshasel (*Corylus maxima*). Als Strassenbaum wird nur die Türkische Hasel (*Corylus colurna*) angepflanzt, da sie bis zu 30 m hoch wird und schmalkronig bleibt. Ganz allgemein kennt man die heimische Hasel als vielästiges Gestrüpp. Alte, nicht vom Menschen zurückgeschnittene Exemplare beweisen aber, dass sie zu Höherem geschaffen wäre: Eine natürlich gewachsene Hasel bildet einen regelrechten Hauptstamm und kann die Rekordhöhe von 26,50 m erreichen. Ein Exemplar mit einem 1,60 m messenden und mannshohen Stamm findet sich z.B. in den Waldungen bei Ennetlinth. In Schönentannen steht sogar eine Hasel mit mehreren 1,70 m umfangstarken Stämmlingen.

Die Stämme werden jedoch wie bei der Weide regelmässig gekappt. Diese längst verjährte Sitte geht auf frühere kulturelle Bräuche und wirtschaftliche Zwecke zurück. Die elastischen, glattborkigen Äste der Hasel wurden schon früh als Wünschel- und Zauberrute verwendet. Man glaubte, dass sie negative Wasser- und Erdstrahlen ableitet und vor Blitzschlag, Schlangen und Hexen schützt, weshalb sie oft an die Hausfassade gepflanzt wurde. «Frau Haselin» war den Kelten und Germanen zudem ein weissagendes Friedenssymbol; ein Haselzweig in der Hand eines Kriegers war die Aufforderung zu Waffenstillstand. Die Gerichtsstätten und die Gemarkungen der Bauern wurden mit solchen Zweigen abgesteckt, und der Weiser-Stab der Gerichts- und Forsthoheit war ebenfalls aus Haselholz geschnitzt.

LUSTSTAUDE FÜR DIE POTENZ

Die Hasel betrachtete man als Zeichen von Fruchtbarkeit und Wollust. Sprichwörter wie «viel Hasel, viel Kinder ohne Vater», «der ist aus einer Haselstaude entsprungen» oder «in die Hasel gehen» verdeutlichen ihren negativen Ruf. Aus Haselnussöl und Rindenpulver glaubte man ein Aphrodisiakum herstellen zu können. Hildegard von Bingen konnte dem Strauch allerdings keine medizinischen Aspekte abgewinnen. Das Holz verwendete man als Schiesspulver oder Zeichenkohle und die Späne für die Klärung von Wein und Bier. Die Bienen nutzen die männlichen Haselkätzchen im Frühling zur Pollengewinnung, obschon die Hasel ein Windbestäuber ist und zu den Birkengewächsen gehört.

DER HOLUNDER
Vom Flieder zum «Stinkeholler»

100 Holunder, Scharans GR
Sambucus nigra L.

ca. 100-jährig (um 1910)
2,40 m Stamm- & Taillenumfang
0,84 m BHD

Der Holunder *(Sambucus nigra)* mit den schwarzen Beeren ist der bekannteste der einheimischen Holunderarten. Während der Schwarze Holunder Einzelstämmlinge von über 3 m Umfang und eine Höhe von über 10 m erreichen kann, bleibt der rotfruchtige Hirsch- oder Traubenholunder *(Sambucus racemosa)* nur strauchartig. Noch kleiner ist der Attich oder Zwergholunder *(Sambucus ebulus)*.

Den Schwarzen Holunder findet man hauptsächlich an Waldrändern oder innerhalb einer Strommastkonstruktion – einem eisernen Laufgitter –, wo er von der heutigen Bewirtschaftung geschützt ist. Stattliche Holunderbäume sind oft in privaten Gärten inmitten eines Komposthaufens zu sehen. Dank seinen weissen, tellerartigen Blütendolden, die im Frühling einen angenehmen Duft verströmen, wurde der Holunder in Norddeutschland als Flieder bezeichnet, bevor der echte Flieder (siehe S. 112) im 16. Jahrhundert aus Konstantinopel nach Europa gelangte. Ganz im Gegensatz zu den Blüten riecht die zerriebene Rinde des Holunders äusserst unangenehm, was ihm den Namen «Stinkeholler» einbrachte. Im Niederdeutschen nannte man ihn «Al»- oder «Elhorn» («al» bedeutet stinkend, modernd). Das Holz ist weisslich und hart und besitzt im Innern Mark, weshalb es nur zu kleinen Gebrauchsgegenständen verarbeitet wurde. Heutzutage pflanzt man den Holunder reihenweise an, um aus den schwarzen Früchten natürlichen Farbstoff für Lebensmittel und Kosmetika zu gewinnen. Mit dieser Farbe wurde früher, trotz strengsten Verboten, Weisswein zu falschem Rotwein umgefärbt.

In der Bezeichnung «Holler» klingen die Wörter «Holde» oder «Hulde» wider. Der Holunder war früher ein Schutzbaum. Wollte man etwas Holz von ihm absägen, kniete und betete man vor ihm, um der lichtbringenden Muttergottheit zu huldigen. Später wurde sie allerdings zur Frau Holle umgemodelt. Im keltischen Glauben wohnte der Erdgott Puschkaitis, der Herr der Waldwesen, unter dem Holunder. Das Holz diente der Totenbestattung, denn es war ein Symbol des Jenseits. So mass man in Norddeutschland die Sarglänge nur mit Holunderzweigen, und der Kutscher des Leichenwagens benutzte anstelle einer Peitsche einen Holunderstock.

Als Versteck für Schmuck und Geld musste der Holunder auf den Bauernhöfen herhalten, wenn plündernde Horden oder Soldaten vorbeizogen. Dann grub man die wertvollen Dinge unter dem Holunder und kappte ihn. Selbst wenn alles abgebrannt war – den Holunder, der in der Zwischenzeit wieder ausgetrieben hatte, fand man immer wieder.

101 Holunder, Andeer GR
Sambucus nigra L.

ca. 150-jährig (um 1860)
3,00 m Stammumfang
0,95 m BHD
2,60 m Taillenumfang

Der dickste Holunder der Schweiz steht neben dem Gasthaus Rofflaschlucht. Alleine die hohlen Äste messen 1,70 m.

«Holderchüechli» zur Sommersonnenwende

Dass man die Beeren erst kochen muss, bevor sie geniessbar sind, war schon zur Steinzeit bekannt, wie Ausgrabungsfunde aus der Schweiz zeigen. Während aus den Blüten ein Sirup gekocht werden kann, sind die schwarzen Früchte besonders für Marmelade bekannt. Die «Trauben des kleinen Mannes» nannte man aus den Beeren hergestellten falschen Wein, ein gegärtes Getränk aus Zitrone und Dolden, das kühl getrunken wurde. «Holderchüechli» – in Bierteig gebackene Dolden – waren einst eine germanische Kultspeise, die zur Sommersonnenwende gegessen wurde. Ganz allgemein sind der «Fliedertee» aus Holunderblüten, insbesondere aber auch der heiss getrunkene Sirup aus den schwarzen Beeren als schweisstreibende Heilmittel gegen Grippe bekannt. Letzteres wirkt blutreinigend und stärkt das Immunsystem. Der Saft aus den roten Beeren des Traubenholunders dagegen ist zwar nach dem Erhitzen und Trennen der giftigen Kerne geniessbar, enthält aber keine heilbringenden Wirkstoffe. Der Zwergholunder ist so giftig, dass er nur als Abführmittel und gegen Wasseransammlungen im Körper eingesetzt wurde.

102 Holunder, Appenzell AI
Sambucus nigra L.

ca. 120-jährig (um 1890)
2,40 m Stammumfang
2,10 m Taillenumfang

DIE KIEFER
Brotbaum der Forstwirtschaft

103 Waldkiefer, Eschen FL
Pinus sylvestris L.

ca. 250-jährig (um 1760)
4,00 m Stammumfang
1,62 m BHD
3,85 m Taillenumfang
19,00 x 19,00 m Kronenbreite

Der Kronenfächer dieser Kiefer ist gigantisch und prägt das horizontale Landschaftsbild entscheidend mit.

Die Kiefer *(Pinus sylvestris)* wird auch als Gemeine Kiefer, Waldkiefer oder Föhre bezeichnet. Sie ist die in Mitteleuropa am häufigsten vorkommende Kiefernart. Von den weltweit rund 90 Arten sind, mit Ausnahme der indonesischen «Pinus merkusii», alle Kiefern auf der nördlichen Halbkugel beheimatet und vor allem im pazifischen Nordamerika in grosser Zahl anzutreffen. Besonders eindrücklich sind die beiden kalifornischen Arten: die Zuckerkiefer *(Pinus lambertiana)*, die 50 cm lange Zapfen hat, und die Coulters-Kiefer *(Pinus coulteri)* mit ihren 3 kg schweren Dornenzapfen, die zu tödlichen Projektilen werden können. Manche Grannenkiefern *(Pinus aristata)* in den Rocky Mountains sind zudem 4600 Jahre alt.

Unsere weniger spektakuläre Waldkiefer bleibt auch im Dickenvergleich mit der in der Schweiz Mitte 19. Jahrhundert eingeführten Schwarzkiefer *(Pinus nigra)* schmächtiger (vgl. Nr. 204). Ihr eindeutigstes Merkmal, das sie von anderen Kiefernarten unterscheidet, ist die orangefarbene Borke im Kronenansatz. Ausser der Waldkiefer trifft man bei uns auf die Bergkiefer *(Pinus mugo)* mit diversen Unterarten, die im alpinen Bereich als Relikt aus der letzten Eiszeit erhalten geblieben ist. Bei der Bergkiefer unterscheidet man zwei Formen: die Spirke, die etwas weniger dick und gross als die Waldkiefer wird, und die Latsche, was so viel bedeutet wie «am Boden Dahinschleifende», die nur strauchförmig wächst. Auch «Legföhre», eine andere Bezeichnung für die Latsche, verweist auf die typische, kriechende Wuchsform dieser Kiefernart.

ASTHENIKER ODER PYKNIKER?

Die Waldkiefer bedeckte in Mitteleuropa teilweise bereits vor etwa 10 000 Jahren, zusammen mit der Birke, als Pionierbaum das Flachland, wurde jedoch allmählich von der Hasel und vor etwa 6500 Jahren von der Eiche verdrängt. Sie ersetzt in Tiefebenen vielerorts die Fichte, da sie noch anspruchsloser ist und selbst auf wasser- und nährstoffärmsten Böden gedeiht. Die Waldkiefer wurde deshalb in vielen Teilen Europas zum Liebling der Förster, obschon kaum eine andere Baumart von so vielen natürlichen Feinden und Krankheiten angegriffen wird. Ausserdem benötigt sie genügend Licht und ist auf humusreichem Boden nicht konkurrenzfähig, weshalb sie vom Förster durch Auslichtung begünstigt werden muss.

Bereits 1368 begann Forstmann Peter Stromeir, auch als «Nürnberger Waldsäer» bekannt, in Deutschland mit der systematischen Aufforstung der Waldkiefer. Heute noch prägen deshalb flächendeckende Monokulturen – im Bundesland Brandenburg 82 Prozent des Waldanteiles – das Landschaftsbild. In der französischen Region Landes wurde ein Areal von einer Million Hektar, so gross wie die gesamte Schweizer Waldfläche, mit Waldkiefern aufgeforstet. Aber auch in den sandigen Regionen Nordeuropas, Sibirien und Kanada bilden Kiefern heute eine riesige grüne Decke. Diese wird von Strassen und Autobahnen durchschnitten, so dass die nackten, fuchsroten Stämme auffallen. Die geraden Schäfte in solchen Monokulturen werden bis zu 48 m hoch. Bleibt eine Waldkiefer als «Überhälter» (freigestellter Waldbaum) in einem gerodeten Waldbestand stehen, bildet sie mit der

**104 Waldkiefer,
Allmendingen b. B. BE**
Pinus sylvestris L.

ca. 250-jährig (um 1760)
4,50 m Stammumfang
1,40 m BHD
7,60 m Basisumfang
35,00 m Kronenhöhe
ca. 25,50 m³ Stamminhalt

Robert Charles Frederick Eden besitzt auf der Campagne Märchligen eine der Waldkiefern mit dem grössten Stamminhalt Europas.

105 Waldkiefer, Oberriet SG
Pinus sylvestris L.

ca. 250-jährig (um 1760)
2,55 m Stammumfang
0,92 m BHD
12,00 x 12,00 m Kronenbreite

106 Waldkiefer, Oberriet SG
Pinus sylvestris L.

ca. 250-jährig (um 1760)
2,30 m Stammumfang
0,70 m BHD
11,50 x 11,00 m Kronenbreite

Die schirmförmige Krone bietet im Sommer Schutz vor der Sonne. Im Winter bildet sich eine inselartige, trockene Wiesenfläche.

Zeit eine flache schirmartige Krone. Als Solitärbaum bemüht sich die Kiefer erst gar nicht um einen Höhenwuchs und bildet mehrere Stämme. Je älter die Kiefer wird, umso verworrener und flacher wird die Schirmkrone, weshalb sie oft an eine Zeder oder Pinie erinnert. Die Wurzeln dringen bis in eine Tiefe von 5 m, und die Seitenwurzeln erreichen oft 16 m Spannweite, was den Baum absolut sturmfest macht. Manche Exemplare in Schweden oder Norwegen haben kaum 2 m Stammumfang, sind aber bereits über 700 Jahre alt.

Der «Pfynwald» im Wallis besitzt den grössten reinen Waldkieferbestand der Schweiz. Teilweise fehlen dort im Jahrringmuster der Bäume bis zu 20 Jahrringe, da das Wachstum durch das Abfallprodukt Fluor aus der nahen Aluminiumfabrik gestoppt wurde. Besonders krüppelig und «en miniature» sind auch die Kiefern im humusarmen Felsenkessel des Creux du Van, und auf den Felsgraten des Jura gibt es so bizarre alte Kiefern, dass sie an japanische Gartenkulturen erinnern. Die Kiefer gehört in Japan denn auch zu den begehrtesten Bonsaibäumen. Manche im Gebirge «verzwergten» Exemplare haben einen fast unbezahlbaren Wert und werden von Sammlern gesucht.

Die dicksten Waldkiefern stehen in Schottland, Skandinavien, Estland und Deutschland. Eine Kiefer in Norwegen misst 6,20 m bei ca. 27 m³ Stamminhalt. Eindrücklich ist die Unterart «Pinus sylvestris ssp. scotica». Das dickste Exemplar in Schottland misst 6,45 m im Umfang und hat eine 26 m breite Krone.

Eine harzige Angelegenheit?

Die Waldkiefer wird nach 120 Jahren hiebreif und weist ein leichtes, harzreiches Holz auf. Da man mit einem Kienspan aus Kiefernholz eine Fackel besitzt, die eine Stunde lang brennt, wurde sie auch «Feuerbaum» genannt. «Kienspan» leitet sich vom Begriff «Kienforen» ab, das Stammwort von «Kiefer». Dieses alte Wort setzt sich zusammen aus «Fackel» und «Föhre». Der heutige Ausdruck «Kiefer» wurde erst durch Martin Luther geprägt. Der lateinische Name «Pinus» bedeutet so viel wie «spitze Nadel», und «Pinum» bezeichnete früher allgemein einen spitzen Gegenstand wie z. B. den Wurfspiess.

Während heutzutage nur noch wenige Harzereien in Europa betrieben werden, war es früher gang und gäbe, die Kiefer als Harzlieferanten zu nutzen. Dabei zog man bei der «Scharrharz-Nutzung» die Borke ab und schabte das Harz ab. Effizienter war, den Stamm mit einem Reisseisen senkrecht einzureissen. Diagonale Seitenritzen, sogenannte Lachten, führten zusätzlich Harz in die Auffangkessel. Jährlich konnte man so bei einem Baum bis zu 4 kg Harz gewinnen. Durch verschiedene Herstellungsverfahren wurde aus dem Harz ein Arzneimittel oder Firnis, Lack, Wagenschmiere, Druckerschwärze oder Stiefelpolitur. Das mit Schmalz eingekochte Harz, den «Holzpik», schmierten sich Holzfäller an die Hände, um den Axtstiel besser im Griff zu haben.

Bei Harzkiefern, auch «Schwelbäume» genannt, wird das untere Stammstück so harzreich (verkient), dass es als Schreinerholz nutzlos wird. Diverse Nebenprodukte, die aus dem verkienten Stock hervorgingen, waren unter anderem Terpentin, Terpentinöl und durch Destillate hergestelltes Geigenharz, das «Kolophonium», Teer, Pech und Schmiere. Früher wurde sogar Russ bewusst aus dem verkienten Holz erzeugt, denn je nach Feinheit desselben konnte man es zu Tusche, Buchdruckerschwärze oder schwarzer Ölfarbe verarbeiten.

Als Windbestäuber verzaubert die Waldkiefer in den eigentlichen Blütenjahren alle zwei bis sechs Jahre. Die vom Wind davon getragenen Pollenwolken bezeichnet man als «Schwefelregen», der oft mit Wüstensand verwechselt wird. Eine solche Blütenwolke aus Mecklenburg-Vorpommern erreichte 1806 beispielsweise das 150 km weit entfernte Kopenhagen. Die gelben Pollenteppiche auf den Seen wurden früher abgeschöpft und getrocknet, denn man verwendete den leicht entzündbaren Pollenstaub gerne für Blitzeffekte im Laientheater.

Die Zapfen, auch «Kienäpfel» oder «Fohren-Igeli» genannt, beherbergen fettreiche Samen, aus denen Öl für Möbelpolitur gepresst wird. Wegen der grossen Samenmenge, die ein einzelner Zapfen aufweist, ist die Waldkiefer ein Symbol für Fruchtbarkeit und Reichtum. In sehr seltenen Fällen kann es vorkommen, dass es bei der Kiefer zu einer so grossen Anhäufung von entwickelten Zapfen kommt, dass der Wipfeltrieb eingeschlossen und behindert wird. Eine solche «Zapfensucht» oder auch durch klimatische Begünstigung verursachte Überproduktion führt bei Kiefer und Fichte durch die Gewichtsbelastung sogar teilweise zum Wipfelbruch.

Als «Waldwolle» dienten die Nadeln armen Haushalten für Kissenpolsterungen. Die Nadeln wurden dabei monatelang eingeweicht, bis eine Art Watte daraus quoll, die getrocknet wurde. In der Medizin werden Heilmittel aus getrockneten Nadeln zur Inhalation, als Balsam oder Sirup gegen Husten und für die Bronchien verschrieben.

107 Waldkiefer, Vendlincourt JU

Pinus sylvestris L.

ca. 300-jährig (um 1710)
4,45 m Stamm- & Taillenumfang
1,43 m BHD
34,00 m Kronenhöhe
ca. 16 m³ Stamminhalt

Der Schatz unterhalb des «Hexenbesens»

Am Brunnen von Barenton im bretonischen Wald Brocéliande haust die Quellnymphe Viviane. Daneben steht die «Grosse Kiefer», die der keltische Magier Merlin erkletterte, um seine kosmischen Kräfte zu erneuern. In Japan ist die Kiefer der Baum der Stärke und steht für Ehrlichkeit und Beständigkeit. In den Sagen wird sie oftmals mit Jungfräulichkeit oder dem Schicksal von zwei trauernden Liebenden in Verbindung gebracht.

In Bosnien und der Herzegowina benutzte man das Kienholz gegen Hexen und Geister. Da unter den «Hexenkiefern» auch der Teufel zu Hause war, wurden diese meistens gefällt. Ein Schatz soll sich unterhalb von Kiefern befinden, die einen «Hexenbesen» aufweisen, eine kugelförmige Astwucherung (vgl. Nr. 89). Dieser liege genau so tief in der Erde vergraben, wie der «Hexenbesen» über dem Boden wachse.

Die Kiefer – Baumporträts

Bis vor kurzem stand in der Flur «Armaguet» bei Eschen im Fürstentum Liechtenstein eine 4,55 m messende Waldkiefer. Diese wurde aber trotz Verbot kürzlich gefällt. In der Nähe findet sich noch eine letzte mächtige Waldkiefer. Dieser Solitär trägt eine weitausladende Krone und ist europaweit einzigartig (vgl. Nr. 103).

Bei Says misst eine tote Kiefer 4,90 m im Umfang und 5,20 m auf Brusthöhe. Sie teilt sich aber bereits früh in drei Hauptstämme. Eine andere Kiefer in der Nähe ist mit 3,70 m Stammumfang dagegen kerngesund und weist eine volle, hochgestreckte Kronenform auf.

Dagegen haben sich Stamm und Krone der beiden Waldkiefern in Oberriet wegen der vorherrschenden östlichen Windrichtung in aerodynamische Gebilde geformt (vgl. Nr. 105–106). Nirgendwo findet man die dicht verzweigte, schirmhafte Wuchsform so ausgeprägt wie hier. Einer der beiden Stämme erinnert wegen einer Verwachsung an ein Nadelöhr. Im Sommer gehen die niedrigen Bäume im Maisfeld unter, und nur der gewölbte Wipfel guckt inselartig aus dem Getreidemeer hervor.

Ganz anders gewachsen ist eine Kiefer in Vendlincourt (vgl. Nr. 107) und eine in Allmendingen b. B. (vgl. Nr. 104). Erstere teilt sich in zwei, später drei hochgestreckte Hauptäste, wovon der dickste über 2,50 m misst. Zweitere gehört mit 4,50 m zu den dicksten einstämmigen Waldkiefern Europas. Mit einer Kronenhöhe von 35,00 m ist ihr Stamminhalt dementsprechend gross.

Ein gesundes Mittelmass bildet die Waldkiefer auf der Pâturage du Droit in Crémines (vgl. Nr. 108). Eine Kiefer ist auch der älteste Bewohner des bekannten Bödmerenwaldes im Muotatal. Ihr Stamm misst 1,50 m, beinhaltet aber bereits 492 Jahrringe.

108 Waldkiefer, Crémines BE
Pinus sylvestris L.

ca. 300-jährig (um 1710)
4,90 m Stammumfang
1,65 m BHD
4,55 m Taillenumfang
19,00 x 19,00 m Kronenbreite

DIE KIRSCHE

Eine Kriegsbeute wird umjubelt

Über die Naturgesetze erhaben, wuchs tugendhaft ein Trieb aus einem Totast.

Die Kirsche *(Prunus avium)* wird auch Vogel- oder Süsskirsche genannt. Sie ist mit Ausnahme von Skandinavien und dem südlichen Mittelmeerraum in ganz Europa weit verbreitet. Bereits in der Mittelsteinzeit wusste man den vorzüglichen Geschmack der Frucht zu schätzen, wie man anhand von Funden in Nordrhein-Westfalen bei Kempen am Niederrhein schloss. Man fand auch Kirschkerne in Pfahlbausiedlungen aus der Jungsteinzeit im Wetzikerried bei Robenhausen im Kanton Zürich, in Norditalien und Salzburg.

Die Vogelkirsche bzw. ihre Wildform – heute als Unterart Wilde Vogelkirsche oder Waldkirsche *(Prunus avium ssp. avium)* bezeichnet – wuchs bereits vor der Eiszeit in Mitteleuropa. Sie wurde vermutlich erstmals an der kleinasiatischen Schwarzmeerküste kultiviert. Als Lucius Lucinius Lucullus, ein römischer Feldherr, in dieser Gegend die Stadt Kerasos eroberte, brachte er allerlei Kriegsbeute mit. Das wertvollste, das auf dem Ehrenplatz auf seinem Triumphwagen thronte, war weder Gold noch ein anderer materialistischer Gegenstand, sondern ein kultiviertes Kirschbäumchen. 74 v. Chr. brachte Lucullus so erste Kulturformen der Kirsche nach Rom und wurde wegen des ungewöhnlichen Mitbringsels hauptsächlich als Gourmet statt als Kriegsheld bekannt. Als die Römer diese grossfruchtigen Süsskirschen nach Mitteleuropa mitbrachten, verwilderten sie und bastardierten mit der heimischen, kleinfruchtigen wilden Vogelkirsche. Da Kirschen von Vögeln gerne gefressen werden, wählte der schwedische Botaniker Karl Linné die Artbezeichnung «avium», aus dem lateinischen «avis» für «Vogel». Zwei Unterarten der Vogelkirsche bezeichnen zwei Gruppen von Kulturformen: die Herzkirschen *(var. juliana)* mit weichen und schnell verderblichen Früchten und die Knorpelkirschen *(var. duracina)*, die feste und transporttaugliche Früchte hervorbringen. Die unzähligen Kultursorten können gelb, rot oder schwarz sein und unterscheiden sich geschmacklich von süss bis sauer. Die Sauerkirsche *(Prunus cerasus)*, auch Weichselkirsche genannt, wurde im vorderen Orient kultiviert und gelangte erst etwa 1000 n. Chr. nach Europa. Man nimmt an, dass sie ein Bastard von der Vogel- und der Steppenkirsche *(Prunus fructicosa)* ist, da sie sich mit ihren Elternarten kreuzt.

Aus der altrömischen Bezeichnung «cerasus» entstand das althochdeutsche «Kirsa», später «Kersbeere», «Kersche» und 1469 erstmals nachweisbar «Kirsche». Auch das französische «cerise» oder das englische «cherry» leitet sich von der Stadt Kerasos ab, in der die kultivierte Vogelkirsche entdeckt wurde.

DER MÄCHTIGSTE STEINÖBSTLER

Die Vogelkirsche wächst sehr schnell und erreicht im Freistand Umfänge von bis zu 6,55 m, wie ein Exemplar nahe Ripon in England beweist. Dieses lebt nur noch dank eines letzten Astes. Aber auch sonst haben in Grossbritannien einige Kirschen über 5,50 m Umfang. Unter den Bäumen, die Steinobst bilden, ist die Vogelkirsche der mächtigste Vertreter. Sie wird im Wald so hoch wie die Eiche. Im April unterscheidet sie sich aus der Entfernung durch ihre weissleuchtende Blüten-

109 Kirsche, Möhlin AG
Prunus avium (L.) L.

ca. 150-jährig (um 1860)
4,15 m Stammumfang
1,31 m BHD
4,10 m Taillenumfang
19,50 x 18,50 m Kronenbreite

pracht. Typisch ist die horizontal abblätternde Ringelborke. Die Kirsche kann sich durch die Bildung von Wurzelsprossen vegetativ vermehren. Wissenschaftler identifizierten Bäume im Abstand von bis zu 80 m als genetische Klone. Solche Wurzel-Trupps sind in den Wäldern vermutlich die Hauptvermehrungsart, da die von den Vögeln verschleppten Samen gerne von Mäusen und anderen Kleintieren gefressen werden. Allerdings ist der Kirschkern für die meisten Tiere giftig, da er wie bei allen Bäumen der Gattung «Prunus», wie Pflaume, Aprikose, Pfirsich, Mandel usw., das giftige Glykosid Amygdalin enthält, das Blausäure abspaltet.

Dass die Kirsche in das Projekt zur Förderung seltener Baumarten der ETH Zürich aufgenommen wurde, erstaunt, zumal diese Art weit verbreitet ist. Eine Gefährdung der Wildform der Vogelkirsche könnte darin liegen, dass sich durch Kreuzung mit Kultursorten längerfristig konkurrenzschwache Hybriden bilden – solche Bastarde können aber botanisch bei der Kirsche noch nicht auseinandergehalten werden.

GOLDENE STÄMME UND ROTES HOLZ

Purer Kirschensaft ist blutbildend und hilft bei niedrigem Blutdruck oder wurde bei Diäten getrunken. Fruchtstängel goss man zu Tee gegen hartnäckigen Husten auf. Wie bei der Gattung «Prunus» üblich, bildet die Kirsche bei Verletzung der Rinde eine wasserabstossende Gummimasse. Diese rötliche Abschottung nennt man «Kirschgummi» oder «Katzengold». Sie wurde wie die Beeren der Mistel gekocht, woraus «Vogelleim» entstand, an dem, am Ast aufgebracht, Vögel kleben bleiben sollten. Man benutzte diese Masse auch, um Filzhüte in eine steife Form zu bringen. Die ölhaltigen Kirschkerne wurden zu

110 Kirsche, Aesch LU
Prunus avium (L.) L.

ca. 150-jährig (um 1860)
3,95 m Stammumfang
1,29 m BHD
3,80 m Taillenumfang

Dünnere Kirschen daneben, die vor 30 Jahren auf der Honeriweid gefällt wurden, zählten bereits 120 Jahrringe.

Speiseöl gepresst oder für Heizkissen in Stoffsäcke genäht, da sie wegen ihres Hohlraums Wärme speichern können. Das rötliche Holz des Kirschbaumes kam vor allem in der Biedermeierzeit auf.

Japans Schönheitsideal

Was einst dem Adel und Samurai-Kriegern ein Symbol für unvergängliche Schönheit war, verehrte später ganz Japan. Seit etwa 1000 Jahren feiert man in Japan das Kirschblütenfest, wo die Leute in bekannte Kirschblütengegenden strömen, um von dort bei einem Picknick die Anmut der Blüten zu bewundern. In Europa stellten heiratsfähige Mädchen am 4. Dezember, dem Barbaratag, Kirschreiser in eine Vase. Zu jedem Barbarazweig legten sie einen Zettel mit dem Namen eines Burschen, der als zukünftiger Mann in Frage kam. Der Zweig, welcher zuerst blühte, würde den Namen des Zukünftigen zeigen. Allerdings kam es nur zu einer Heirat, wenn der Reiser bis zu Weihnachten blühte. Die prallen Früchte, die sich wie errötende Wangen verfärben, sind Symbol der Liebe. Sie wurden wie der Apfel als Frucht der Verführung und Sinneslust gedeutet. «Kirschen brechen» bedeutet wie «Rosen brechen» so viel wie verbotenen Liebesgenuss, und über ein lediges, schwangeres Mädchen sagte man, sie sei «zum Kirschbaum geworden». Ein liederliches Mädchen bezeichnete man auch als «Gemeinde Kirschbaum», ihm stellte man am 1. Mai als «Schandmai» einen Kirsch- oder Pappelzweig vor die Türe. Ein neugeborenes Kind solle dagegen rein und schön werden, wenn man sein erstes Badwasser an einen Kirschbaum schüttet. Glück brächten dabei die roten Kirschen, Unglück und Tod aber die schwarzen.

Die Kirsche – Baumporträts

Die «Wunder-Kirsche» bei Chatzenrüti ist mittlerweile zu einer Legende geworden (siehe S. 132). Der Stamm dieses einmaligen Baumes war längst geborsten, ein Ast konnte jedoch an einer kleinen Stelle die Verbindung zum Stamm erhalten und knickte im vorderen Bereich zu Boden. Bevor diese letzte Verbindung, die den Ast mit Nährstoffen und Wasser versorgte, abstarb, wurzelte der auf den Boden geknickte Ast. Dadurch konnte sich der Totast erhalten und trieb unbekümmert wieder einen neuen Seitenast aus, der über 10 Jahre Sturm und Schneedruck trotzte. Erstaunlicherweise wuchs dieser Seitenast, als hätte er noch nie etwas von Schwerkraft gehört, kerzengerade aus dem diagonal liegenden Mutterast.

Auf welcher Weide steht wohl die dickste Kirsche der Schweiz? Immerhin zwei haben einen Stammumfang von mindestens 4 m. Leider werden Kirschen aber rascher gefällt als sie nachwachsen können.

DIE KORNELKIRSCHE
Eine miese Schwimmerin

Die Kornelkirsche (*Cornus mas*) ist ein Hartriegelgewächs und gleicht äusserlich dem bei uns weit verbreiteten Roten Hartriegel. Dieser wird seines weicheren Holzes wegen als «Weiblicher Hartriegel» bezeichnet. Das Holz der Kornelkirsche ist jedoch so hart wie kein anderes in Europa und schwimmt auch nicht im Wasser. Im Volksmund nannte man sie deshalb «Männlicher Hartriegel» oder «Gelber Hartriegel», und das lateinische «Cornus mas» bedeutet «männlicher Hornstrauch», was wiederum auf das Holz hinweist. Dieses wurde wie das des weicheren Weissdorns zu Spazierstöcken, sogenannten Ziegenhainern, verarbeitet. Lanzen und Speere wurden vorzugsweise mit diesem Holz gefertigt, so dass früher Ausdrücke wie der «kornelle Schaft» oder die «ungestählte Kornelle» benutzt wurden. Polydoros, der jüngste Sohn des König Priamos von Troja, soll von den Kriegern Thrakiens mit einer Kornelkirschlanze durchbohrt worden sein; das tote Holz, getränkt vom Blut des Jünglings, schlug wieder Wurzeln. Als man später die ergrünten Zweige für Brennholz abbrechen wollte, quoll Blut heraus und es ertönte die Stimme des ermordeten Polydoros.

KÖSTLICHE KORNELLEN

Die Kornelkirsche verliert ihre Blätter im Herbst relativ früh, blüht dafür aber vor dem Laubaustrieb im März. Somit leuchten die gelben, nach Honig riechenden Blüten der Kornelkirsche noch vor der exotischen Forsythie und sind eine wichtige Frühnahrung für Bienen und sonstige Insekten. Die Kornelkirsche hat je nach Region verschiedene Namen. So nennt man sie unter anderem «Herlitze», «Hirlnuss» oder «Dirndl». In der Schweiz kennt man sie als «Tierlibaum», obschon die Beeren nicht nur für Tiere schmackhaft sind. Wenn die roten, sauren Früchte – Kornellen genannt – überreif sind, werden sie dunkelrot, weich und geniessbar und können zu Obstbrand und Konfitüre verarbeitet werden. Der grosse Anteil an Vitamin C macht die Beeren zu einer gesunden Mixtur in allerlei Säften und diente sogar als Köder für Fische. Die Kornellen wurden auch «Ruhrkirschen» genannt, da sie gegen die «rote Ruhr» halfen. Wegen ihrer Früchte werden Kornelkirschen heutzutage auch gezielt vermehrt, und die Blütenpracht motivierte die Gärtner zu Zuchtformen für den Garten.

111 Kornelkirsche, Winterthur ZH
Cornus mas L.

ca. 160-jährig (um 1850)
3,00 m Stammumfang (in 0,5 m H.)
2,60 m Taillenumfang
9,00 x 9,00 m Kronenbreite

In den Gartenanlagen von Winterthur stehen alleine drei Kornelkirschen, die nationale Bedeutung aufweisen können. Der «Tierlibaum» am Altersheim Sonnenberg wurde vermutlich um 1850 gepflanzt.

Da die Kornelkirsche schnittverträglich und krankheitsresistent ist, eignet sie sich besonders als Heckenpflanze und wurde bereits vor Hunderten von Jahren in Klöstern und Pärken angepflanzt. Eine Kornelkirsche wächst sehr langsam, weshalb Bäume mit 1 m Stammumfang schon ein beachtliches Alter aufweisen können. Die dicksten Deutschlands messen je etwa 1,80 m und haben angeblich ein Alter von 250 Jahren. In Rom soll ein Exemplar sogar 800 Jahre alt geworden sein.

112 Lärche, Simplon VS
Larix decidua Mill.

ca. 700-jährig (um 1310)
9,00 m Stammumfang
2,86 m BHD
8,60 m Taillenumfang
ca. 35 m³ Stamminhalt

DIE LÄRCHE
Chronologin auf Lebzeiten

Die Lärche *(Larix decidua)* wird auch als Europäische Lärche bezeichnet. Vorgeschichtliche Lärchen gab es schon vor 60 Millionen Jahren zur Zeit des Tertiärs. Im Quartär, vor 1 Million Jahren, wuchsen sie von Sibirien bis nach Westeuropa. Vermutlich hatten einige Bestände die Eiszeiten in den österreichischen, italienischen und französischen Alpen überdauert. Sogenannte Reliktlärchen haben sich in gewissen Regionen erhalten; diese wachsen besonders hoch und geradschaftig. Die in Europa lebenden vier Unterarten der Europäischen Lärche kommen nur in sehr kleinen, abgeschiedenen Regionen vor. Dazu gehören die «Alpenlärche», die «Sudetenlärche», die «Karpatenlärche» und die «Polenlärche» in der Wechselniederung. Der Förster schätzt vor allem die Sudetenlärche, da sie gegen Lärchenkrebs unempfindlich ist und schmalkronig gewachsen nur wenig Platz beansprucht. Weltweit findet man Lärchenarten hauptsächlich in den Bergen der nördlichen Halbkugel. Die Westamerikanische Lärche *(Larix occidentalis)* erreicht eine Höhe von 90 m, während die Sibirische Lärche *(Larix sibirica)* in den kältesten Orten der Erde bis −78 °C überlebt. In Parks Mitteleuropas wird oft die breitwüchsige Japanische Lärche *(Larix kaempferi)* angepflanzt. Die Europäische Lärche wird am dicksten und erreicht ein Alter von über 1000 Jahren. In der Schweiz kommt sie zu 90 Prozent vorwiegend in den Kantonen Wallis, Graubünden und Tessin vor. Etwa 75 Prozent des Bestandes liegen oberhalb von 1400 m ü.M. Die tiefsten natürlichen Vorkommen findet man auf 300 m ü.M. im Wiener Becken.

Die Lärche ist ein Pioniergehölz und besonders anspruchslos, weshalb sie selbst an den humusärmsten Hängen gedeiht. Oft bleiben ihr wegen der tiefen Temperaturen im Gebirge nur zwei bis drei Monate, um zu gedeihen. Verdichtete, sauerstoffarme und vernässte Böden und eine hohe Luftfeuchtigkeit mag sie allerdings nicht. Auch braucht die Lärche genügend Licht, besonders in ihrer Jugend, um sich gegen andere Baumarten behaupten zu können. An einem guten Standort überlebt sie Temperaturen von −40 °C und einen Jahresniederschlag von nur 450 mm, in regnerischen Jahren bis zu 2500 mm. Bis zum 30. Lebensjahr zeichnet sich die Lärche durch eine hohe Wuchskraft aus, die danach aber stark reduziert wird, so dass die Lärche für jeden weiteren Meter einige Jahrzehnte braucht. Während die natürliche Waldgrenze früher bei 2400 m ü.M. lag, hat sich diese vielerorts durch Kahlschläge um zweihundert Meter nach unten verschoben. Der dadurch vermin-

Tiefwachsende Starkäste befinden sich bei alten Lärchen immer auf der hangabwärts liegenden Seite, da sie dort vor Lawinen und Steinschlag geschützt sind.

derte Lawinenschutz musste in der Schweiz zur Hälfte mit künstlichen Lawinenverbauungen ausgebessert werden, was in den letzten Jahrzehnten über 500 Millionen Franken kostete. Lärchenbestände unterhalb 1000 m ü.M. sind hauptsächlich künstlich aufgeforstet.

EIN BAUM, DER SEINE NADELN ABWIRFT

Die Lärche ist der mächtigste Bergbaum unserer Heimat. Ihre Fähigkeit, als einziger europäischer Nadelbaum seine Nadeln wie Laub abzuwerfen, ist eine Überlebensstrategie, um die Äste vor übermässigen Schneelasten zu schützen. Dadurch hält die nadellose Lärche auch oft dem gewaltigen Luftdruck stand, den eine Lawine verursacht.

Im Frühjahr sticht das frische leuchtende Grün der jungen Nadeln besonders ins Auge. Während die auffallende Erscheinung im Sommer, durch die Farbverdunklung der Krone, etwas in den Hintergrund tritt, beginnt der Farbenzauber im Herbst von neuem. Dann verfärben sich die Nadeln wie bei einem Laubbaum zu einem Orangegelb. Die komplementäre Nuance zu den immergrünen Nadelbäumen der Umgebung übertrifft alles andere an Leuchtkraft, und es scheint, als würden die Lärchenwälder im Herbst lichterloh brennen. Bei Schneefall überziehen die abfallenden Nadeln den Boden und bedecken bald ganze Landstriche mit einer weichen orangebräunlichen Schicht. Ihren abnormen Nadeln verdankt die Europäische Lärche das Artepitheton «decidua», was «abgefallen» bedeutet. Das rätoromanische «lar» (fettiges Holz) wurde zur Zeit des Kaisers Augustus von den Römern in «Larix» geändert, woraus das althochdeutsche «larihha» und schliesslich die Bezeichnung «Lärche» resultierte. Einige spekulieren auch, der Name stamme von den «Laren», den römischen Hausgöttern, ab.

Die Lärche ist ein typischer Kernholzbaum. Das bedeutet, dass sich das helle Splintholz deutlich vom dunklen Kernholz in der Mitte des Stammes abhebt. Während bei anderen Baumarten das Stamminnere morsch wird, verrottet das harzreiche Holz der Lärche nur sehr langsam. Bei einer in Les Merveilles in Frankreich stehenden Lärche liessen sich deshalb 1003 Jahrringe bis ins Geburtsjahr des Baumes verfolgen. Fehlende Jahrringe lassen aber bei diesem Baum ein Alter von 1050 Jahren vermuten. Bei Gorges de Saint-Pierre ergab die (unvollständige) Altersdatierung eines Baumes sogar ein Gesamtalter von geschätzten 1150 Jahren. So alt ist vermutlich auch eine Lärche in der Lombardei im Val Ventina, die auf mittels Kernbohrung gesicherte 960 Jahre kommt. Diese Bäume sind nicht automatisch auch die dicksten ihrer Art. Oft wachsen sie unter den harten Bedingungen, die das Gebirge an sie stellt, fast überhaupt nicht. Eine Lärche im Calancatal oberhalb von Braggio hat bei einem Alter von 761 Jahren erst 2,60 m Umfang erreicht. Nicht viel älter sind vermutlich die dicksten Lärchen der Welt, die alle in der Schweiz stehen. Nicht nur für Dendrochronologen sind diese eine Fundgrube. Bereits Römer wie Kaiser Tiberius schätzten die Eigenschaften des Holzes und liessen unzählige Stämme aus dem schweizerischen Rätien nach Rom transportieren. Der Raubbau nahm kein Ende, und noch um 1800 bis 1850 wurden jährlich 10 000 m³ Bündner Bauholz – zum grössten Teil Lärche – über den Rhone- oder den Rhein-Kanal nach Lyon oder Holland geflösst.

113 Lärche, Isérables VS
Larix decidua Mill.

ca. 900-jährig (um 1110)
10,70 m Stammumfang
3,34 m BHD
8,50 m Taillenumfang (in 3 m H.)
12,00 m Basisumfang
ca. 45 m³ Stamminhalt

114 Lärche, Isérables VS
Larix decidua Mill.

ca. 700-jährig (um 1310)
7,40 m Stammumfang
2,30 m BHD
6,30 m Taillenumfang

115 Lärche, Isérables VS
Larix decidua Mill.

ca. 700-jährig (um 1310)
7,65 m Stammumfang
2,42 m BHD
7,20 m Taillenumfang

Lärchenholz ist noch harzreicher und härter als Kiefernholz und hat eine sehr hohe Dichte, weshalb es resistent gegen Feuchtigkeit und Wurmfrass wird. Eine rabenschwarz verfärbte Lärchenholz-Scheune in Zermatt – die 1965 abgerissen wurde – hat sich in ihrem Zustand, trotz strengsten Witterungen, in 1000 Jahren kaum verschlechtert. Ein Teil der Quellfassung in St. Moritz wurde sogar von den Römern erstellt und ist bis heute erhalten.

Als Konstruktions- und Ausstattungsholz wird das Lärchenholz für Schiffs- und Brückenbau, Eisenbahnschwellen, Telegrafenmasten, Holzschindeln, Wasserleitungen und Melkeimer bevorzugt. Die älteste Schiffsform, die aus Lärchenholz besteht, heisst am Oberrhein deshalb «Lortanne» (Lordane). Lärchenholz wird sogar in der Chemie angewendet, da es säurefest ist. In der Industrie spricht man von zwei Holzqualitäten. Das als «Wiesenlärche» bezeichnete Holz im Flachland kann bereits nach 100 Jahren hiebreif sein, während sich das Holz der «Steinlärche», das aus den Berghöhen stammt, durch eng beieinander liegende Jahrringe auszeichnet. Im Volksmund heisst es auch «Schönholz», weil sich die rötliche Holzfarbe besonders gut von den dunklen Jahrringen abzeichnet und sich diese Struktur wunderbar für Bodenbeläge und Wandtäfelungen eignet.

Natürliche Freunde und Feinde

Als Sitzwarte ist die bis zu 54 m hohe Lärche besonders den Greifvögeln willkommen. Selbst Spechte bevorzugen sie als Wohnstätte, trotz der Härte des Holzes. Ausser den fetten Lärchensamen, an denen sich viele Tiere gerne bedienen, sind vor allem die zarten Nadeln begehrt. Die Raupen des vom Menschen gefürchteten Lärchenwicklerfalters nagen während zweier Monate daran. Während in normalen Jahren auf hundert Lärchen nur eine Raupe zu finden ist, überziehen bei einem Massenauftreten gleich zwei Millionen Raupen einen einzigen Baum. Die angenagten Nadeln verfärben sich bald braun und fallen bereits Ende Juli ab. Die Lärche produziert deshalb neue Nadeln, was sie Kraft kostet. In solchen Jahren bleibt das Wachstum einer Lärche praktisch aus und es kommt zu grossen Zuwachsverlusten, gegen die die Holzwirtschaft machtlos ist. Das Massenauftreten der Raupen, die in Abständen von acht Jahren auftauchen, führte im bündnerischen Zuoz zur Einrichtung einer «Lärchenwickler-Forschungsanstalt». Über Jahrzehnte wurde nach einem natürlichen Feind gesucht, ohne grossen Erfolg. Im Gegenteil, die Forschungsergebnisse ergaben, dass selbst solche natürlichen Plagen dem Waldbild keinen Schaden zufügen, sondern sogar ökologisch stimulierend wirken. Eine natürliche Waffe der Lärche ist es, die darauf folgenden Nadeln verspätet auszutreiben, damit den Raupen beim Ausschlüpfen keine Nahrung zur Verfügung steht. Diese Nadeln sind ausserdem rohfaserreicher, eiweissärmer, kürzer und härter als üblich und für die Raupen schwer verdaulich.

Göttliches Manna von Briaçon

In den Monaten Mai bis August werden Teile der Lärche, wie Rinde, Harz, junge Sprosse und Nadeln, für medizinische Zwecke gesammelt. Das Harz war lange Zeit eines der wertvollsten Heilmittel. Man nannte es «Lörtsch», abgeleitet vom lateinischen «Larix». Im Wallis ist der Name «Lörtscher» für «Harzer» deshalb weit verbreitet. Später wurde das Harz unter dem Begriff «Venezianisches Terpentin» verkauft. Venezianer zapften Südtiroler-Lärchen an und brachten das gewonnene Terpentin (Terebintha laricina) in den Handel. An manchen Lärchen gewann man jährlich bis zu 5 kg Terpentin. Das ätheri-

116 Lärche, Obergesteln VS
Larix decidua Mill.

ca. 800-jährig (um 1210)
7,80 m Stammumfang
2,37 m BHD
ca. 30 m³ Stamminhalt

sche Öl des Harzes hilft zusammen mit Honig gegen Blasenleiden, Blutungen und Darmkatarrh. Terpentin hat eine honigähnliche Konsistenz, ist aromatisch und bitter im Geschmack. Vor einer Grippeerkältung zerkaut, stärkt es das Immunsystem, ausserdem hilft es bei Lungen- und Hautkrankheiten. Zusammen mit Öl und Bienenwachs geschmolzen, ergibt das Lärchenharz oder Terpentin eine heilende Salbe gegen Rheuma, Gicht, Hexenschuss und Ischias.

In besonders heissen Sommern findet man an frischen Lärchentrieben eine süssliche, dickflüssige Ausscheidung, das «Manna von Briançon». Diese regt die Verdauung an. Die Nadeln selbst sind allerdings, obschon sie auch als Wildgemüse in den Salat gemischt wurden, leicht giftig und galten früher in Oberbayern sogar als Abtreibungsmittel.

Eine lebende Fackel

Gelblich leuchtende Flechten überziehen besonders bei absterbenden Lärchen oft einen ganzen Baum. Solche «Wolfsflechten» waren der giftige Bestandteil von Fuchs- und Wolfsköder. Heute dienen sie ausschliesslich als Dekorationsmaterial. Als solches beliebt sind auch «Silser-Kugeln»: Aus den heruntergefallenen Nadeln bilden sich durch Wind und Wasser fussballgrosse Nadelkugeln, deren Form jahrelang hält. Einer Sage nach halfen Bewohner von Sils-Maria den Wichtelmännchen der Bündner Berge gerne in Notzeiten mit Nahrungsmitteln aus. Als eines Tages eine Überschwemmung die Ernte der Silser Bauern zerstörte, wollten die Wichtelmännchen ihrerseits ihre Hilfe anbieten. Leider konnten sie weder schwimmen noch hatten sie Boote, um den hungernden Bergleuten die dringend benötigten Speisen zu bringen. Deshalb rollten sie Fische, Eier und Dörrobst in Lärchennadeln und fertigten schwimmende Nadelkugeln an, die der Malojawind nach Sils trieb. Die Kinder freuten sich über die Bälle, und als diese beim Spielen aufbrachen, kamen die Geschenke zum Vorschein.

Im Sagenstoff der Iren sind die Waldfeen, die «Säligen», die unter einer Lärche tanzen, um das Wohl von Mutter und Kind besorgt. Diese helfen verirrten Wanderern auf den richtigen Weg und geben Armen Geld, Käse und Brot, welches sich von selbst vermehrt. In Österreich soll eine alte, doppelstämmige Lärche in Landeck sogar Kinder geboren haben, die dann von den Leuten abgeholt wurden. Einem liederlichen Mädchen befestigte man in der Nacht vom 1. Mai das «Lärchentännle» auf dessen Hausdach. Diese Schmach nannte man «Lärchen», und vom verantwortlichen Jungen hiess es: «Der hat g'lärcht!»

In Sibirien und Lappland galt die Lärche als Weltenbaum. Ein solcher namens «Tuuru» beherbergt bei den sibirischen Tungusen die Schamanen. Auf seinen Ästen liegen Nester, in denen der Schamane aufwächst. Je höher sie liegen, desto weitsichtiger und weiser wird er. In den Bergen wird die Lärche als Hofbaum angepflanzt, denn man

Manche Altlärche erinnert wegen ihrer dicken Borke an einen Mammutbaum.

glaubte, sie schütze vor Ungemach, Hexen und bösen Geistern. Unter ihr hatte man sich stets ruhig und ehrfurchtsvoll zu verhalten, denn sie war, wie viele Linden und Eichen, auch ein Gerichtsbaum. Viele der heiligen alten Lärchen wurden allerdings von den Katholiken und Reformierten gefällt. Solche Lärchen standen im Tirol bei Nauders, am Wallfahrtsort Maria Larch im Gnadenwald bei Innsbruck oder in der Nähe von S-chanf im Oberengadin. Verehrt wurde auch eine alte Tiroler Lärche in Kaseracker bei Wolfsgruben, die immer wieder in Flammen gestanden haben soll, aber doch nie brannte.

Bereits Plinius glaubte, dass die Lärche nicht verbrennen könne. So heisst es auch um 1350 im «Buch der Natur» von Konrad von Mengenberg, «wer auz des paums holz taveln macht und haeht [hängt] die an diu häuser, die widertreibent die flammen von häusern ...» Auch sollte die Lärche nie von einem Blitz getroffen werden, denn sie wurde wegen ihrer Herbstfärbung und des roten Holzes als lebende Fackel angesehen. Andererseits wird das Holz zwischen den Jahrringen «Lärchenfell» genannt und vorzugsweise als Zunderholz verwendet.

117 Lärche, Binn VS
Larix decidua Mill.

ca. 500-jährig (um 1510)
8,90 m Stammumfang
2,48 m BHD
6,80 m Taillenumfang
12,00 m Basisumfang

118 Lärche, Blenio TI
Larix decidua Mill.

ca. 450-jährig (um 1560)
8,50 m Stammumfang (in 1,5 m H.)
7,30 m Taillenumfang (in 3 m H.)
ca. 40 m³ Stamminhalt

Die Lärche – Baumporträts

Wenn von den ältesten Bäumen in Europa die Rede ist, taucht in der Literatur immer wieder ein Name auf: Die «Ultner Urlärchen» bei St. Gertraud im italienischen Südtirol nehmen diese Auszeichnung in Anspruch. Diese als Nationaldenkmal gekürten Lärchen gelten als die ältesten und dicksten der Welt. Als 1930 eine Lärche mit 7,80 m Stammumfang zu Boden fiel, zählte ein Arzt namens Dr. Pardeller unglaubliche 2015 Jahrringe. Vermutlich hat aber Dr. Pardeller Früh- und Spätholz zusammengezählt und sich um 1000 Jahre vertan. Die dickste heute dort noch stehende Lärche misst 8,00 m und wird deshalb auf ein (übertriebenes) Alter von 2300 Jahren geschätzt.

Am 19.9.2007 erschien im «Tages-Anzeiger» ein Artikel über eine Lärche im Gomsertal, die 7,80 m Stammumfang besitzt. In den Medien sprach man vom ältesten Baum der Alpen, mutig auf 1500 Jahre geschätzt. Eine Tafel unterhalb des Baumes begnügt sich allerdings mit 600 Jahren. Nach eigenen Berechnungen, die sich auf durchschnittliche Jahrringbreiten stützen, liegt das Alter dazwischen, bei etwa 800 Jahren. Dünnere, in der Nähe gefällte Bäume waren aber ebenfalls so alt. Die Lärche in Obergesteln (vgl. Nr. 116) besitzt eine kräftige Wurzelbasis, die im Winter unter den Schneemassen begraben liegt. Am kaminartigen, schräg stehenden Stamm klafft dort, wo früher zwei Starkäste wuchsen, ein grosses Loch. 1916 existierten diese Äste noch und der Baum hatte einen Umfang von 6,80 m.

Dass die Schweiz unzählige Altlärchen besitzt, die die oben erwähnten Rekordhalter überbieten, ist kaum jemandem bekannt. Von den Altlärchen in der Nähe von Simplon Dorf messen die dicksten, mit einer einzigen Ausnahme, nicht mehr als 5,50 m im Umfang. Eine dieser Lärchen, unterhalb der Suone «Chrummbacheri», ist, vermutlich durch den Verlust des Leittriebes, dreistämmig entwachsen und misst deshalb 9,00 m (vgl. Nr. 112). Man kann jedoch davon ausgehen, dass diese gewaltige Lärche nicht älter als der etwa 700-jährige Bestand ist. Eine kräftige Wurzelbasis ist bei einer Lärche in Binn für den grossen Stammumfang verantwortlich (vgl. Nr. 117). Wesentlich jünger, als man es für möglich halten würde, ist eine Lärche bei Blenio (vgl. Nr. 118), die anhand einer Kernbohrung auf rund 450 Jahre datiert wurde. Die Hanglage stimulierte im besonderen Masse das Druckholz (Reaktionsholz, das sich bei Nadelbäumen an der hangabwärts liegenden Seite bildet und nach oben drückt). Dieses partiell gebildete Druckholz ist so gewaltig, dass es von einer Seite aussieht, als stehe man wie vor einer Mauer. Von der Stauung des unter ihr befindlichen Lago di Luzzone hat sie keinesfalls profitiert – gerade Lärchen vertragen hohe Luftfeuchtigkeit und nasse Böden schlecht. Etwas weiter oben befindet sich eine zweite, wesentlich dünnere Lärche, die bereits 540-jährig ist. Noch 1896 stand in Blitzingen eine Lärche, die auf 1,3 m Höhe 7,50 m mass und als die mächtigste Lärche der Schweiz

119 Lärche, Blitzingen VS
Larix decidua Mill.

ca. 450-jährig (um 1560)
7,90 m Stammumfang
2,45 m BHD

Stammoffene Lärchen sind selten, da das Holz sehr witterungsbeständig ist. Einzig der Abbruch eines Starkastes beschädigt die äussere Stammpartie und lässt dadurch einen Blick ins Innere zu.

galt. Talaufwärts, in einer Reihe stehend, haben in Blitzingen bis heute ein Dutzend Altlärchen überlebt. Der am höchsten gelegene Baum hat einen Stammumfang von 7,90 m (vgl. Nr. 119). Der Inbegriff eines alten Baumbestandes, der an die bekannten Mammutbaumwälder in Kalifornien erinnert, liegt auf 2000 m ü.M. im Wald Balavaux in Prarion bei Isérables. Weltweit findet sich nirgends eine so grosse Anzahl bedeutender Lärchen; mindestens zehn Individuen haben dort einen Umfang von über 7,50 m. Eine der bis zu 900 Jahre alten Lärchen hat wegen ihres sockelartigen Stammes einen Umfang von 11,90 m. Der imposanteste Baum misst 10,70 m und übertrifft alle bisher jemals vermessenen Lärchen (vgl. Nr. 113). Nicht weit davon entfernt stehen ebenso prächtige Altbäume (vgl. Nr. 114–115).

DIE LINDE
Ein ewiglicher Jungbrunnen

Die Linde gehört unter den einheimischen Baumarten zu den eindrücklichsten Individuen. Wie kein anderer Baum entwickelt sie, wegen ihrer hohen Lebenserwartung, eine schier unbegrenzte Formensprache. Stamm und Äste alter Bäume sind hohl, winden sich, bestehen nur noch aus Stammsträngen, werden durch Überwachsungen verziert oder weisen riesige Adventivwurzeln auf. Wegen ihrer Fähigkeit, sich immer wieder zu verjüngen, wurden sie für unzählige Baumkulte verwendet. Vielseitig ist deshalb auch ihre kulturelle Verwendung. Tanz-, Gerichts-, Marien- oder Freiheitslinden zeugen von der Geschichte Europas.

Theophrast bezeichnete die Linde ihres Duftes wegen als weiblich, Plinius jedoch beschrieb sie als getrennt geschlechtlich. Bäume mit flexiblem Bast waren seiner Meinung nach weiblich, solche mit glattem, dickem Bast männlich. Diese Einteilung hatte sogar noch Gültigkeit, als Carl von Linné 1753 die binominale Nomenklatur (Doppelbenennung) und die Pflanzensystematik einführte, die sich nach Merkmalsunterschieden anhand der Blüte ausrichtet. Botaniker streiten sich auch heute noch bei Bestimmungen von Pflanzenarten, weshalb Zuordnungen unterschiedlich ausfallen und die Artenanzahl bei den meisten Bäumen verschieden gross beschrieben wird. Jüngere Studien, die die Verwandtschaft durch Ähnlichkeiten in Teilen des Erbgutes neu definieren, ordnen die Lindengewächse beispielsweise nicht wie bisher in eine eigene Familie, sondern unterstellen sie den Malvengewächsen.

Weltweit werden rund 45 Lindenarten genannt, wobei der Grossteil in tropischen und subtropischen Gebieten gedeiht. Einzig die Sommerlinde *(Tilia platyphyllos)* und die Winterlinde *(Tilia cordata)* sowie deren gemeinsamer Bastard, die Holländische Linde *(Tilia x europaea)*, sind in Mitteleuropa heimisch. Von allen Lindenarten erreichen diese drei die mächtigsten Stämme und werden am ältesten. Das Verbreitungsgebiet der Sommerlinde ist aber nur halb so gross wie dasjenige der Winterlinde, das sich bis in den Norden Skandinaviens und zum Ural erstreckt.

An der Côte d'Azur wurden knapp 50 Millionen Jahre alte Lindenfossile gefunden. Zur Zeit des Tertiärs wuchs die Linde in Südfrankreich in einem subtropischen Klima, behauptete sich aber auch nach der Eiszeit in den gemässigten Zonen. Jahrhundertelange Nutzung und die Vernachlässigung der Aufforstung liessen die natürlichen Bestände jedoch auf wenige Waldgebiete schrumpfen, obschon die Linde gerne als «Amme der Eiche» für deren Starthilfe gepflegt wurde. Unberührte Lindenurwälder existieren heute nur noch im Norden Österreichs bei Dobra, in Südpolen bei Muszyna und im ostpolnischen Bialowieza-Urwald. Bekannt sind die Sommerlindenbestände des Biosphärenreservats Pfälzerwald-Nordvogesen, und mit 220 Hektar Waldfläche besitzt Colbitz in Sachsen-Anhalt die grösste Winterlindenpopulation Europas. Solche findet man ausserdem in trockenen Steilhängen von Föhntälern, beispielsweise am Walen-, Brienzer- oder Vierwaldstättersee.

Linden werden oftmals an markanten Orten gesetzt, wie beispielsweise hier auf dem Bözberg ausserhalb von Linn.

120 Sommerlinde, Burgistein BE
Tilia platyphyllos Scop.

ca. 550-jährig (um 1460)
11,10 m Umfang (in 1,3 m H.)
3,53 m BHD
9,50 m Taillenumfang (in 4 m H.)
17,00 m Basisumfang

121 Sommerlinde, Linn AG
Tilia platyphyllos Scop.

ca. 660-jährig (um 1350)
11,05 m Stammumfang
3,42 m BHD
10,65 m Taillenumfang
21,00 m Kronenbreite

Da aus den Elternteilen von Sommer- und Winterlinde die Holländische Linde entsteht und sich diese wiederum mit ihren Eltern kreuzt, sind reine Sommer- und Winterlinden viel seltener anzutreffen als allgemein vermutet. In der Agglomeration pflanzt man zudem gerne die exotische Krimlinde *(Tilia x euchlora)*. Ein besonders beliebter Strassenbaum ist auch die ungarische Silberlinde *(Tilia tomentosa)*, die erstmals im 18. Jahrhundert von Ungarn nach Frankreich importiert wurde und resistenter gegen Abgase und Russ ist.

DAS DENDROLOGISCHE WUNDERKIND

Die Altersangaben eines Baumes werden tendenziell gerne grosszügig aufgerundet. Bereits kaum 200 Jahre alte Bäume werden deshalb manchmal als «1000-jährig» betitelt. Die übertriebenen Angaben führen dazu, dass Baumspezialisten sogar das Alter historisch datierter Bäume in Frage stellen. Aufgrund von Stammumfangmessungen in regelmässigen Zeitabständen lässt sich ein durchschnittlicher Zuwachs errechnen, der zu einer mehr oder weniger genauen Jahresangabe führt. Eine Linde mit beispielsweise 9,40 m Umfang, die eine konstante Jahrringbreite von 1,5 mm aufweist, ist 1000-jährig. Bei vielen Lindenstämmen zeigt sich aber eine durchschnittliche Jahrringbreite von 5 mm; das errechnete Alter eines Baumes mit demselben Stammumfang liegt deshalb oft erst bei 300 Jahren. Da dieser Stammumfangvergleich auch auf die Altersschätzung viel älterer Bäume übertragen wird, fallen die Altersangaben plötzlich jünger aus als zuvor vermutet. Aus diesem Grund neigen jüngst Autoren der Baumliteratur dazu, die Altersangaben drastisch herunterzusetzen. Dies mag bei den meisten Bäumen berechtigt sein, nicht aber bei alten Linden.

Von der Linde heisst es im Volksmund: «300 Jahre kommt sie, 300 Jahre steht sie, 300 Jahre vergeht sie.» Tatsächlich kann der Mutterstamm einer Linde im Verlaufe der ersten 400 Jahre ein enormes Wachstum aufweisen: jährlich bis zu 5 cm Stammumfang. Danach beginnt der Hauptstamm langsam zu zerfallen und bildet oftmals neue Sekundärtriebe, die den Mutterstamm ersetzen. Da die Kambiumaktivität, die für das Dickenwachstum verantwortlich ist, mit zunehmendem Alter schwächer wird und die Linde ab etwa 500–700 Jahren einen Wachstumsstopp erlebt, bleibt die Stammform meistens über zwei bis drei Jahrhunderte und länger unverändert erhalten. Der Vergleich sehr alter Linden mit historischem Bildmaterial bestätigt die Wachstumseinbusse. Das Alter einer Linde mit über 10 m Stammumfang kann man deshalb nicht mit einer lapidaren Umfangmessung bestimmen. Entscheidend sind die Gesamterscheinung und die Einschätzung des Zerfalls respektive der Verminderung des Zuwachses. Zwischen zwei fast gleich dicken Bäumen können Jahrhunderte liegen, weil sich die Biomasse auf einen immer grösseren Stammumfang verteilen muss.

Da eine Linde mit eingeschränktem Wachstum eine harte und dichte Stammwand bildet, ist sie besonders immun gegen parasitische Angriffe oder Verletzung von aussen. Im Gegensatz zu anderen Baumarten, die in diesem Zustand verholzen, bleibt der Jungbrunnen in einer Linde erhalten und es bilden sich aus der alten Stammpartie immer wieder neue Jungkronen, die selbst einer steinalten Linde ein jugendliches Aussehen verleihen. Der Stamm spaltet sich im Verlaufe der Zeit so weit auf, dass er aus mehreren Fragmenten besteht, die sich aber mittels neu gebildeter Überwallungen schliessen und keine Spur eines einstigen Hohlraumes hinterlassen. Viele Baumkundler glauben deshalb, dass es sich bei alten Bäumen um eine Bündelpflanzung aus mehreren Bäumen handeln muss. Jüngere, bis 400-jährige Linden mit vollständigem Einzelstamm werden wiederum im Alter meistens überschätzt. Die Altersbestimmung bei einer Linde gehört deshalb zu den schwierigsten. Da der Stammkern bei alten Bäumen nicht mehr existiert, entfällt die Methode der Jahrringzählung. Auch die Radiokarbonmethode, bei der das im Holz eingeschlossene C-14-Isotop auf die Verfallszeit gemessen wird, hilft nicht weiter, da die ältesten Holzteile im Stamminneren längst zersetzt sind und die entnommenen Proben von einem viel jüngeren Holzgewebe stammen. Trotzdem hat man bei einer Linde im englischen Westonbirt mittels Radiokohlenstoffdatierung ein Alter von angeblich 6000 Jahren festgestellt. Der über Jahrhunderte geköpfte Stamm dieser Linde misst rund 48 m, besteht aber aus achtzig Einzelstämmen und wirkt wegen der vielen Senkrechttriebe wie eine Haselstaude. Eine Linde lebt, wenn man so will, fast unendlich lange, ausser sie stirbt durch äussere Umstände. Da sie sich aber durch vegetative Vermehrung verjüngt, überlebt sie – wenn auch in veränderter Form – selbst Naturkatastrophen, Brände oder den gewaltsamen Eingriff von Menschenhand. Voraussetzung ist, dass die Wurzeln intakt geblieben sind.

DER BAUM DER CHRISTEN

Die Linde, so heisst es, verkörperte Freya (Frigga, Venus, Aphrodite), ursprünglich die germanische Göttin der Liebe, des Glücks, der Fruchtbarkeit, Schönheit und des Friedens in Haus und Dorf. Einige Geschichtsforscher bezweifeln allerdings, dass die Linde bereits bei den Germanen eine grössere Bedeutung hatte. Es wird spekuliert, ob ein Übersetzungsfehler dazu geführt hat, sie ebenfalls als heiligen Baum der Germanen zu betrachten. Sicherlich flösste die Linde bei den Germanen wegen ihrer Grösse und ihrer ungebrochenen Ausschlagskraft Ehrfurcht ein, doch galt die Verehrung der Germanen hauptsächlich den Eiben und Eichen. Auffallend ist, dass die ältesten Linden Europas, die vorwiegend in Deutschland zu finden sind, nie das Alter von 1250 Jahren übersteigen, obschon sie ihre natürliche Le-

Linde und Kirche, ein vertrautes Duo, das man überall in Europa antrifft.

122 Winterlinde, Marchissy VD
Tilia cordata Mill.

629-jährig (1380)
10,85 m Stammumfang
3,42 m BHD
10,40 m Taillenumfang
20,00 m Kronenbreite

bensspanne noch lange nicht erreicht haben. Ein weiterer Zufall will, dass die ältesten Linden – bis auf wenige Ausnahmen – neben einer alten Kirche stehen. Die Bäume sind aber nicht zufällig dort gewachsen, sondern wurden bewusst angepflanzt. Warum übertrifft nur die eine, oben erwähnte Linde in Westonbirt das Alter von 1250 Jahren? Blickt man diese Zeitspanne zurück, so trifft man genau auf die Daten, als der Glaubenskampf der Christen in Deutschland begann. Bonifatius, Apostel der Deutschen (672–754), und Karl der Grosse (747–814) liessen auf ihren christlichen Feldzügen die heiligen Bäume der Heiden fällen. Da die Heiden sich nicht von einem Tag auf den anderen bekehren liessen und alle körperliche und geistige Gewalt nichts nützte, führten die Missionare diese mit einem Trick zur neuen Weltanschauung. Die Göttin Freya wurde mit der Mutter Gottes ausgetauscht und anstelle der heiligen Eiben und Eichen pflanzte man einen neuen, dem Christentum geweihten Baum. Dank der musterhaft wachsenden Baumarchitektur und der langen Lebenserwartung war die Linde dafür wie geschaffen und der Baum der Christen wurde im Verlaufe der Generationen zum eigentlichen Volksbaum. Die heiligen Bäume der Germanen gerieten hingegen mehr und mehr in Vergessenheit. Die heiligen Stätten der Germanen wurden durch die Beseitigung der dunklen, stachligen Eiben und knorrigen Eichen entmystifiziert, und die neu errichteten Friedhöfe wurden dank der Linde fröhlicher und gesitteter. Was man dabei nicht beachtete, ist, dass auch Friedhofslinden im Alter nicht mehr einer gezähmten Form entsprechen; weshalb in vielen Friedhöfen Europas die Mystik wieder Einkehr hielt.

DIE LINDE 151

123 Winterlinde, Fiez VD
Tilia cordata Mill.

477-jährig (1532)
8,80 m Stammumfang
2,67 m BHD
8,30 m Taillenumfang

Um 1925 war der Stamm noch vollständig. Mittlerweile hat er sich in zwei Teile gespalten und macht den Anschein eines mehrkernigen Gebildes.

124 Linde, Savigny VD
Tilia sp.

ca. 470-jährig (um 1540)
8,50 m Stammumfang
2,50 m BHD
7,85 m Taillenumfang

Nur mit einem feinen Sensorium für das Wachstum der Bäume ist erkennbar, dass der rechte Stammteil der ältere von beiden ist.

Als Symbol von Geborgenheit und Wohlstand wurde die Linde seit der Einführung des Christentums überall neben Kirchen und Kapellen oder zu zweit als Tor zu Klöstern, Schlössern und Burgen gepflanzt. Kruzifixlinden behüten ein Kreuz oder Kruzifix oder stehen an Stationswegen neben einem Marienhäuschen, wo sie von Pilgern aufgesucht werden. Besondere Beachtung gebührt den Marien-Linden, die meist in ihrem hohlen Stamm einen Altar oder ein Bildnis der Mutter Gottes beherbergen. Unzählige Marienerscheinungen bei solchen Linden zeugen vom abgewandelten Baumkult; auch der Begriff «Wallfahrt» entstand übrigens aus einer germanischen Tradition: der «Waldfahrt». Ein Verzeichnis aus dem Jahre 1854 nennt noch 253 Bäume, darunter viele Linden, die in der französischen Region von l'Oise als Kultstätte verehrt wurden. Die Linde und ihre Pflanzenteile galten als unheilabwehrend, und man glaubte, unter ihr vor Blitzschlag sicher zu sein, obschon gerade die Linde häufig vom Blitz getroffen wird.

Wie alles Glückverheissende kehrte sich auch die Bedeutung der Linde im Mittelalter ins Gegenteil. Bei der Inquisition sprach man vom Teufelsbaum, und wer nachts unter einer Linde gesehen wurde, wurde der schwarzen Magie verschrien, denn dort trafen sich die Hexen. Lindenbast verwendete man für allerlei Teufelsaustreibungen, und hexenbeseelte Tiere schlug man mit einer Lindenrute, damit sich die Hexe durch ihre Wehleidigkeit verriet. Die Linde pflanzte man aber auch ums Haus, um so vor Dämonen geschützt zu bleiben, oder man verbannte böse Geister in einer Bannlinde, in die ein Loch gebohrt wurde, welches man anschliessend mit einem Holzpfropfen verschloss. In Pratteln bei Basel tanzten die Einwohner sogar um eine Pestlinde, der damit symbolisch die Pest angepflockt wurde. Blut- und Opferlinden gab es auch in Schweden, wo Frauen Tierblut oder ihre wertvolle Muttermilch in eine hohle Linde gossen, um damit ein Opfer zu bringen.

War eine Linde dreistämmig gewachsen, symbolisierte sie oft die Dreifaltigkeit, oder sie wurde so gezogen, dass zwölf Hauptäste dem Stamm entsprangen. Sogenannte Zwölfapostellinden stehen heute noch im hessischen Michelbach und in Nordrhein-Westfalen bei Gehrden. Letztere soll aus einer Bündelpflanzung hervorgegangen sein, da die Äste wie Einzelbäume nebeneinander wachsen. Die Stelle, an der die Linde einst gekappt wurde, ist aber noch ersichtlich. Da die neu entwachsenen zwölf Hauptäste unnatürlich mit dem Hauptstamm verwachsen sind, hat die Linde im Verlaufe der Dezennien brettartiges Reaktionsholz nach aussen hin gebildet. So wird die auf nur eine Höhe konzentrierte Gewichtsbelastung der Äste aufgefangen und die Äste reissen nicht aus dem Hauptstamm. Ein Hauptast ist aber trotzdem ausgebrochen, und zwar bei einem Sturm an einem Karfreitag, weshalb er als «Judas-Stamm» bezeichnet wird. In Gehrden hat man die Wuchsform der Zwölfapostellinde leider bis heute nicht verstanden, und ein Baumpfleger wurde kürzlich beauftragt, die mächtige, vitale Krone massiv zu kürzen. Seit dem radikalen Eingriff kränkelt die Linde, und es wurden bereits schädliche Pilze diagnostiziert. Einmal mehr muss das Wort «Baumpflege» in Frage gestellt werden.

Eine neue Bündelpflanzung neben der alten Linde soll die verunstaltete Linde bei Zeiten ersetzen. Man braucht kein Spezialist zu sein, um zu prophezeien, dass diese Bündelpflanzung bis auf einen überlebenden Baum eingehen wird. Der angeblich weit verbreitete Brauch solcher Bündelpflanzungen wird sogar von Spezialisten kaum hinterfragt. Es existiert nur wenig Literatur über diese Praktik – und keine Kunde, dass diese Pflanztechnik jemals von Erfolg gekrönt war. Denn eine Bündelpflanzung kommt nie in einer einheitlichen Form zustande, da sich die einzelnen Bäume untereinander konkurrenzieren und die meisten Bäume in wenigen Jahren eingehen. Eine Ausnahme bilden zusammengewachsene Stockloden, die genetisch aus derselben Wurzelbrut entstammen. Utopisch beschreibt Arthur Wiechula in seinem Buch «Wachsende Häuser aus lebenden Bäumen entstehend», wie sogar mehrstöckige Häuser, Brücken und Türme aus lebenden Bäumen gezogen werden können. Wenn eine derartig aus-

Kraftstrotzend hat die Linde eine hohle Stelle im Stamm, die einst plombiert wurde, schon fast wieder umschlossen.

125 Sommerlinde, Muri BE
Tilia platyphyllos Scop.

ca. 460-jährig (um 1550)
9,85 m Stammumfang
2,98 m BHD
9,35 m Taillenumfang
27,50 x 26,00 m Kronenbreite

126 Sommerlinde, Seeberg BE
Tilia platyphyllos Scop.

481-jährig (1528)
8,90 m Stammumfang
2,90 m BHD
22,00 m Kronenbreite

Der gesund vernarbte Stamm wurde schon früh gekappt, weshalb das Fehlen des Mitteltriebs das Innenleben der Linde offenbart.

gefeilte Pflanzarchitektur tatsächlich möglich wäre, gäbe es wenigstens rudimentäre Bauten aus Bäumen. Wer würde aber eine lebenslange Pflege und die damit verbundene Planung auf sich nehmen? Welches Gewächs würde über Jahrzehnte genau so gedeihen wie gewünscht und die Grösse und das Alter der geforderten Biomasse erreichen? Jahrzehntelanges Beschneiden, künstliche Verzweigung und Verformung und die damit verbundene unnatürliche Wurzel- und Kroneneinschränkung sowie künstliche Beschattung dürften früher oder später zum Erliegen eines solchen Projektes führen. Belege von solchen Bauten oder Bündelpflanzungen sind deshalb mehr theoretische Wunschvorstellungen als verflossene Traditionen. Interessant ist auch der Mythos über Linden, die verkehrt herum in die Erde gepflanzt worden sein sollen. Versuche des Tanzlinden-Spezialisten Dr. Andreas Zehnsdorf zeigen, dass eine Kopfüberpflanzung kaum gedeihen kann. Legenden über Linden, die Kopf stehen, sind auffallenderweise hauptsächlich um Sachsen anzutreffen. Da die Tradition der geleiteten Linde in Sachsen bereits frühzeitig abflaute, hat man

127 Winterlinde, Buchberg SH
Tilia cordata Mill.

ca. 250-jährig (um 1760)
6,90 m Stammumfang
2,20 m BHD

Einst schloss sich die Krone zusammen mit einer zweiten Linde zu einem Halbkreis. Heute kommt der Einzelbaum dafür noch besser zur Geltung.

Schicksalsbaum war sie auch für den bekannten Botaniker Linné, eigentlich Carolus Linnaeus, der seinen Namen offenbar wegen einer dreistämmigen Linde im schwedischen Lindegard angenommen hatte. Diese war Familienbaum der Familien Linnaeus, Lindelius sowie Tiliander. Ihr verdorrte jedoch einer der Haupstämme, als die Familie Lindelius ausstarb. Der zweite Stämmling starb ab, als die letzte Tochter Linnés kinderlos starb, und mit dem Ende der Familie Tiliander ging der ganze Baum ein.

Schicksalsbestimmend war die Linde auch als Gerichtsbaum. Wie bei der Eiche war «unter der Linde» (sub tilia, worauf sich auch das Wort subtil bezieht) der Ort, wo man sich bei Uneinigkeiten traf. Die von Karl dem Grossen gegründeten «Freistühle», auch «Femegerichte» genannt, begannen Ende des 15. Jahrhunderts abzunehmen. Das «judicum sub tilia» wurde aber noch bis ins 18. Jahrhundert betrieben. Als Pranger- oder Galgenbaum wurde die Linde auch als «arbor infelix», «unglücklicher Baum», bezeichnet. Einige eiserne Fesseln von Ketten, die in den Baum einwuchsen, sind in Deutschland noch heute zu erkennen. In den meisten Fällen wurden die Streitigkeiten aber «gelindert». Tauchte der «Verfemte» jedoch nicht zum Gerichtstermin auf, wurde er für «vogelfrei» erklärt, d.h., jedermann durfte ihn ungestraft hinrichten. Auch bei Bekanntmachungen wurden die Leute mit Hilfe der Kirchenglocke «unter die Linde geläutet» und das «Tagen unter der Linde» wurde zu einem Begriff. Als man die «Mal- und Thingstätte» aufgab und den Gerichtsort in die Säle verlegte, liess man lange Zeit noch die Fenster offen stehen, da man glaubte, dass nur unter der Linde die Wahrheit zu Tage kam.

sich die eigenartige Wuchsform vermutlich mit dieser Interpretation erklärt. Viele Geschichten über das Schicksal von Menschen, die mit einer «Kopfstand-Linde» zusammenhängen, sind überliefert. So soll einer von drei Brüdern in Berlin wegen Mordes beschuldigt worden sein. Als die beiden anderen ihn entlasten wollten und jeder sich als Täter ausgab, sollte das Gedeihen von drei verkehrt gesetzten Linden, die je einem der Brüder zugeteilt wurden, den Schuldigen hervorbringen. Es sprossen jedoch alle Linden, und so wurden alle drei Angeklagten freigesprochen. Auch ein Priester im sächsischen Annaberg-Buchholz habe die «Auferstehungs-Linde» bewusst kopfüber gepflanzt, um dem pragmatischen Rechenmeister Adam Riese die Wahrheit des Dogmas der Unsterblichkeit zu beweisen.

Als Schicksalsbaum prophezeiten Linden die Zukunft einer Region. Ein grosses Unglück soll über das Rafzerfeld im Kanton Zürich kommen, wenn die Linde in Hüntwangen stürzt. Auch das Schicksal der Stadt Freising soll mit einer heute verstorbenen Linde auf dem Berg Weihenstephan verknüpft gewesen sein, und wenn dem Land Gefahr drohte, war das Seufzen der Weipersdorfer Linde zu hören. Ein

«ZERLEITE LINDEN» FÜR EINE HIMMLISCHE STUFE

Mit der Linde wird allerlei Unfug getrieben, da sie sehr schnittverträglich ist und selbst grobe baumchirurgische Eingriffe überlebt. Solche Massnahmen sind für den Baum in den meisten Fällen nicht tödlich, mindern aber die Qualität und das Potenzial seines natürlichen Wachstums. Aus diesem Grund sind geleitete Linden oftmals älter als angenommen. Sie müssen die Kraft für den Aufbau einer neuen Krone verwenden, um zu überleben, wodurch das Dickenwachstum geschwächt und die Biomasse unnatürlicherweise in die Starkäste abgeleitet wird.

Erste Belege von geleiteten Bäumen findet man um 1200. Die geleitete Linde existiert in vielen Ländern Europas, das Ballungsgebiet liegt aber im Herzen Deutschlands.

Von geleiteten Linden ist die Rede, wenn der unterste Astquirl – der oftmals durch Kappung des Stammes hervorgeht – in die Breite gezogen wird. Die horizontalen Äste werden gefördert, auf ein um den Baum errichtetes Stützwerk geleitet und daran festgebunden. Auf

128 Linde, Diessenhofen TG
Tilia sp.

ca. 450-jährig (um 1560)
8,70 m Stammumfang
2,75 m BHD
8,10 m Taillenumfang
23,00 x 20,00 m Kronenbreite

solchen Astkränzen wurde oft eine Plattform aus Holzbrettern angefertigt, die, je nach Grösse und Alter der geleiteten Linde, einer ganzen Dorfgemeinschaft Unterkunft bot. Bei alten Linden mit mächtigen, sich selbst tragenden Starkästen entfernt man teilweise das Stützwerk oder es werden mehrere Ebenen auf verschiedenen Astkränzen eingebaut. Auf solchen sogenannten Tanzlinden traf man sich bei der Linden-Kirchweih zum Tanz und zu Feierlichkeiten. Eine Tanzlinde unterscheidet sich von einer geleiteten Linde nur darin, dass man auf oder unter ihr «lindierte» (unter der Linde tanzte). «Schon um die Linde war es voll und alles tanzte schon wie toll!», schrieb Goethe. Meist tanzte das Volk unterhalb des Baumes, auserwählte Paare («Platzburschen» mit weiblicher Begleitung) traditionsgemäss auf dem Baum und bei manchen Bäumen fanden im ersten oder zweiten Stockwerk sogar die Musikanten in einem eingebauten Holzhäuschen Platz. Die Zeiten, in denen man die «Disco im Baum» aufsuchte, sind vorbei. Heute führt man die Tanzlinde zu den Partygängern, wie ein Beispiel im holländischen Ort Nuenen zeigt. Die dort stehende geleitete Linde wurde 1994 gekappt und der mächtige Stamm in einen Clubraum gestellt. Trotzdem ist der Tanz unter Linden nicht ganz verschwunden. Als Touristenattraktion finden solche Traditionen wieder vermehrt Aufschwung, beispielsweise bei der Linden-Kerwa im bayrischen Peesten oder Limmersdorf und in Thüringen in Sachsendorf, Effelder und Oberstadt.

Bei geleiteten Linden mit mehreren Astkränzen spricht man auch von Stufen. Solche Stufenlinden sind aber meist nur Zierde. Die Tradition stammt vermutlich aus Holland, da dort der eine oder andere Baum wie ein Dressurpudel in geometrische Kronenformen geschnit-

ten wird. Dieser Form entsprachen früher auch die geleiteten Linden in Nordrhein-Westfalen an der Grenze zu Holland bei Kalkar, Kleve, Rees und Goch. Zu bewundern ist heute nach wie vor die Nachgängerlinde der bekannten bayrischen Tanzlinde in Peesten. Die kubusförmige Kronenform wird durch eine steinerne Wendeltreppe begehbar. Das verrückteste Model steht aber in Grettstadt in Bayern. Die 275 Jahre alte und 3,20 m messende Stufenlinde erinnert wegen ihrer zehn Astkränze an eine Fichte.

Wie die Tradition der «zerleiten Linde» entstanden ist, bleibt ungeklärt. Vermutlich ist die geleitete Linde ein Überbleibsel aus alter germanischer Weltanschauung und repräsentiert den Weltenbaum. Die Wurzeln und der Stammbereich gehörten den Dämonen, auf dem ersten Astkranz lebten die Menschen und darüber hauste das Göttergeschlecht, die Asen.

Der Baum des Volkes

Die Linde verkörpert seit Beginn des Christentums das weibliche, behütende Prinzip und steht für die Liebe, den Frieden und den Wohlstand. Diesen Werten zu Ehren erklärte man sie vor der Trennung der Tschechoslowakei zum Nationalbaum. Auch bei der Wiedervereinigung Deutschlands pflanzte man am 30.4.1990 eine Freiheitslinde vor dem Berliner Reichstag. In Deutschland steht nicht nur im alten geografischen Mittelpunkt (nahe von Herbstein in Hessen) eine Linde, sondern auch im neu errechneten Zentrum bei Niederdorla in Thüringen.

Als man 1884 in Bern eine Linde fällte, erschien unter dem Wurzelwerk ein Kupfertäfelchen mit der Inschrift: «Den 1.1.1801 im 3. Jahr unseres zerstörten Wohlstandes pflanzte diesen Baum die Gemeindekammer von Bern. Möge sein Aufwachsen unseren Wohlstand wiedersehen in Frieden und Ruhe.» Der Wunsch wurde weder den Leuten noch dem Baum gewährt. In der Geschichte von Jean Giono, «Der Mann, der Bäume pflanzte», symbolisierte eine Lindenpflanzung ebenfalls den wiedergewonnenen Wohlstand: «... sie war das unmissverständliche Zeichen neu erblühten Lebens.»

In Japan symbolisieren Lindenzweige den Frühling, und den Monat Juli nannte man auch «Lindenmonat». Dann nämlich wird der sogenannte Lichtbaum, dank seiner Tausenden von Blüten, erleuchtet. Die

---

129 Winterlinde, Wintersingen BL
Tilia cordata Mill.

ca. 350-jährig (um 1660)
5,60 m Stammumfang
1,75 m BHD

130 Linde, Bulle FR
Tilia sp.

ca. 210-jährig (um 1800)
2,85 m Stamm- & Taillenumfang
0,92 m BHD

Viele hundert Kilometer südlich vom Zentrum der Region, wo die Tradition der geleiteten Linde gepflegt wird, steht dieses Exemplar.

Blüten mit ihrem betörenden Duft waren Anlass, das Liebesnest damit zu polstern. Der wohltuende Schatten einer grünen Lindenlaube war es auch, unter dem Isolde und Tristan über den Kummer ihrer unehelichen Verbindung hinweg fanden. Jeremias Gotthelf erzählt von Elsi, der seltsamen Magd, die zusammen mit ihrem Mann von französischen Truppen unter einer Linde bei Fraubrunnen hingerichtet wird. In einer dänischen Sage wuchsen, als man ein Pärchen nach seinem Tod getrennt auf verschiedenen Seiten des Friedhofes begrub, zwei auf den Gräbern gepflanzte Linden über das Gotteshaus, um ihre Zweige ineinander zu flechten. Die Linde trägt nicht zufällig die Symbolik der Liebe in ihren Blättern. Das stilisierte Lindenblatt war der Ausgangspunkt der vereinfachten Herzform, die mit der des Organs im menschlichen Körper nicht viel gemein hat. Die Tradition, dass junge Männer in Italien am 1. Mai einen Lindenzweig an den Türklopfer ihrer Angebeteten steckten, existierte auch in Frankreich. Mutigere Burschen platzierten den Zweig in der Mainacht auf dem Schornstein. Der französische Brauch, nach der Heirat als Erinnerung ein Stück Lindenborke mitzunehmen, schadet einem Baum jedoch beträchtlich. Die glückbringende Tradition, einen Nagel in eine Linde zu schlagen, bedeutete für manchen sogar den Tod. So zählte man bei einer Linde in Frankreich angeblich 70 000 Nägel.

131 Linde, Stein a. Rhein SH
Tilia sp.

373-jährig (1636)
4,70 m Stammumfang
1,58 m BHD
32,00 x 31,00 m Kronenbreite

Die schönste geleitete Linde verfügt sogar über einen doppelten Astkranz.

Zum Kultbaum wurde eine Linde in Bad Sooden-Allenbach, die den Dichter Wilhelm Müller im 19. Jahrhundert zu seinem berühmten Text inspirierte, den Franz Schubert 1827 vertonte: «Am Brunnen vor dem Tore, da steht ein Lindenbaum, ich träumt' in seinem Schatten so manchen süssen Traum; ich schnitt in seine Rinde so manches liebe Wort; es zog in Freud' und Leide zu ihm mich immer fort.»

Im Verlaufe der Jahrhunderte ist die Dorf- oder Stadtlinde, die viele Generationen begleitete, den Menschen so ans Herz gewachsen, dass sie, anstelle der Kirche oder des Gemeindehauses, als eigentlicher Ortskern betrachtet wurde. Sie war der Treffpunkt, unter dem öffentliche Bekanntmachungen kundgegeben wurden. Malters im Kanton Luzern, ursprünglich «mahal-tre», heisst deshalb «Treffpunkt-Baum». Wenn die Linde nicht im Mittelpunkt stand, so fand man sie zumindest auf dem Festplatz oder dem Anger. Die meisten Linden, die in Europas Städten einst kennzeichnend waren – im deutschen Sprachraum beziehen sich 1142 Ortsnamen darauf –, fielen mittlerweile der Verkehrsdichte zum Opfer. In den Stadtpärken konnten sie sich aber trotz dem reichen Angebot an exotischen Baumarten behaupten. Auch als Allee oder Baumreihe säumen sie Strassen, die zu imposanten Herrenhäusern führen. Zu den bekanntesten Lindenalleen gehörte der Berliner Platz «Unter den Linden», der im zweiten Weltkrieg allerdings vernichtet wurde. Alte Alleen sind auch heute noch in Gefahr. Durch die Verbreiterung der Strassen und die neuen Verkehrssicherheitsvor-

schriften werden sie eine nach der anderen gefällt oder mit Neupflanzungen ersetzt. Selbst Mecklenburg-Vorpommern, das alleenreichste Gebiet, hat damit zu kämpfen. Wie Herbert Rosendorfer in «Die springenden Alleebäume» meint, haben es die bösartigen Alleebäume besonders auf unschuldige Raser und Betrunkene abgesehen und fallen nur sehr selten über ein Polizeiauto oder einen Krankenwagen her.

Eine vergessengegangene Sitte ist die Pflanzung von Richtslinden. Diese standen in verschiedenen Himmelsrichtungen und wurden meistens in Abständen von einem Kilometer gepflanzt. Solche Wegmarkierungen und Orientierungshilfen sind im Zeitalter digitaler Navigationsgeräte längst überflüssig geworden. Auch Markier- und Grenzlinden wurden vielerorts mit Steinen ersetzt, und die meisten Schützenlinden, die man als schützende Laube für die Schützen um 1500 pflanzte, wurden bei der Vergrösserung der Stadt und der Verlegung von Schützenhaus und Schiessanlage gefällt.

In ländlichen Gegenden findet man dafür noch immer die typische Bauern- und Hoflinde auf dem Gut oder einer markanten Erhebung. Sie sollte apotropäische Eigenschaften besitzen und Blitze auf sich ziehen, wurde aber meistens anlässlich der Geburt eines Kindes, der Vermählung eines Paares oder beim Tod eines Verstorbenen gepflanzt. Die Linde ist wegen ihrer hohen Lebenserwartung zum beliebtesten Gedenkbaum geworden. Geehrt wurde sie auch dem Missionar Bonifatius, der den grössten Werbefeldzug für die Anpflanzung von Linden führte. Der Reformator Martin Luther wurde hingegen mit der Eiche in Verbindung gebracht. Eigenartigerweise gibt es aber ebenso viele «Luther-Linden» wie Eichen, die auf seinen Namen getauft wurden. Die Linde ist nun einmal der Gedenkbaum schlechthin. Unzählige Gedenk- oder Schlachtenlinden zeugen vom Dreissigjährigen Krieg (1618–1648) oder vom Deutsch-Französischen Krieg (1870/71). In Frankreich wurde die Linde als Zeichen der Freiheit deklariert und dem Nationalfeiertag, dem 14. Juli, gewidmet. Der erste Freiheitsbaum in Frankreich wurde 1790 vom Pfarrer Norbert Pressac de la Chagneraye gepflanzt. Abgestorbene Freiheitslinden wurden wie Tote bestattet und Frauen, die am Revolutionswahn nicht teilhaben wollten, schor man die Köpfe und zwang sie, der Freiheit zuliebe, die Bäume zu umarmen. In Rouen wurden neun Leute zum Tode verurteilt, da sie einen Freiheitsbaum fällten. Nach dem Sieg im zweiten Koalitionskrieg (1799–1802) über die Österreicher pflanzten die Franzosen 60 000 Freiheitsbäume, darunter viele Linden. Innerhalb von zwei Wochen wurden alleine nach Napoleons Sieg über die Schweiz von den Besetzern 7000 Freiheitsbäume errichtet. Meistens bestand dieser Freiheitsbaum, wie beispielsweise vor dem Basler Münster, nur aus einem hölzernen Pflock. Diesen schmückte man mit Fahnen und einem grünen Hut. Als die französische Fremdherrschaft 1813 abzog, wurden die meisten Freiheitsbäume gefällt, da sie für die Einwohner höchstens als Baum der Unterdrückung verstanden wurden. Einer der letzten alten Freiheitsbäume von 1798 wurde im

**132 Linde,
Estavayer-le-Lac FR**
Tilia sp.

462-jährig (1547)
7,60 m Stammumfang
2,21 m BHD
6,35 m Taillenumfang

Adventivwurzeln im Stamminneren haben eine solche Zugkraft, dass sie mühelos eine ganze Stammhälfte aufrecht halten können.

Frühjahr 2007 im zürcherischen Oberstammheim trotz Gegenwehr aus der Bevölkerung von der Gemeinde aus Gründen der Verkehrssicherheit zerstört. Die Linde war trotz ihres schrägen Stammes standfest und hatte sogar kräftige Adventivwurzeln gebildet, wie sich nach der Fällung herausstellte. Viele Freiheitslinden, die nach dem zweiten Weltkrieg angepflanzt wurden, sind auch in Deutschland verschwunden.

Der Freiheitsbaum ist aus dem Maibaum entstanden. Erste Belege dieses Brauches gehen auf das 13. Jahrhundert zurück. Am 1. Mai feiert man noch heute in Nord- und Mitteleuropa jeweils das Frühlingsfest. Der Maibaum ist meist eine mit Kränzen geschmückte, entastete Birke oder Fichte, die umtanzt wird. In der Umgebung von Fulda in Hessen nennt man die fichtene Konstruktion des Maibaumes aber «Linde».

DAS «LIGNUM SACRUM» UND PHILYRAS BLÜTEN

Die Wortherkunft des Begriffes «Linde» ist nicht eindeutig geklärt. Das indogermanische Adjektiv «lento-s» bedeutet biegsam, im Latein heissen «lentus» und «lenis» gelind und mild. Dies bezieht sich vermutlich auf den Bast des Baumes. Auch das altnordische «lind», ursprünglich der Gegensatz zu «rau», meint den glatten und weichen Bast des Baumes, und der wissenschaftliche Name «tilia» leitet sich vom griechischen «tilos» ab, was «Faser» bedeutet. Der Bast der Linde spielte eine zentrale Rolle. Aus ihm stellte man bereits zu Zeiten der Pfahlbauer Kleidung und Betten, später Schnüre, Papier und Pantoffeln her. Die Meswaki-Indianer nennen die Linde deshalb «Schnurbaum». Sogar Kriegsschilde wurden aus dem Bast geflochten, da sie federleicht waren und gleichzeitig Schläge abfederten. Man nannte diese «Linden», und «Lindenschild» galt ursprünglich als eigenständiger Begriff. Das altnordische «lindi» bedeutet Gürtel oder Schwertgurt, und Geländer hiess einst «Latte aus Lindenholz».

Für die Altar-, Krippen- und Madonnenschnitzer ist das weiche Holz der Linde der heilige Werkstoff, dass «lignum sacrum». Aus dem Handel sakraler Gegenstände entstand bald ein lohnendes Geschäft, weshalb Hieronymus Bock meinte: «Die Leute verehren anstelle der Heiligen die geschnitzten Bilder aus Lindenholz.» Kostspielig ist das ätherische Öl aus den Fruchtkapseln von Sommer-, Winter- und Silberlinde, das mit dem zehnfachen Wert von Rosenöl aufgewogen wird. Im 18. Jahrhundert verfeinerte man mit Samen und Blüten sogar Schokolade, und die wertvollen Lindenwälder nannten schon römische Imker die «heilige Bienenweide».

Die schweiss- und harntreibenden sowie schleim- und krampflösenden Wirkstoffe der Blütenstände waren bereits den Griechen bekannt. Die Linde war ihnen heilig, denn in ihr sahen sie die Göttin Philyra selbst. Die «lindernde» Eigenschaft der Blüten wurde aber erst ab dem 16. Jahrhundert vielseitig genutzt. Im schweizerischen Arzneimittelbuch sind allerdings nur Sommer, Winter- und Holländische Linde für medizinische Verwendungen zugelassen, und der tägliche Genuss von Lindenblütentee kann herzschädigend sein. Im Nordpfälzischen heisst es aber schlicht: «Linneblut (Lindenblüte) ist für alles gut.» Als Medizinalbaum wurde der Linde manch übernatürliche Fähigkeit zugeschrieben. Noch um 1800 befahlen Priester im zürcherischen Hirzel den Leuten bei Zahnweh einen kräftigen Biss in die Rinde einer Linde. Ob der Zahn dabei einfach ausgerissen wurde oder die Wirkstoffe Wunder bewirkten – das Vorgehen war offensichtlich erfolgversprechend. In Stammheim verabreichte man Kindern zum selben Zweck einen Brei aus zerstossenen Lindensprossen. Pulverisierte Lindenholzkohle diente als Zahnpflegemittel, und der Brei aus kaltem Wasser und geschabtem Bast beschleunigte die Heilung bei Brandwunden. Baumheilkundlich hilft die Linde rastlosen Menschen, ihre innere Ruhe zu finden, und Lungenleidende finden Linderung, wenn sie frühmorgens unter einer Linde 150-mal ein- und ausatmen.

In der Schulmedizin macht man sich die unbegrenzte Lebenskraft der Linde zu Nutzen. Das Meristem (teilungsaktives Pflanzengewebe) ist reich an pflanzlichen Wachstumshormonen. In der Gemmotherapie wird dieses den Knospen (Gemma), Wurzeltrieben und jungen Trieben entnommen und in eine Alkohol-Glyzerin-Lösung eingelegt. Besonders Teile der Sommerlinde fördern aktiv die Regeneration des menschlichen Körpers.

In der Mythologie tauchte die Linde deshalb wohl auch in Verbindung mit dem Drachen mit Langlebigkeit und Unverwundbarkeit auf. Wird der Stamm einer Linde gekappt, entwachsen ihm neue Stämmlinge, wie dem geköpften Drachen neue Köpfe wachsen. Auch in der germanischen Nibelungensage von Siegfried heisst es, dass der Held Unverwundbarkeit erlangt, wenn er im Blute des von ihm getöteten Drachens badet. Wegen eines Lindenblatts, das auf Siegfrieds Schulter kleben blieb und die vollständige Benetzung vereitelte, konnte Hagen aus Tronje Siegfried mit einem Speer niederstechen. Dies geschah bei einer Quelle unter einer Linde im Odenwald. Ein lebensspendender Baum ist die Linde auf den Kanarischen Inseln in Fierro. Als «Weinender Baum», von dem in Jahren der Dürre heiliges Wasser tropft, löscht sie allen Menschen und Tieren auf der Insel den Durst.

133 Winterlinde, Burtigny VD
Tilia cordata Mill.

ca. 400-jährig (um 1610)
8,60 m Stammumfang
2,61 m BHD
8,15 m Taillenumfang
18,00 m Kronenbreite

Sogar die Kronenäste dieses ehemaligen «Kopfbaumes» werden regelmässig gekappt, wobei besenartige Triebe entstehen und die Aststummel mit der Zeit unorganisch verkratten.

DIE LINDE

134 Sommerlinde, Iseltwald BE
Tilia platyphyllos Scop.

ca. 450-jährig (um 1560)
8,50 m Stammumfang (schräg)
2,71 m BHD (schräg)
7,50 m Taillenumfang

135 Linde, Glarus Nord GL
Tilia sp.

ca. 250-jährig (um 1760)
5,80 m Taillen- & Basisumfang

Die Linde – Baumporträts

Die Schweiz verfügt im Vergleich zu den Nachbarländern, wo einige Linden über 15 m Stammumfang haben, über keine international bedeutenden Exemplare. Auch in der Vergangenheit waren solche Linden bei uns nicht bekannt. Die dickste mass 11,10 m, stand in Münchenwiler, wurde jedoch am 23.1.1890 vom Sturm zerstört. Die älteste mit einem geschätzten Alter von 1000 Jahren stand in St. Blaise. Heute ist von ihr nur noch ein kleiner Teil des Strunkes erhalten, der, mit Efeu überwachsen, kaum auffällt. Noch mindestens 34 Linden mit einem Stammumfang von über 7 m und 13 mit über 8,50 m existieren in der Schweiz. Wie praktisch alle Bäume hier haben auch sie nur einen kleinen geschichtlichen Hintergrund und sind deshalb trotz ihrer mächtigen Gestalt weitgehend unbekannt geblieben.

Bisher galt die berühmte «Linner Linde» im Aargau als der dickste Baum der Schweiz. Die Recherchen von «pro arbore» haben aber ergeben, dass einige Edelkastanien und Mammutbäume ihren Stammrekord überbieten. Sogar eine gänzlich unbekannte Linde im Gürbetal hat grössere Stammdimensionen. Diese typische Bauernhof-Linde, wie man sie im Bernbiet überall findet, steht in Äbnit bei Burgistein (vgl. Nr. 120). Gewaltig ist nicht nur ihre Basis, die ihr in der Hanglage perfekten Halt gibt, sondern auch ihre Taille. Diese liegt unterhalb des ersten Astes in 4 m Höhe und misst dort noch 9,50 m. Wer die Linde aber gesehen haben will, sollte unbedingt durch eine der beiden Stammhöhlungen ins Innere kriechen. Erst dort wird ersichtlich, wie gigantisch die Linde wirklich ist. Ein kaminartiger Hohlraum ermöglicht einen Blick zur Spitze des Baumes. Interessant sind die Überwallungen, vor allem aber eine Adventivwurzel mit 1,40 m Umfang. Adventivwurzeln sind eine Art Luftwurzeln, die im Stamminneren Richtung Boden wachsen, um so gezielt gewisse Stamm- und Kronenpartien zu ernähren. Die Nährstoffe können somit in direktem Wege an einen Ort gelangen, ohne über die Stammbasis verloren zu gehen. Fast alle Baumarten verfügen über diese Fähigkeit. Allgemein meint man, dass hauptsächlich die Linde Adventivwurzeln bildet. Das liegt aber nur daran, dass andere Baumarten früher sterben respektive vor der Entwicklung einer auffallend grossen Adventivwurzel gefällt werden. So entstehen beispielsweise bei Linden nach Jahrhunderten baumdicke Adventivwurzeln, die teilweise sogar den Stammmantel vollständig ersetzen und beim Zerfall des Stammes die statische Rolle übernehmen.

Die «Linner Linde», die bisher als mächtigster Baum der Schweiz bezeichnet wurde, gehört wegen ihrer Gesamterscheinung zu den beeindruckendsten Bäumen Europas (vgl. Nr. 121). Kaum ein Baum verkörpert maximale Wachstumsreife und jugendliche Vitalität so schön wie der grösste Baum im Aargau, der übrigens in der kleinsten Gemeinde des Kantons steht. An Ort und Stelle befindet sich der Fixpunkt des europäischen Fernwanderweges Pyrénées–Jura–Balaton. Unzählbar sind die Besucher, die der Linde wegen eine Reise nach Linn unternehmen. Die Meinungen, was das Alter des Baumes betrifft, gehen weit auseinander. Überliefert ist die Sage, dass der heilige Gallus, ein irischer Missionar, bereits im 6. Jahrhundert unter der Linde ausruhte oder sie sogar gepflanzt hat. Die Wahrscheinlichkeit, dass Gallus an diesem exponierten Ort tatsächlich eine Linde pflanzte, ist gross, denn die Linde galt als Symbol des Christentums und wurde deshalb überall verbreitet. Vermutlich lebte diese Linde oder eine Nachgängerin noch 1307, als das Dorf erstmals in einer Urkunde als «in dem dorf ze Lind» bezeichnet wird. Der Name «Linn», der 1363 auftaucht, dürfte von dem althochdeutschen Wort «lint-ahe» stammen, was «beim Lindenholz» bedeutet. Als in Europa eine der schlimmsten Pestepidemien wütete, kam die todbringende Krankheit 1348/49 auch nach Linn. Die wenigen Überlebenden begruben die Toten ausserhalb des Dorfes. Etwa zur selben Zeit wurde wahrscheinlich die heutige Linde gesetzt. Nach dem Volksglauben war es die Linde, die Krankheiten fernhielt und so das Land vor weiterem Unheil schützen sollte. In Pestlinden, so glaubte man, könne die Pest gebannt werden. Als weiteres Pflanzdatum käme das Jahr 1415 in Frage, als die habsburgische Macht endete und die neuen Herren aus Bern eintrafen. Die «Linner Linde» steht apokalyptisch mit der zwei Kilometer Luftlinie entfernten Habsburg in Verbindung. So hiess es: «Leit d'Linde-n-ihr's Chöpfli ûfs Ruedelis Hûs, se-n-isch's mit alli Welten ûs.» Was bedeutet: Spätestens wenn die Linde so gross ist, dass sie ihren Schatten auf die Habsburg wirft, dann ist die Zeit der österreichischen Macht vorüber. Der Mathematiker Karl Matter berechnete, dass zweimal im Jahr tatsächlich der Schatten auf die gegenüberliegende Talseite geworfen wird. Die Wirtin auf der Habsburg hat dies allerdings innerhalb von 65 Jahren erst einmal erlebt. Es ist ein Wunder, dass die Linde überhaupt so gross werden konnte. Erstmals in Gefahr war sie 1586, als sie gefällt werden sollte, weil unter ihr, so erzählte man sich, eine Anna Meier mit dem Teufel in Verbindung getreten sein soll. Die als Hexe verschriene Frau wurde aus dem Land verwiesen und die Linde glücklicherweise stehen gelassen. Lange Zeit glaubte man, dass die Frau, die unter der Linde gesehen worden war, die «Weisse Frau» gewesen sein soll. Diese heilbringende Gestalt, die symbolisch in der Linde zu Hause war, geisterte seit der Einführung der Reformation 1528 nach Ansicht der Bevölkerung ruhelos um die Pestlinde. Dass in neuer Literatur die Linde als erst 340-jährig beschrieben wird, hat damit zu tun, dass von 1667–1669 eine weitere Pestepidemie das Dorf Linn fast auslöschte. Der Sage nach soll nur ein Überlebender die Toten bestattet und darauf die Linde gepflanzt haben. Es ist durchaus möglich, dass eine Linde an

136 Sommerlinde, Homberg BE
Tilia platyphyllos Scop.

ca. 250-jährig (um 1760)
7,00 m Stamm- & Taillenumfang
2,23 m BHD

137 Sommerlinde, Trubschachen BE
Tilia platyphyllos Scop.

ca. 275-jährig (um 1735)
7,50 m Stammumfang
20,00 m Basisumfang

einem idealen Standort über 3 cm pro Jahr im Umfang zunimmt. Dass sie jedoch diese Wachstumszunahme halten konnte, obschon sie zwischenzeitlich immer wieder stark beschädigt wurde, ist zu bezweifeln. So wurde sie 1863 durch einen Brand massiv beschädigt. Danach war ein Stammdurchgang entstanden, weshalb man, um den hohlen Stamm wieder zu füllen, gedankenlos eine andere Linde in den Hohlraum pflanzte. Es war indes fast schon ein Glück, dass der konkurrenzierende Jungbaum 1908 bei einem Lagerfeuer Jugendlicher abbrannte. Allerdings stand auch diesmal die alte Linde wieder lichterloh in Flammen, konnte aber von der Feuerwehr rechtzeitig gelöscht werden. Der Grossteil der Krone war beschädigt, und mit Drahtseilen und Betonplombierungen versuchte man, das Leben des Baumes zu erhalten. Die Firma «Tilia Baumpflege» entfernte 1979 die veralteten Sanierungsmethoden, die mehr geschadet als genützt haben. Kurz danach brannte die Linde am 2.7.1979 aber wieder. Solche Feuerattacken schaden einer Linde glücklicherweise viel weniger als vermutet. Feuer greift nicht nur das Holz an, sondern verbrennt auch sämtliche Parasiten und Pilze. Eine Linde reagiert danach mit starker Wundabschottung. Innerhalb und ausserhalb des Stammes bilden sich Überwallungen und somit eine neue Borke, die gleichzeitig die Stabilität festigen. Die Linde hat sich jedenfalls bestens erholt und ist kräftiger denn je. Noch sieben Hauptäste tragen die mächtige Krone. Wenn weiterhin alles gut verläuft, wird sie eine der wenigen Linden, die in Europa einen Stammumfang von über 15 m erreichen.

In Marchissy, neben der Kirche, steht eine Linde, die fast so mächtig ist wie jene von Linn (vgl. Nr. 122). Sie ist eine von zwei Linden, die 1380 gepflanzt wurden, als man den Kirchturm baute. Allerdings überlebte nur eine der Linden bis heute. 1723 findet man sie in einem Grundriss der Gemeinde eingezeichnet. Um 1800 schlug ein Blitz in die Krone und die Linde brannte für kurze Zeit. Es ist anzunehmen, dass die Krone damals beschädigt oder gekappt wurde. Das kann man daraus schliessen, dass die Stammform in einer Höhe von 3 m topfartig ist. Der Hohlraum ist mit so viel Humus gefüllt, dass man sich gemütlich darin niederlegen könnte, würden nicht unzählige Neutriebe die Fläche bedecken. Die alte Linde hat nach dem Blitzschlag nicht mehr gross an Stammumfang zugenommen, denn sie musste erst eine neue Krone aufbauen. Man vermass 1906 den Stammumfang mit 10,00 m. Seit damals sind hauptsächlich die Äste wieder kräftiger geworden, die heute sogar teilweise durch eine Stahlkonstruktion gestützt werden.

Ebenfalls schon sehr alt ist die Kirchlinde in Fiez (vgl. Nr. 123). Sie besteht nur noch aus zwei einzelnen Stammteilen, wovon der eine durch das Abdriften der Stammwand eine horizontale Fläche gebildet hat. Dass diese Kirchlinde ein fortgeschrittenes Alter hat, zeigen die steinharten treppenartigen Innenüberwallungen, die man nur bei sehr alten Linden findet. Bevor ein Stammteil fehlte, mass die Linde 1925 noch 9,35 m. Das Pflanzdatum dürfte nicht auf die Zeit des Kirchenbaues im Jahre 1179 zurückgehen, sondern hängt eher mit dem Jahr 1532 zusammen, als die Kirche reformiert wurde.

Die Kirchlinde in Savigny stammt wahrscheinlich ebenfalls nicht aus der Zeit, als die dortige Kirche gebaut wurde (vgl. Nr. 124). Diese brannte nämlich 1538 ab. Die Linde wurde vermutlich erst danach gepflanzt. Auch sie verfügt nur noch über einen Teil ihres einstigen Stammes und hat ihr Dickenwachstum praktisch eingestellt. Einzig eine neue, ebenfalls schon etwa 150 Jahre alte Stocklode, die sich wegen ihrer Borke vom Rest des Baumes unterscheidet, gibt der Linde einen jüngeren Charakter. Noch älter dürfte nur die Linde in Naters sein, die bereits 1357 als «magnam» (gross) bezeichnet wurde. Sie ist wohl tatsächlich etwa 850 Jahre alt. Ihrer Stammform und der harten glatten Borke nach zu urteilen, muss es sich um einen sehr alten Baum handeln; die Linde war aber nie viel umfangreicher als 7 m. Der Baum steht in einem genauso alten Steinpodium und ist deshalb kaum gewachsen. Die Linde in Naters ist eine Gerichtslinde. Die Basis einer ehemaligen Prangersäule, woran die Verurteilten mittels Halseisen zur Schau gestellt wurden, ist noch zu erkennen.

Wie unterschiedlich die Wachstumsphasen eines Baumes sind, zeigt eine der mächtigsten Linden des Landes. Sie steht in einem für

138 Linde, Broc FR
Tilia sp.

ca. 350-jährig (um 1660)
7,15 m Stammumfang
2,23 m BHD
6,70 m Taillenumfang

die Öffentlichkeit nicht zugänglichen Privatpark in Muri bei Bern (vgl. Nr. 125). Der gewaltige Stamm würde auf ein hohes Alter schliessen lassen, wäre die Gesamterscheinung nicht von eindeutig jugendlichem Wuchs. Der mächtige Stamm, der bis auf einen Meter Höhe aufgeschüttet ist, wurde einst sogar plombiert. Die Linde hat aber diese Stellen längst überwachsen. Einzig einige schwere Plombierungen in einem der sechs hohlen Hauptäste sind eine grosse Gewichtsbelastung und sollten unbedingt baumchirurgisch entfernt werden. Das nebenstehende Haus wurde 1650 erbaut; allerdings gehörte die Linde früher noch zu Kirche und Pfarrhaus nebenan. Deshalb könnte die Pflanzung bei der Renovation der Kirche im Jahre 1550 erfolgt sein. Mit 460 Jahren ist der Baum jedenfalls noch voll im Saft.

Sehenswert ist eine Linde in Seeberg (vgl. Nr. 126). Nach Beschreibung von Fachleuten soll sie aus einem Stockausschlag entstanden sein. Der alte Stamm wurde aber früher, wie ein altes Bild dokumentiert, gekappt. Somit sind nicht nur mehrere Stämme aus derselben Höhe gewachsen, sondern diese haben sich zusätzlich wegen der un-

natürlichen Baumarchitektur proportional zu den grossen Hauptästen geformt, die der Baum mit Hilfe von Reaktionsholz stützenartig unter den Ästen bildet. Dadurch entsteht ein stark geriefter Stamm, der mit der Zeit an einzelne nebeneinander stehende Bäume erinnert. Die Form wird noch unterstützt, da die Fäulnis dazwischen für eine Trennung sorgt. Dank der Überwallungskunst einer Linde wird diese aber wieder geschlossen, womit eine Stammnaht entsteht. Eine solche Wuchserscheinung führt auch heute noch die meisten Baumspezialisten aufs Glatteis, und schnell ist die Rede von einem aus mehreren Stämmen zusammengesetzten Baum. Diese Alterserscheinung ist nichts Besonderes, selten findet man sie aber so formschön wie in

Seeberg. Vor allem die Sicht aus der Vogelperspektive offenbart den aufgesplitterten Sternenstamm. Die Linde in Seeberg wurde angeblich 1528 zur Erinnerung an die Einführung der Reformation gepflanzt. Die Kirche selbst stammt aus dem Jahr 1517.

Die alte «March-Linde» in Buchberg ist erst auf dem Weg zu dieser Stammform (vgl. Nr. 127). Nachdem 1947 ein Blitz die kleinere Linde getroffen hatte, füllte man eine Betonplombe in den hohlen Stamm. Die Linde wurde dadurch in ihrer Bewegungsfreiheit eingeschränkt und fiel am 26.6.2007 einem Sturm zum Opfer. Statt dass man die alte Linde nun frei hätte wachsen lassen, setzte man eine junge Linde daneben. Man will damit erreichen, dass sich zwei Linden wie früher zu einem Halbkreis zusammenschliessen. Die neue Linde kann aber wegen des grossen Altersunterschieds nie eine geschlossene Symbiose mit der alten Linde eingehen. Zudem bedrängt sie die bestehende Linde, da sie viel zu nahe gepflanzt wurde. Der Geschichte zu Folge ist die «March-Linde» auf dem «Murkatfeld» eine Grenzlinde, die an einem alten Säumerpfad steht. «March» ist das althochdeutsche Wort für «Mark» und heisst «Grenze» respektive «Markierung». Es ist nicht ausgeschlossen, dass diese grenzbestimmende Linde ursprünglich hätte geleitet werden sollen.

Ähnliches versuchte man bei einer Linde in Diessenhofen (vgl. Nr. 128). Diese steht oberhalb des ehemaligen Dominikanerinnenklosters St. Katharinental, das im 13. Jahrhundert gegründet wurde. Von ehemals acht Kranzästen entspringen dort noch sechs in ein und derselben Höhe. Möglicherweise wurde aber mit dem Versuch, eine geleitete Linde zu schaffen, erst begonnen, als die Linde bereits einen kräftigen Mitteltrieb besass. Da durch die unnatürliche Förderung der unteren Äste und deren Dickenwachstum der Kraftfluss hauptsächlich in diese geleitet wurde und die Nährstoffe nur schwer zwischen den Kranzästen auch bis zum oben angesetzten Mitteltrieb vorbei gelangten, begann dieser frühzeitig zu kümmern. Er ist deshalb abgängig, und da er über einen Riss verfügt, müsste er allenfalls bei Zeiten gekürzt werden, bevor der Grossteil herunterbricht und die Linde auseinanderreisst. Bei Tanzlinden ist ein Absterbeprozess des Mitteltriebes oft zu beobachten, weshalb die meisten alten nur noch über die Seitentriebe verfügen. Diese Erscheinung hat dazu geführt, dass man vermutet, solche Linden seien von Beginn an gekappt worden. In manchen Fällen findet man aber auch geleitete Linden, bei denen der Mitteltrieb noch vorhanden ist.

Eine solche steht in Wintersingen (vgl. Nr. 129). Über sie ist leider so gut wie nichts bekannt. Ein Dorfbewohner erzählt jedoch, wie eines Tages im nebenstehenden Haus eingebrochen wurde. Als das Gebiet kurz danach von der Polizei abgeriegelt wurde und der Dieb hätte gestellt werden sollen, liess sich dieser trotz gründlichster Suchaktion nicht finden. Am nächsten Morgen, als die Aktion schon längst abgebrochen worden war, bekam die Polizei von einem Kind einen wichti-

139 Linde, Gorgier NE
Tilia sp.

ca. 500-jährig (um 1510)
7,00 m Stammumfang
2,37 BHD
6,90 m Taillenumfang

Gespaltene Persönlichkeiten trifft man bei alten Linden europaweit nicht selten an. In der Schweiz sind sie nur deshalb selten, weil sie frühzeitig gefällt werden.

gen Hinweis: Die alte Linde, deren Stamminneres durch eine Öffnung erreichbar ist, diente offensichtlich als Versteck des Diebes. Die abgetragene Erde hat das Wurzelwerk der Linde mittlerweile so freigelegt, dass man das Gefühl hat, sie stehe auf einem wurzellosen Sockel. Einer der zurückgeschnittenen Kranzäste erinnert an einen Kamelkopf. Ein Nachbar hat den Hohlraum der Linde letzten Dezember zu einem Adventsfenster umgestaltet. Dabei wurde das Ganze von innen her beleuchtet, und Weihnachtsschmuck hing im Geäst – ein ganz besonderer Weihnachtsbaum.

Da in der Schweiz nie wirkliche Tanzlinden existierten und auch geleitete Linden nur ansatzweise gepflegt wurden, ist es erstaunlich, dass immerhin noch die geleitete Linde in Bulle über ein Stützwerk verfügt (vgl. Nr. 130). Sie besitzt auch wegen ihres Standortes eine grosse Bedeutung. Es handelt sich nämlich um den am südlichsten gelegenen Ort Europas, wo eine solche Wuchsform vorkommt. Geleitete Bäume waren früher verbürgt in Luzern, in Winterthur an der Zunft zur Oberstube, in Basel an der Kirche Münchenstein oder beim Kloster Einsiedeln, in Muri, St. Urban oder im Herrenbaumgarten Allerheiligen in Schaffhausen. Letztere war um 1580 weitherum bekannt. Einzigartig waren auch zwei Linden, die um 1570 am Schützenhaus «am Spitz» in Zürich standen und deren Äste ineinander gewachsen eine Plattform bildeten, die einer Trinkstube Platz bot. Solche «Schützenlinden» standen auch am Schützenhaus bei Zofingen oder

Der mächtigste Ast der Linde ist leider nach einem Sturm 2012 teilweise abgebrochen.

140 Linde, Villiers NE
Tilia sp.

ca. 400-jährig (um 1610)
5,05 m Stammumfang
2,20 m BHD
4,80 m Taillenumfang
34,00 x 27,50 m Kronenbreite

beim Schützenpavillon in Brugg und waren meistens geleitet, damit sie bei Feierlichkeiten eine möglichst breite Laube bildeten.

Einzigartig ist eine «Schützenlinde», die vermutlich 1636 beim Bau des Schützenhauses «im Rieth» in Stein am Rhein gepflanzt wurde (vgl. Nr. 131). Bereits 1662 ist sie auf einem Stadtplan eingezeichnet, und 1760 wird sie auf einer Bleistiftzeichnung als stattliche geleitete Linde dargestellt. Wie aber Fotografien um 1900 zeigen, war der Stamm früher höher. Möglicherweise wurde er, nachdem das Schützenhaus im 19. Jahrhundert abgerissen worden und das Grundstück 1967 an einen privaten Käufer gegangen war, mit Erde aufgeschüttet. Angeblich soll die Linde früher sogar ein Podium getragen haben. Alleine von ihren äusserlichen Attributen betrachtet, würde sie ohne weiteres den Schönheitswettbewerb unter den geleiteten Bäumen gewinnen. Einzigartig ist zum einen die ausgeprägte weit ausfächernde Astkonstellation, zum anderen, dass diese geleitete Linde eine der ganz wenigen ist, die auch über einen doppelten Astkranz verfügt, der sogar wie nach Wunsch gediehen ist. Der untere Astkranz verfügt über sieben bis neun Äste, die sich in bis zu fünf weitere verzweigen. Einer davon existiert nicht mehr. Der obere Astkranz zählt sieben Äste, die sich in zwölf weitere Starkäste teilen. Auch davon fehlen heute drei Äste. Sogar der oberste Mitteltrieb splittert sich in fünf regelmässige Äste auf. Die Äste sollen nun mit fachgerechten Stützen unterstellt werden.

141 Linde, Guggisberg BE
Tilia sp.

ca. 275-jährig (um 1735)
6,90 m Stammumfang
2,20 m BHD
6,80 m Taillenumfang

Selbst wenn die gesamte Krone einer Linde auseinanderbricht, treibt sie immer wieder unermüdlich aus.

Die «Schützenlinde» in der Altstadt in Estavayer-le-Lac präsentiert ein mit Adventivwurzeln durchzogenes Stamminneres (vgl. Nr. 132). Die Linde wurde 1574 beim Bau eines steinernen Schützenhauses gepflanzt und ist demzufolge sehr langsam gewachsen, was man ihr auch ansieht.

Interessant ist weiters eine Kirchlinde in Burtigny, deren gekappter Stamm wie bei der oben erwähnten Linde im Nachbarsdorf Marchissy durch den Schnitt topfartig geworden ist (vgl. Nr. 133).

Zu den kuriosesten Bäumen gehört eine Linde in Isenfluh. Der noch 10,70 m im Umfang messende Baum steht an einem steilen Hang, ist jedoch, seitdem der letzte alte Starkast kürzlich abgebrochen ist, nicht mehr besonders eindrücklich. Neue Triebe formieren sich aber bereits wieder zu einem Ganzen. Noch verrückter wachsen zwei Linden in Iseltwald. Vor allem einer der Bäume zwängt sich regelrecht aus einer Felsritze (vgl. Nr. 134). Wie ein riesiger Drachenhals dehnt sich dieses Monster von einem Baum in die Breite. Der Stamm ist so horizontal gewachsen, dass das Reaktionsholz eine Wand gebildet hat, deren grösste Ausdehnung 10,50 m im Umfang misst. Weltweit findet sich keine zweite Linde, die an einem solchen Standort so gigantisch geworden ist. Nur eine kleinere mit einem Umfang von 5,80 m wagt es, sich noch weiter hinauszulehnen (vgl. Nr. 135). Der Stamm schwebt in der Luft und wird nur von wenigen seitlich befestigten Wurzeln gehalten. Die Linde steht an einem Felshang am «Heidenfad» in Filzbach, der Gemeinde Glarus Nord.

Dagegen sehen viele alte Linden in der Region Bern äusserst jung aus. Dort werden solche Linden immer wieder radikal geköpft, weshalb die neu ausgetriebene Krone jeweils wesentlich jünger als der Stamm ist. Wie es nach vielen Jahrzehnten aussieht, wenn eine Linde künstlich so zugerichtet wurde, sah man im bernischen Homberg (vgl. Nr. 136) oder in Trubschachen (vgl. Nr. 137) schön. Äusserlich wirken solche Linden sehr vital, sie sind jedoch durch die unnatürliche Beastung, die eine einseitige Belastungsspannung hervorruft, oft bruchgefährdet. Eine unbehindert natürlich gewachsene Krone bildet in den meisten Fällen eine vielfältigere und unregelmässigere Kronenform.

Eine herrliche Linde, die nie eine Säge gesehen hat, steht z.B. bei Broc oberhalb des Lac de Montsalvens (vgl. Nr. 138). Auch die Gerichtslinde in Gorgier (vgl. Nr. 139), die bereits ein beachtliches Alter haben dürfte, beweist, dass die gesündesten Bäume nie einen künstlichen Eingriff benötigen, auch wenn sie nicht nach Norm gewachsen sind. Alleine deswegen steht auch eine der weltweit bedeutendsten Linden auf einer abgelegenen Juraweide.

Diese Linde bei Villiers wächst, halb umrundet von einer der schönsten Alleen des Landes, auf der Weide des Hofes «Les Planches» (vgl. Nr. 140). Sie ist nicht sehr hoch, aber ungeheuer breit. Ihre Hauptäste sind teilweise fast so dick wie der Stamm, und es scheint unvorstellbar, dass sie das Gewicht dieser Äste ohne jede künstliche Hilfe zu tragen vermag. Erstaunlicherweise stützen sich nicht einmal die Äste, die so aussehen, als würden sie auf dem Boden aufliegen. Täten sie dies, würde sich wahrscheinlich durch vegetative Vermehrung ein neuer Baum bilden. Die Äste sind nicht wie bei einer geleiteten Linde flachliegend, sondern schwingen sich dynamisch in die Breite. Dadurch verteilen sie Spannung und Stauchung optimal. In dieser Form existiert nur noch eine Linde in Bernstadt in Baden-Württemberg.

Falls eine Linde ihrer Krone beraubt wird, bildet sie auch ohne menschliche Pflegemassnahmen bereits nach kurzer Zeit eine Sekundärkrone, wie man es in Sangernboden sehr schön beobachten kann (vgl. Nr. 141). Eine Linde, egal wie alt sie ist, birgt den eigenen Jungbrunnen förmlich in sich und ist deshalb theoretisch unvergänglich.

DIE MAULBEERE
Zart «beseideter» Gast seit einem halben Jahrtausend

142 Maulbeere, Schaan FL
Morus alba L.

ca. 150-jährig (um 1860)
3,30 m Stammumfang
1,12 m BHD

Der sparrige, aufgelockerte Wuchs der Maulbeere fällt nicht nur im Herbst beim Laubfall auf.

Die Maulbeere kommt in den gemässigten und subtropischen Regionen der Nordhalbkugel mit zwölf Gattungen vor. Die ersten Maulbeeren wurden bereits zur Römerzeit, oft in sonnigen Weinbergen, in den wärmsten Teilen Europas angepflanzt. In Mitteleuropa sind die Weisse Maulbeere (*Morus alba*) und Schwarze Maulbeere (*Morus nigra*) aus Asien sowie die Rote Maulbeere (*Morus rubra*) aus Nordamerika bekannt, wobei vorwiegend die erste Art als älterer Baum anzutreffen ist. Der Grund liegt darin, dass die Blätter der Weissen Maulbeere die bevorzugte Nahrung der Raupen des Seiden- oder Maulbeerspinners sind, aus dessen Kokon Seide gewonnen wird. Für die Seidenraupenzucht wurden deshalb riesige Plantagen und Alleen der Weissen Maulbeere bis nach Norddeutschland angelegt. In Deutschland wurden die ersten Bäume nach Anweisung von Friedrich III. (1415–1493) gepflanzt. Friedrich der Grosse (1712–1786) liess ebenfalls rund eine Million Weisse Maulbeeren anpflanzen. Aus dieser Zeit findet man beispielsweise auf der Maulbeerinsel, im Neckar bei Mannheim, fast dreissig Bäume. Die dicksten von ihnen messen 5,65 m im Umfang. Ebenso dick ist ein Baum in Sachsen bei Schildau. Auch im Baselbiet pflanzte man 1830 tausend Maulbeeren. Die meisten Bäume erlagen in Mitteleuropa aber dem nasskalten Klima und der Fleckenkrankheit der Raupen. Zusätzlich verdrängten günstige Seidenimporte aus Südostasien um 1900 das Gewerbe, weshalb die übrig gebliebenen Bäume gefällt wurden. In England pflanzte man im 17. Jahrhundert, ebenfalls für die Seidenindustrie, Maulbeeren an. Allerdings wählte man dabei irrtümlich den Schwarzen Maulbeerbaum, der von der Seidenraupe als Futterpflanze nicht angenommen wird. Diese Maulbeere war in Südeuropa spätestens um 1500 verwildert und bürgerte sich mittlerweile auch im Südosten der USA ein.

In der Schweiz sind nur noch wenige ältere Weisse Maulbeeren zu finden. Die dicksten, rund 2,80 m messenden Exemplare stehen in der Stadt Solothurn und in Liebenfels im Thurgau. Immerhin sieben Bäume mit einem Stammumfang von über 2,80 m wachsen im Fürstentum Liechtenstein. Die mächtigsten Exemplare messen bis zu 3,30 m und haben bereits einen hohlen Stamm.

Das gelbliche, harte Holz ist leicht und beliebt für Hockey-Schläger oder den Bootsbau. Die brombeerförmigen, länglichen Beeren, besonders die der Schwarzen und der Roten Maulbeere, sind süsslich und essbar. Da sie jedoch rasch verderben, bekommt man sie im Handel, wie Rosinen, vorwiegend im getrockneten Zustand oder als Konfitüre. Das Wort «Maul» leitet sich vom lateinischen «morum» ab, was «Brombeere» bedeutet. Angeblich hat man früher den Saft der Schwarzen Maulbeere den Kriegselefanten an den Rüssel gestrichen, um sie kampflustig und blutgierig zu machen. Eine chinesische Geschichte erzählt von einem riesigen Maulbeerbaum namens «Fu Shan», der die zehn Sonnensöhne der Sonnengöttin «Xe He» beherbergte. Als sich jedoch die zehn Sonnenbrüder, entgegen den Anordnungen ihrer Mutter, alle miteinander in den Himmel begaben, tötete der göttliche Bogenschütze «Yi» die ungehorsamen Sonnen, bis auf eine einzige, damit die Erde nicht vollständig austrocknete und die Menschen überleben konnten.

DIE MEHLBEERE
Ein forstliches Unkraut

143 Mehlbeere, Nods BE
Sorbus aria (L.) Crantz

ca. 250-jährig (um 1760)
4,30 m Stammumfang
1,65 m BHD
3,85 m Taillenumfang
23,00 x 18,00 m Kronenbreite

Dicht an dicht, bilden diese Mehlbeere und der Bergahorn eine gemeinsame Krone. Die Mehlbeere leuchtet aber im Herbst etwas lachsfarbener als der Ahorn.

Die Mehlbeere *(Sorbus aria)* hat die Sitte, sich mit Verwandten wie Eberesche und Elsbeere zu kreuzen, wobei durch zusätzliche Bastardierung untereinander eine so grosse Artenvielfalt entsteht, dass selbst für den Fachmann eine botanische Zuordnung schwierig wird. Wenn sich Mehlbeere und Eberesche kreuzen, entsteht dabei die Thüringische Mehlbeere *(Sorbus x thuringiaca)*. Die Hybridform zwischen Mehlbeere und Elsbeere nennt man Breitblättrige Mehlbeere *(Sorbus x latifolia)* respektive «Saubirn». Dieser Bastard wächst im Gegensatz zur oft mehrstämmigen Mehlbeere schneller und erreicht fast 30 m Höhe. Die Blätter sind gemäss den Elternpaaren gemischt und sogar auf demselben Baum unterschiedlich geformt. Botanikerin Walburga Liebst weist auf die komplexen biologischen Gegebenheiten bei der Breitblättrigen Mehlbeere hin. Ein generativ gewachsener Jungbaum weist dieselben Merkmale wie der Mutterbaum auf, wenn der Sämling durch die Pollen desselben Mutterbaumes bestäubt wurden. Im Vergleich zu anderen Baumteilen, die man für die vegetative Vermehrung benutzt, enthält aber die Samenanlage nur die Hälfte der Erbanlage, wobei die zufällige Verteilung der Chromosomen auf die Geschlechtszellen entscheidet, ob der Nachkomme des Hybrides eher dem Vater oder der Mutter gleicht. Ausserdem kann die Breitblättrige Mehlbeere wie einige andere Baumarten Samen ohne Befruchtung produzieren. In diesem Fall sind Mutterbaum und Nachkomme genetisch identisch und gleichen sich auch äusserlich.

Von den rund hundert Arten, die alle in der nördlichen Hemisphäre vorkommen, sind unzählige lokale Varietäten entstanden. So gehört beispielsweise «Sorbus leyana», eine endemische Form in England, zu den seltensten Bäumen der Welt, da von ihr nur noch 16 Individuen übrig geblieben sind.

Die Mehlbeere wurde wegen ihrer geringen wirtschaftlichen Bedeutung und des für die Industrie wertlosen Holzes regelrecht aus dem Waldbild ausgerottet. Zudem besteht die Gefahr, dass der zu den Rosengewächsen gehörende Baum vom Feuerbrand befallen und aus präventiven Gründen zum Schutz von Obstbäumen vernichtet wird. In den Augen der Förster und Bauern ist die Mehlbeere, wie Prof. Dr. K.C. Ewald von der ETH Zürich formuliert, «ein forstliches Unkraut». Eine Randerscheinung ist sie bis heute geblieben, und man trifft sie häufiger nur an trockenen, vom Menschen ungenutzten Standorten an. Für viele Vogelarten sind aber die apfelförmigen, kleinen roten Früchte eine wichtige Nahrungsquelle.

Dank den weissfilzigen Blattunterseiten, die im Wind silbern aufblitzen, gibt die Mehlbeere den Waldrändern eine lebendige Struktur. Bezaubernd sind auch ihre lachsrot-orange leuchtende Herbstfärbung und die selbst im Alter noch glatte, braune bis silbrig-graue Borke. Aus den Beeren, die nach dem Frost geniessbar werden, lässt sich Konfitüre herstellen. Oder man verwendet sie als Trockenobst oder Kuchenbelag.

144 Mehlbeere, Nods BE
Sorbus aria (L.) Crantz

ca. 150-jährig (um 1860)
3,65 m Stammumfang
3,30 m Taillenumfang
14,00 x 14,00 m Kronenbreite

Die Mehlbeere – Baumporträts

Die dickste Breitblättrige Mehlbeere hat, bei einem Alter von 155 Jahren, mittlerweile 2,00 m Umfang erreicht und steht im Staatswald Reppischtal. Fast so dick ist auch ein Exemplar im Alten Botanischen Garten in Zürich. Einzigartig ist in Zürich aber vor allem eine Mehlbeere oberhalb der Döltschihalde. Deren mehrstämmiger Stamm misst an seiner dünnsten Stelle bereits 2,60 m im Umfang. Vermutlich handelt es sich dabei um eine angepflanzte Schwedische Mehlbeere (*Sorbus intermedia*) aus Nordeuropa. Auch in Deutschland ist die dickste Mehlbeere eine Schwedische. Sie steht in Mecklenburg-Vorpommern auf der Insel Hiddensee und hat bei einem Alter von 110 Jahren 2,90 m Stammumfang erreicht. Die Schwedische Mehlbeere wächst im Vergleich zu unserer heimischen Mehlbeere wahrscheinlich rascher.

Die ältesten Mehlbeeren der Schweiz stehen auf dem Chasseral der Gemeinde Nods. Die drei dicksten Mehlbeeren überlebten dort wohl dank der Weidebewirtschaftung, die über Jahrhunderte gepflegt wurde. Einer der Bäume besitzt einen Stammumfang von 4,65 m und dürfte bereits ein Alter von 250 Jahren aufweisen. Leider werden genau neben den drei Grössten im Winter die Loipen gepflügt, und es besteht die Gefahr, dass die Bäume aus Unwissenheit über ihre Bedeutung gefällt oder beschädigt werden. Auf denselben Weiden findet man unter anderem noch uralte Ebereschen, Weissdorne, Bergahorne, wilde Birnen und sonstige Kuriositäten (siehe Nr. 18, 33 und 92). Botanisch betrachtet, sollte man das Gebiet als Naturweltkulturerbe ausweisen.

145 Pappel, Leuzigen BE
Populus sp.

ca. 100-jährig (um 1910)
8,40 m Stammumfang
2,74 m BHD
8,35 m Taillenumfang
30,00 x 29,00 m Kronenbreite

DIE PAPPEL
Bastarde verdrängen natürliche Populationen

Die Pappel ist weltweit mit rund 60 Arten vertreten, bildet als Weidengewächs aber – wie die Weide – unzählige Hybriden, die nur durch Genanalysen auseinandergehalten werden können. Schwarzpappeln *(Populus nigra)* beispielsweise sind äusserlich nicht an der typischen, schwärzlichen Borke eindeutig definierbar. Die Schwarzpappel war früher in Europa weit verbreitet. Als man jedoch im 18. Jahrhundert begann, die einheimischen Pappeln mit den amerikanischen Sorten zu kreuzen – um so die Wachstumseigenschaften für die Holzindustrie zu verbessern –, verdrängten die Bastarde die heimische Pappelpopulation. In der Schweiz und in Grossbritannien stehen heute schätzungsweise noch etwa 2500 Individuen, und auch in anderen Ländern ist die Schwarzpappel vom Aussterben bedroht.

In Eurasien und Amerika ist die Italienische Pappel *(Populus nigra var. italica)* weit verbreitet. Entstanden ist sie vermutlich wie die Pyramideneiche durch eine Mutation der Schwarzpappel. Um 1750 findet man die ersten Urkunden über Säulenpappeln. Die Bäume stammen aus der Lombardei von einem einzigen männlichen Exemplar ab und konnten deshalb nur anhand von Stecklingen und Ablegern vermehrt werden. In Deutschland pflanzte man Ende des 19. Jahrhunderts die ersten weiblichen Säulenpappeln. Allerdings handelte es sich dabei um breitwüchsigere Formen, die wohl aus Kreuzungen mit der Italienischen Pappel entstanden sind und deshalb als Pyramidenpappel bezeichnet werden. Es wird auch angenommen, dass die Säulenform der Pappel ursprünglich aus Asien stammt. Vor allem Napoleon gab Anweisung, die Säulenpappel als Alleebaum an die Heerstrassen zu pflanzen, damit sie bei hohem Schnee den Weg markierten. Ein Alleebaum ist sie wegen der Platz sparenden Krone bis heute geblieben, und mancherorts zeigen die kahl geschorenen Baumstämme wie warnende Finger in den Himmel.

Die Zitterpappel heisst botanisch «*Populus tremula*». «Tremula» leitet sich vom lateinischen «tremere» ab, was «zittern» bedeutet. Sie wird auch Espe genannt. «Zittern wie Espenlaub» geht der Sage nach darauf zurück, dass die Pappel ihr Holz für das Kreuz Christi hergab und deshalb mit dem Fluch ewigen Erzitterns bestraft wurde.

Die königlichste unserer Pappeln ist die Silberpappel *(Populus alba)*. Man nennt sie auch «Wasser-» oder «Schneepappel», «Alber» oder «Allerbaum». Letzteres kommt vom lateinischen Adjektiv «albulus» für «weisslich». Die silberne Erscheinung verdankt sie ihrer Blattunterseite, die von einem dichten, weissen Flaum bedeckt ist.

Dank des weichen Holzes sind solche verrückten Kapriolen bei einer Pappel möglich. Andere Arten wären bei dieser akrobatischen Nummer längst geknickt.

Wie die Borke der Silberpappel glänzt auch die der Graupappel *(Populus canescens)* gräulich. Sie ist der natürliche Bastard zwischen Zitter- und Silberpappel, wird aber in eine eigenständige Art eingestuft und ist angeblich besonders sturmfest.

Woher der wissenschaftliche Name «Populus» stammt, ist nicht ganz klar. Eine Erklärung steckt im griechischen Wort «pappos» (Haarbüschel). Dies könnte sich auf die behaarte Blattunterseite der Pappeln oder die Samenhaare der flauschigen Pappelwolle beziehen. Im Allgemeinen heisst es, der lateinische Name «populus», was «Volk» bedeutet, sei entstanden, weil die Leute in konstanter Unruhe seien und dies an die Blattbewegung von Zitterpappeln erinnere. Auch das griechische «pappalein» heisst «sich bewegen». Bis ins späte Mittelalter wurde der Name «Pappel» für die Malve verwendet, und die Bäume nannte man «Bellen».

ÜBERDIMENSIONALES PUMPWERK

Bis auf exotische Bäume wie z.B. den Mammutbaum gibt es in Europa keinen Baum, der so rasch wächst wie die Pappel. Ein Wachstum von jährlich 12 cm im Umfang und 3 m Wuchshöhe ist für eine Pappel kein Unding. Wie 1902 der Pappelzüchter Breton-Bonnard schrieb: «Es ist der einzige Baum, bei dem derjenige, der ihn pflanzt, auch hoffen kann, ihn zu ernten.» Ein Grund für die enorme Produktion an Biomasse liegt in der Form des Blattstiels. Der vertikal abgeflachte Stiel bietet eine windsensible Angriffsfläche, die den Transpirationsweg, also die Aufnahme von Nährstoffen und Wasser, fördert. Durch den starken Sog und die Pumpkraft der Wurzeln kann der Grundwasserspiegel im Bereich der Pappel bis zu einem Meter zurückgehen. Da die ledernen Blätter dank ihrer Beschaffenheit und der aerodynamischen Form bei einem Windstoss in eine Richtung parallel zum Wind drehen, durchstreifen Orkanböen den Baum, ohne dass die Pappel davon Schaden nimmt. Pappeln gehören zu den leichtesten einheimischen Gehölzen und bilden gewaltige und ausladende Hauptäste. Eine Pappel erreicht deshalb 40 m Höhe und 35 m Kronenbreite. Sie ist nur deshalb sturmanfällig, weil sie sich anfangs relativ rudimentär verzweigt. Wenn ein Hauptast ausbricht, bleiben nur wenige Äste unbeschadet, und die Kronenstatik wird einseitig. Da das verwundete Holz ausserdem nicht witterungsbeständig ist, kann es zu Folgeschäden kommen. Trotzdem findet man vereinzelt Schwarzpappeln mit 300 Jahren. Zu den dicksten Exemplaren gehören heute noch Schwarzpappeln in Ungarn, die teilweise über 12 m Stammumfang aufweisen. In Dijon stand bis zu einem

146 Pappel, Oberägeri ZG
Populus sp.

ca. 100-jährig (um 1910)
5,95 m Stammumfang
1,80 m BHD
5,15 m Taillenumfang

DIE PAPPEL 179

147 Silberpappel, Freienbach SZ
Populus alba L.

ca. 90-jährig (um 1920)
8,00 m Stammumfang
2,34 m BHD
7,20 m Taillenumfang

Ein «Leichtes» für den Biber

Pappelreihen dienen oft als Windschutz, um die trockene Erde zu stabilisieren. Manche Bäume sind von der Mistel, einer Wirtspflanze, befallen, was sie schwächen kann. Auch für die Befestigung von Uferzonen haben Pappeln eine wichtige Funktion. Dort wird der Baum wegen seines weichen Holzes mit Vorliebe vom Biber aufgesucht, der mit seinen Nagezähnen bis zu 5 m umfangstarke Stämme zu Fall bringt. Das konstante Rascheln der Blätter im Wind kommt akustisch niederprasselndem Regen täuschend nahe. Schon mancher hat verblüfft in die Wipfel dieser Bäume geschaut und bemerkt, dass es trocken blieb. Während das Holz der Schwarzpappel lange brennt, weshalb es zu Zündhölzern verarbeitet wird, ist dasjenige der Zitterpappel bekannt für seine kurze Brennzeit. Das leichte, geruchlose und harzfreie Holz dient in der Industrie der Herstellung von Papier, Sperrholz, Zigarrenkisten, Holzschuhen und Holzwolle. In Amerika nennt man die Pappel «Cottonwood», also «Baumwollholz». Aus der

Sturm am 15.7.1917 eine Pappel mit 10 m Umfang, die sich bis in eine Höhe von 40 m kaum verjüngte; um 1980 existierte in Rumänien eine solche mit 14 m. Auch die dickste Schwarzpappel, die auf 1,3 m Höhe 15,70 m mass und im tschechischen Lochovice stand, wurde vom Wind gefällt. Ähnliche Masse wie diese erreichte eine Silberpappel im holländischen Euslenburg, die mit 14 m reichlich dick war. Bekannt ist eine Silberpappel im slowakischen Strážske mit 12,60 m Umfang. Eindrücklich ist ausserdem ein Hybrid zwischen Schwarzpappel und der nordamerikanischen Art «Populus deltoides» in Büderich in Nordrhein-Westfalen, mit einem Stammumfang von 9,95 m.

Samenwolle wurde früher das «Arme-Leute-Kissen» gestopft, und aus den männlichen Kätzchen, die abgekocht und gepresst wurden, konnte man eine Art Wachs herstellen.

In der Medizin verwendete man die Blätter als Tee, gegen Rheuma, Bronchitis und Verdauungsstörungen. Die Rinde ist schmerzlindernd, und zu Notzeiten streckte man damit sogar Mehl. Abergläubische Menschen hielten ihre Haare in das Astloch einer Pappel, damit sie schneller wüchsen.

In Mythen hatte nur die Silberpappel einen ehrenhaften Platz. Von der Schwarzpappel glaubte man, dass sie unheilbringend sei und die verlorene Hoffnung und Trauer versinnbildliche. Die Silberpappel war bei den Griechen der Baum des Totenreiches und wurde als Wächter an Gräbern und Denkmälern gepflanzt. Nachdem Herakles aus der Unterwelt triumphierend mit einem Silberpappelzweig in den Olymp zurückgekehrt war, wurden die Siegerkränze künftig aus der Silberpappel gebunden. Die Schwarzpappel steht für Hochmut und Stolz, die Silberpappel für Bescheidenheit. Das Fest der Silberpappel ist im keltischen Kalender die Tagundnachtgleiche im Frühling und steht für Erneuerung. Die Schwarzpappel bewacht hingegen die Tagundnachtgleiche im Herbst, den Beginn des Winters. Da die Pappel in kurzer Zeit zu einem stattlichen Baum heranwächst, wurde sie von den Franzosen gerne als Freiheitsbaum gewählt und stand für die Parole Freiheit, Gleichheit, Brüderlichkeit. Im Gegensatz zu den Linden wurden die meisten Pappeln aus dieser Zeit aber wegen ihrer kürzeren Lebenserwartung gefällt.

Die Pappel – Baumporträts

Die dickste Pappel steht in Leuzigen (vgl. Nr. 145). Bei dieser vermutlich echten Schwarzpappel wurde eine der Hauptdolden abgesägt, da man vermutlich befürchtete, der Astdolden könnte nebenstehendes Bauprojekt gefährden. Eine andere Schwarzpappel hat die für ihre Art typische maserwüchsige Stammbasis und steht bei Flaach am äussersten Punkt des Thurspitzes, wo Rhein und Thur zusammenfliessen. Diese 7,50 m messende Schwarzpappel soll nun aber gefällt werden, denn das Projekt «Hochwasserschutz und Auenlandschaft Thurmündung» sieht eine Renaturierung vor. Der biologische Wert der alten Schwarzpappel soll nach Aussage der Baudirektion mit einem genau so mächtigen Exemplar etwas weiter unten bei der Wasserstube in Flaach abgegolten sein. Dummerweise handelt es sich aber bei dem beschriebenen Exemplar noch nicht einmal um einen Pappelhybrid, sondern um eine mehrkernige Weide. Die dickste Pyramidenpappel befand sich noch 1925 in Montcherand und mass damals 8,50 m. Heute findet man nur noch sehr selten ein Exemplar mit über 6,00 m. Ein solches steht in Kilchberg, ein anderes auf der Landiwie-

148 Kanadische Pappel, Meiringen BE
Populus x canadensis Moench

ca. 70-jährig (um 1940)
6,80 m Stammumfang
2,15 m BHD
6,60 m Taillenumfang

In einer Baumreihe ist die am südlichsten stehende Hybridpappel wegen des vorteilhaften Sonnenplatzes besonders breitwüchsig und rasch gewachsen. Sie steht beim Flugplatz Unterbach.

se in Zürich bringt es auf 6,15 m. Umso erstaunlicher ist es, dass jüngst zwei viel mächtigere Pyramidenpappeln entdeckt wurden. Eine davon hat 7,50 m Stammumfang und steht in der Nähe des Bahnhofs Yverdon. Eine zweite misst 8,40 m und ist damit die zurzeit dickste bekannte Pappel ihrer Art. Sie wächst bei Grand Pré in Luins. Beide gehören sie vermutlich zu den ersten in der Schweiz angepflanzten Exemplaren. Eindrücklich ist auch die Kanadische Pappel in Unterbach (vgl. Nr. 148). Die mächtigste Silberpappel hat 8,00 m Stammumfang und steht am Schloss Pfäffikon bei Freienbach. Leider wurde ihre Krone etwas zu stark gekürzt. Noch dicker, aber mehrstämmig, ist eine Silberpappel am Zürichhorn. Sie steht direkt am See und misst 8,30 m im Umfang.

DIE QUITTE
Eine Frucht gibt der Marmelade ihren Namen

149 Quitte, Basel BS
Cydonia oblonga Mill.

ca. 150-jährig (um 1860)
2,65 m Stammumfang
0,88 m BHD
2,50 m Taillenumfang

Der aufgesplittete Stamm ist ein typisches Merkmal bei alten Quitten und tut der Vitalität kaum Abbusse.

Die Quitte *(Cydonia oblonga)* stammt aus dem Kaukasus und ist verwildert in Armenien und im Iran anzutreffen. Da sie wie der Apfel und die Birne zu den Rosengewächsen gehört und die Frucht zum Kernobst zählt, hat die Quitte auch äusserlich grosse Ähnlichkeit mit diesen Obstarten. Wegen ihrer Form werden die beiden Sorten in Apfel- oder Birnenquitten unterschieden. Ihre kulturhistorische Geschichte geht auf die Zeit zurück, als sie durch die Römer auf die Nordseite der Alpen gelangte. Dank dem unverkennbaren Geschmack der gekochten Früchte – roh sind sie zu bitter und hart – wurde die Quitte zur beliebten Dessertspeise. Der Name, der von der kretischen Stadt Kydonia (heute Chania) herrührt, wurde bald zum Stammwort für «Marmelade». Das zeigen das griechische Wort «melimelon», übersetzt «Honigapfel», und das portugiesische «marmelo», was Quitte bedeutet. Aus der Quitte wird auch heute noch Mus, Gelee, Kompott, Saft und die Süssspeise «Quittenpaste» hergestellt. Weil der berühmte Apfel von Adam und Eva wegen seines Herkunftsorts als verbotene Paradiesfrucht weniger in Frage kommt, fragt man sich, ob nicht etwa die Quitte oder der Granatapfel diesen Part einnimmt.

Die dickste Quitte Deutschlands steht am Bodensee in Öhningen-Kattenhorn und misst 2,50 m. In der Schweiz findet man die meisten Quitten mit über 1,8 m Stammumfang auffallenderweise in und um Basel. Manch eine hat bereits über 80 Lenze auf dem Buckel. Im Alter erinnert der Stamm solcher Quitten zunehmend an den einer alten Eibe. Der hohe Stamm besteht oftmals nur noch aus einzelnen voneinander getrennten Stammsträngen, die aber die Funktion der Statik und des Wasser- und Nährstofftransports einwandfrei erfüllen. Die Quitte kann in dieser Form Dezennien überdauern, ohne auseinanderzubrechen.

Die Quitte – Baumporträts

In Zollikofen wächst an der Türlistrasse 1 ein Quittenbaum mit 2,35 m Umfang. Der mannshohe Stamm wird in der oberen Hälfte von einem eisernen Ring umschlossen und erinnert entfernt an den Schönheitskult der Langhalsfrauen in Thailand. Der Kraftfluss stagniert durch solche Ringe, und die bei der Fotosynthese erzeugten lebenswichtigen Assimilate gelangen nicht mehr nach unten, weshalb es zu kropfartigen Überwallungen an solchen Stellen kommt. Wichtig wäre, die Krone durch einfache Holzpfosten zu unterstützen, da die Quitte in guten Jahren noch 400 kg Früchte trägt.

Eine andere Quitte des Landes steht in einem Privatgarten in Gelterkinden an der Ormalingerstrasse (vgl. 150). In ihrem bogenförmigen Stammloch befindet sich die goldene Figur eines sitzenden Buddhas. Buddha fand bekanntlich unter einem Baum seine Erleuchtung. Der Stamm der Quitte öffnete sich, als ein Stammteil abbrach. Noch dicker ist jene an der Kreuzung Bruderholz-Dornacherstrasse in der Stadt Basel.

150 Quitte, Gelterkinden BL
Cydonia oblonga Mill.

ca. 150-jährig (um 1860)
2,40 m Stammumfang
0,75 m BHD
2,30 m Taillenumfang

Die Katze des Besitzers nutzt den steinharten Quittenstamm zeitweise, um ihre Krallen daran zu wetzen.

Die Rebe
Edler Tropfen aus der Traube

151 Rebe, Gampel VS
Vitis vinifera L.

ca. 160-jährig (um 1850)
0,90 m Stammumfang
0,30 m BHD

Nadya Mock und Ida Rotzer bei der Weindegustation unter der Reben-Pergola in Gampel.

Die Rebe stammt aus einer wilden Weinrebe, die bereits vor 8000 Jahren in Asien kultiviert wurde. Der Kult um den edlen Tropfen hat sich in den verschiedenen Kulturen bis heute erhalten. Noch immer gilt der Wein als Medizin, Rauschmittel und Kultgetränk. Ganze Völker erliegen dem gegorenen Saft; oft zu Ungunsten von Körper und Geist.

Bisher nahm man an, dass Römer zu Beginn unserer Zeitrechnung die Rebe auf die nördliche Seite der Alpen brachten. Pollenkörner in den Sedimenten des Lac du Mont d'Orge oberhalb von Sion zeigen jedoch, dass eine wilde Weinrebe (*Vitis sylvestris*) bereits vor 9000 Jahren in der Umgebung des Wallis beheimatet war. Anhand der Zunahme solcher Pollenkörner schloss man, dass die kultivierte Rebe (*Vitis vinifera*) bereits 800–600 v. Chr. gezielt angepflanzt wurde.

Heute werden in der «Ampelografie», der Rebsortenkunde, rund 20000 Sorten unterschieden. Der Begriff leitet sich vom Satyr Ampelos ab. In der Mythologie heisst es, dass die erste Rebe aus dem Körper dieses verstorbenen Waldgeistes entsprungen sei. Der Weingott Dionysos (römisch für Bacchus) nahm sich ihrer an und verbreitete danach die Weinrebe weltweit. Eine der ältesten steht im slowenischen Maribor und ist etwa 350 Jahre alt. Auch die im italienischen Prissian wachsende Rebe wurde mit 350 Jahren datiert. Ihr mehrteiliger Stamm bildet eine Laube von 350 m² Fläche.

BACCHUS' WEINLAUBE WÄCHST IM WALLIS

Die Vereinigung «Vitis Antiqua» wurde gegründet, um die älteste bekannte Rebe der Schweiz zu erhalten. Diese 0,90 m messende Rebe wächst in Leuk Stadt aus einem Steintrog am «Allet-Haus» und wurde 1798 gepflanzt. «Vitis Antiqua» hat die Rebe der Sorte «Cornalin» frühzeitig vermehrt, weshalb 2004 erstmals ein hervorragender, tiefroter Wein aus den Nachkommen dieser alten Rebsorte gekeltert werden konnte. Zur Enttäuschung der Winzer in Leuk Stadt ergab 2006 eine dendrochronologische Untersuchung, dass im Dorf Steg mit 266 Jahren eine noch ältere Rebe wächst (vgl. Nr. 152). Die älteste «rote» Weinrebe der Schweiz bleibt jene in Leuk aber weiterhin.

Es handelt sich dabei um die alte Walliser Weissweinsorte «Humagne Blanc». Ihre armstarken Äste ranken bis in die Höhe des ersten Stockwerkes des «Borri-Hauses», von wo sie sich wie eine Girlande am Balkongeländer entlang hangelt. Romeo hätte hier leichtes Spiel, seine Julia zu erreichen. Leider wurde ein Stück des Stammes von einem Fuhrwerk abgerissen. Trotzdem misst sie noch 1,00 m im Umfang. Der verletzte Stamm wurde daraufhin mit einem empfohlenen Baumharz bestrichen, und der restliche Stammteil wurde zum Schutz vor weiteren Beschädigungen eingemauert. Zäh wie das Gewächs der Rebe ist, wird sich die alte Rebe in Steg bestimmt erholen und noch viele Generationen erleben. Eine weitere alte Rebe steht unweit in Gampel und umfasst eine riesige Pergola, die im Herbst mit weissen Trauben besonders schmuck aussieht. Die Besitzerin Ida Rotzer gewann davon noch immer einige Flaschen des lieblich schmeckenden Weines (vgl. Nr. 151). Dendrochronologische Untersuchungen datieren die 0,90 m starke Rebe auf eine Pflanzzeit um 1850.

152 Rebe, Steg-Hohtenn VS
Vitis vinifera L.

266-jährig (1743)
1,00 m Stammumfang
0,30 m BHD
Sorte «Humagne Blanc»

Himmelwärts wächst der gewaltige Stamm, der sich erst in einer Höhe von 2 m in zwei einzelne Triebe teilt.

DIE ROBINIE
Robuster Neophyt aus Nordamerika

Die Robinie *(Robinia pseudoacacia)* wird, wie der lateinische Name verrät, auch «Falsche Akazie» oder «Scheinakazie» genannt. Die echte Akazie lebt in Afrika und ist in Europa nicht winterhart. Sie hat botanisch mit der bei uns mittlerweile eingebürgerten Robinie nicht viel gemein, gehört aber ebenfalls in die Familie der Hülsenfrüchtler.

Als die Robinie, ein Pioniergehölz, aus ihrem Herkunftsort in Nordamerika nach Europa gelangte, pflanzte man den Neophyten an Schutthalden, Bahn- und Strassendämmen, da er dank seinem Wurzelwerk als Bodenfestiger gilt. Die Robinie verwilderte rasch, wurde aber als unkomplizierte Baumart auch in den Städten gefördert. Als Forstbaum trifft man sie häufig an Waldrändern an. Das braune Kernholz ist äusserst zäh, trotzdem elastisch und schwindet kaum. Es findet als Werkholz viele Verwendungszwecke und wird wegen seiner Dauerhaftigkeit im Schiffs- und Fahrzeugbau eingesetzt.

Die deutsche Bezeichnung «Robinie» trägt den Namen des Botanikers Jean Robin, der die ersten Robinien-Samen von Nordamerika nach Europa brachte. Die erste Robinie wuchs vermutlich 1601 in Paris am «Place Dauphine», wurde jedoch 1632 in die «Jardins des Plantes» verpflanzt. Als älteste Robinie gilt heute die 1620 gepflanzte Robinie im Pariser Park «Square Viviani». In Deutschland stehen drei Robinien mit über 250 Jahren. Die dickste misst 7,20 m und steht im hessischen Romrod. Gewaltig sind auch ein Baum im sächsischen Strehla mit 6,90 m Stammumfang und einer in Holzhausen in Nordrhein-Westfalen mit 6,20 m. Die Stämme dieser Robinien wirken jedoch sehr zerschunden und aufgelöst. Dagegen scheint das dickste Exemplar der Schweiz (vgl. Nr. 153) noch vital, obschon auch dieser Baum hohl ist und einen offenen Stamm aufweist. Der zerfurchte, von der netzförmig aufgerissenen Borke umkleidete Stamm ist bei alten Individuen nichts Aussergewöhnliches. Die Stammwand ist bei solchen Altbäumen viel stabiler, als sie von aussen betrachtet wirkt, und hat auch im hohen Alter noch einen gesunden Zuwachs. Die Robinie in Bern, an der Kreuzung Spitalacker-Beundenfeldstrasse, war bereits 1908 eine Sensation, wie in «Baum und Waldbilder aus der Schweiz» zu lesen ist. Mittlerweile ist die Bedeutung dieses nationalen Highlights vergessen gegangen. Erst kürzlich sollte es sogar gefällt werden. Die Stadtgärtnerei Bern hat ihre Schutzwürdigkeit allerdings erkannt. Eine Verankerung der abdriftenden Stammwand wäre sinnvoll gewesen. Leider hat man ihn aber abgesägt. Unbedingt notwendig wäre aber, den bis zum Stamm geteerten Boden durch einen wasser- und luftdurchlässigen Pflastersteinbelag zu ersetzen. Die zweitdickste Robinie der Schweiz, vermutlich ein direkter Nachkömmling, steht ebenfalls in Bern, an der Thormannstrasse, und hat 5,60 m Stammumfang.

153 Robinie, Stadt Bern
Robinia pseudoacacia L.

ca. 200-jährig (um 1810)
6,00 m Umfang, Taille & Basis
2,17 m BHD

Die Robinie wurde wahrscheinlich um 1800 gepflanzt. Der Stamm mass 1908 in 1,2 m Höhe bereits 3,75 m, und dies, obschon er um über einen halben Meter mit Erde aufgeschüttet wurde.

Die Rosskastanie
Stammgast bayrischer Biergärten

Die Rosskastanie *(Aesculus hippocastanum)* liess der Gesandte von Ferdinand I., Ghiselin de Bousbecque, 1561 von Konstantinopel nach Prag kommen, worauf Botaniker Carolus Clusius 1576 die ersten Rosskastanien in Wien anpflanzte. Osmanen verfütterten ihren Pferden Kastanien gegen Wurmerkrankungen – daher der Name «Rosskastanie» – und verbreiteten den Baum auf ihren Feldzügen in Ost- und Mitteleuropa. Willkommen war er vor allem den Wirten, denn der schattenspendende, flachwurzelnde Baum eignete sich vortrefflich für die Kühlung der darunter befindlichen Bierkeller. Da man die Kastanien neben Kaffee- auch als Hopfenersatz verwendete, wurde die Rosskastanie zum eigentlichen Biergartenbaum.

Wie ein riesiger Kronleuchter wirkt sie im Frühling wegen ihren Blütenkerzen. An den meisten Bäumen täuschen aber braun verfärbte Blätter bereits im Sommer den Herbstbeginn vor. Die Rosskastanien sind dann von der Kastanien-Miniermotte befallen. Dieser Kleinschmetterling wurde vor zwanzig Jahren eingeschleppt, ist für die Bäume jedoch meistens ungefährlich.

Die Rosskastanie trägt Namen wie «Wilde Kastanie», «Judenkest», «Gichtbaum» oder «Vixirinde». Die bei uns eingebürgerte Gemeine Rosskastanie mit den weissen Blüten ist die bei uns am häufigsten anzutreffende Art und wird im Vergleich zu den Arten aus Nordamerika stattlicher. Sie ist weltweit eine von rund 15 Arten der Gattung Rosskastanie und war vor der letzten Eiszeit bei uns heimisch, zog sich jedoch in den Iran und Himalaja zurück. Angepflanzt werden seit 1764 auch die aus Amerika stammende Gelbe Pavie *(Aesculus flava)* und seit 1711 die strauchförmige Rote Pavie *(Aesculus pavia)*. Letztere bastardiert mit der Gemeinen Rosskastanie, woraus erstmals um 1818 der fruchtbare Hybrid, die Rotblühende Rosskastanie *(Aesculus x carnea)*, entstand.

Zu den mächtigsten Vertretern gehören eine Rosskastanie auf Gut Horst in Schleswig-Holstein mit 7,50 m Stammumfang und jene mit 8,35 m Umfang im englischen Hurstbourne Priors. Erwähnenswert ist ein Exemplar im norddeutschen Hitzacker, dessen gewaltige Äste wie bei einer Tanzlinde gestützt werden. Im Alter kommt es oft vor, dass der drehwüchsige Stamm tiefhängende Äste entwickelt, die bei Bodenkontakt wurzeln, woraus sich neue Bäume bilden. Man findet dieses Phänomen auch im Schadaupark bei Thun. Der Mutterstamm ist längst abgestorben, aber eine Vielzahl Äste sind kranzförmig zu einem Wäldchen angewachsen.

154 Rosskastanie, Bevaix NE
Aesculus hippocastanum L.

ca. 175-jährig (um 1835)
5,90 m Stammumfang
1,85 m BHD
5,80 m Taillenumfang

Gleich zwei mächtige Rosskastanien stehen in Bevaix. Die eine wurde gekappt und misst 5 m. Die andere erreicht bald die 6-m-Marke.

Während Kastanien für Bastelzwecke beliebt sind, fürchten Autobesitzer die schweren Früchte und klebrigen Winterknospen, die den Lack beschädigen können. Die Gefülltblühende Rosskastanie *(Aesculus hippocastanum 'Baumannii')*, die keine Kastanien ausbildet, ist deshalb sehr gefragt. Bisher ist es noch nicht gelungen, die leicht giftigen Kastanien so zu veredeln, dass sie für den Menschen geniessbar werden. Sie enthalten Aescin und führen bei Verzehr zu Erbrechen oder Lähmung. Medizinisch werden sie in Form von Crèmen gegen Venenstauungen, Schwellungen oder als Shampoo zur Haut- und Haarpflege eingesetzt, und die Rinde hilft bei Malaria und Fieber. Ein alter Volksglaube besagt, dass Kastanien wärmeerzeugend sind und bei Rheuma und Gicht bei sich getragen werden sollen. Ihr Mehl gebrauchte man als Waschmittel oder als Schaummittel für Feuerlöscher. Rosskastanienholz hat einen geringen Brennwert, ist weich, hell und wenig dauerhaft und wird ausschliesslich als Blindholz oder für Schnitzereien verwendet.

DER SCHNEEBALLAHORN
Einheimischer mit südländischem Temperament

155 Schneeballahorn, Stadt Basel
Acer opalus Mill.

ca. 75-jährig (um 1935)
2,50 m Stammumfang
0,75 m BHD
2,30 m Taillenumfang

Der Schneeballahorn blüht früher als seine Artgenossen und wird deshalb auch als «Frühlingsahorn» bezeichnet.

Der Schneeballahorn *(Acer opalus)* erinnert nur wegen seiner Blattform an den einheimischen Strauch, den Gemeinen Schneeball. Er gehört, wie alle heimischen Ahornbäume, zu den Seifenbaumgewächsen. Man trifft ihn im Mittelmeergebiet an und entlang des Schweizer Jura, wo es sonnig genug ist. Sein Bedürfnis nach viel Sonne und die frühe Blütezeit im April sind bezeichnend; man nennt ihn deshalb auch «Italienischen Ahorn» oder «Frühlingsahorn». In Italien sind einige stattliche Exemplare bekannt, das dickste steht mit 5,00 m Stammumfang im Süden des Landes bei Lagonegro.

Das fünfte und letzte Mitglied unserer heimischen Ahornbäume – die weltweit mit 150 Arten vertreten sind – ist der Französische Ahorn *(Acer monspessulanum)*. Im Volksmund heisst er «Französischer Massholder», denn die Blätter ähneln dem des Feldahorns. Trockene und steinige Standorte liebt er, weshalb er auch die Namen «Fels-» oder «Burgenahorn» trägt. Man findet ihn am Mittelmeer, vereinzelt auch in Südwestdeutschland und in der Schweiz in der Region Genf. Das vermutlich dickste Exemplar mit 4,20 m Stammumfang steht in Sadali auf Sardinien. In der Schweiz wird der Französische Ahorn kaum höher als 5 m, und es sind nicht einmal Exemplare mit 2 m Stammumfang bekannt. Auch der sich bei uns einbürgernde Eschenahorn *(Acer negundo)*, der 1688 aus Nordamerika eingeführt wurde, erreicht noch keine 2 m im Umfang.

Dieses Gardemass erfüllte dafür ein Schneeballahorn. Dendrologe Christoph Wicki von der Stadtgärtnerei Basel kennt einen solchen Baum am Rennweg. Der Stamm wächst schief, so dass die Krone genügend direkte Sonneneinstrahlung bekommt (vgl. Nr. 155). Einer der kräftigsten Waldbäume dieser Art steht am Bözingenberg bei Biel und misst 2,60 m im Umfang, ein anderer bei Fully sogar 3,05 m.

DER SPEIERLING
Der grosse Unbekannte

156 Speierling, Founex VD
Sorbus domestica L.

ca. 100-jährig (um 1910)
2,75 m Stammumfang
0,86 m BHD
2,70 m Taillenumfang

Ohne die akribische Recherche von Hansjörg Lüthy wäre ein Speierling mit 2,50 m Stammumfang in Satigny unbekannt geblieben. Er entdeckte auch den hier umgefallenen Speierling in Founex, den dicksten des Landes.

Der Speierling (*Sorbus domestica*) ist in Mitteleuropa im letzten Jahrhundert so selten geworden, dass er als der «grosse Unbekannte» gilt. Der ursprünglich einheimische Baum gelangte nach der Eiszeit entlang der Donau und der Jurakette nordwärts und konnte sich an trockenen Standorten erneut auch in Mitteleuropa etablieren. Die Römer kultivierten ihn und förderten seine Verbreitung. Ausgewachsen trägt er jährlich bis zu einer Tonne Früchte. Er erreicht im Bestand 30 m Höhe und trägt im Freistand eine breite Krone, ist als lichthungriger Baum gegenüber anderen Baumarten aber kaum konkurrenzfähig.

Im Gegensatz zu anderen Sorbus-Arten bastardiert der Speierling nicht mit seinen Verwandten. Die generative Vermehrung gelingt oft nur, wenn die schützende Hülle des Samens vorher den Verdauungstrakt eines Vogels oder eines anderen Tieres passiert hat. Anders als in der Schweiz stehen in Tschechien, Österreich, Deutschland und der Slowakei Speierlinge mit bis zu 5,00 m Stammumfang. Einzigartig ist hierzulande die Speierlings-Allee in Celigny mit bis zu 2,30 m messenden Bäumen. Der Speierling wird unter den Sorbus-Arten als der wertvollste Baum angesehen. Der Wert liegt in seinem dichten, schweren und tief rotbraunen Holz, das man für Musikinstrumente und Furniere verwendet. Der Name «Sperbeere» könnte daher kommen, dass das harte Holz zu Speeren verarbeitet wurde. Eine andere Wortwurzel ist «spör», was auf die zusammenziehende und austrocknende Wirkung im Mund der sauren Früchte zurückgeht. Ein Speierling trägt kleine, apfel- oder birnenförmige Früchte, die man aufgrund dieser Form in der Schweiz auch «Speröpfeli» oder «Sperbirrli» nennt. Die Früchte sind erst überreif geniessbar und geben dem herben «Speierlingsapfelwein» eine aromatische Würze. Beliebt sind auch der Edelbrand «Sorbette» und «Sperbelschnaps».

DER SPITZAHORN
Ein unbeschriebenes Blatt

Der Spitzahorn *(Acer platanoides)* trägt im botanischen Namen «acer» sowie die indogermanische Silbe «ak», das Wort für «spitz» oder «scharf», was sich auf seine spitz zulaufenden Blätter bezieht. Die Blattform des Spitzahorns ist der des Zuckerahorns aus Amerika, des Flaggensujets Kanadas, sehr nahe. Ahornwälder, die wie in Kanada im herbstlichen «Indian Summer» aufleuchten, gab es vor der Eiszeit auch in Europa.

Der Spitzahorn wird als der eigentliche heimische Ahorn angesehen, obschon er am natürlichen Standort rarer ist und sogar im Projekt Förderung seltener Baumarten der ETH Zürich thematisiert wurde. Dank der prächtigen Farbpalette der Blätter und der hohen Resistenz gegen Autoabgase eroberte er dafür die Städte. Als Alleebaum eignet er sich allerdings schlechter, da er nicht besonders schnittverträglich ist und unter Bodenverdichtung leidet.

In Schweden und den baltischen Staaten findet man etliche stattliche Spitzahorne. Das mächtigste Exemplar misst 6,15 m und wächst in Lettland bei Trikata. Unter den vielen Zuchtformen pflanzt man auch gerne Blutahorne *(Acer platanoides 'Crimson King')*. Wie die Blutbuche wächst auch dieser rotlaubige Gartenbaum schneller als der gewöhnliche Verwandte. Es existieren bereits fast 4 m umfangstarke Blutahorne, beispielsweise in Heerbrugg.

Ein freistehender Spitzahorn bildet im Alter oft geschwungene Hauptäste, die wie ein Geweih aus derselben Stammhöhe entspringen. Der Habitus bleibt im Freistand aber meistens rund und schlicht, vielleicht einer der Gründe, weshalb dem Spitzahorn in den europäischen Mythen keine grosse Bedeutung zukommt. Wie Doris Laudert in «Mythos Baum» schreibt, ist der Ahorn «ein unbeschriebenes Blatt». Bekannt ist, dass man das harte und gut spaltbare Holz als Zapfen in Türe und Schwelle schlug, was Hexen fernhalten sollte. Auch Zweige, die an Johanni am 24. Juni gepflückt wurden, versprachen diese Wirkung. Ganz allgemein verbindet man den Spitzahorn mit Optimismus und Unbeschwertheit, und die Kinder kleben sich die gespaltenen Flügelfrüchte als Spass an die Nase. Die propellerförmigen Flügelfrüchte, sogenannte Schraubenflieger, trägt der Wind kilometerweit.

Wie aus dem Zuckerahorn und der Birke hat man zu Notzeiten aus dem einheimischen Spitzahorn, auch «Deutscher Zuckerahorn» genannt, Süssstoffe gewonnen. Dabei zapfte man den Baum an und

Der stattlichste Spitzahorn der Schweiz wurde 1892 bei der Eröffnung einer Klinik gepflanzt.

157 Spitzahorn, Chur GR
Acer platanoides L.

117-jährig (1892)
4,10 m Stammumfang
1,27 m BHD
4,00 m Taillenumfang

fing in einem Eimer den Baumsaft des Splintholzes auf. Täglich bis zu zwanzig Liter wurden so dem Stamm entnommen. Allerdings ergab eine solche Menge nur ein halbes Pfund Zucker; viel zu wenig für eine kommerzielle Nutzung.

DIE STECHPALME
Ein Unkraut zu Weihnachten

Die Stechpalme (*Ilex aquifolium*), auch Hülse genannt, findet man in den gemässigten Regionen Mitteleuropas, wo sie, teilweise mehrhundertjährig, eine Höhe von über 15 m erreichen kann und kräftige Stämme ausbildet. Da sie entweder weiblich oder männlich ist, jeweils aber auf demselben Baum reduzierte Organe des anderen Geschlechts vorkommen, können sich manchmal auch ohne Fremdbestäubung Früchte an weiblichen Individuen bilden. Interessant ist auch, dass die stachligen Blätter bei einem alten Baum nur im unteren Bereich vorkommen, was sie vor Tierfrass schützt. Weiter oben weisen die Blätter keine Stachelform mehr auf. Der Artname «aquifolium» bedeutet auf lateinisch «stechendblättrig». Da Plinius glaubte, die Stechpalme sei wegen ihrer immergrünen Blätter eine Abart der Steineiche (*Quercus ilex*), nannte er sie ebenfalls «Ilex».

Die Kelten sahen in diesem immergrünen Baum ein Symbol für Tod und Wiedergeburt. Während die weissen Beeren der Mistel als männliches Prinzip galten, wurden die roten Früchte der Hülse der Weiblichkeit zugeschrieben. Im römischen Bacchuskult war sie eine weissagende Pflanze, denn der voraussehende Gott «Picus» (Specht) lebte in einem aus Hülsen bestehenden Hain in den Aventinischen Hügeln. In einem Gesang des mittelalterlichen «Julfestes» hiess es: «Der Stechpalme gebührt die Krone.» Bei der Christianisierung liessen sich die alten Bräuche nicht verwerfen, weshalb man die Hülse in den neuen Glauben mit einbezog. Unter anderem erzählte man, dass sich bei der Kreuzigung von Jesus Christus die Palmen in Stechpalmen verwandelt hätten. Die Namensgebung «Stechpalme» wurde vorerst nur in katholischen Ländern eingeführt, setzte sich jedoch rasch durch. Die Stechpalme wurde zum begehrten Weihnachts- und Palmsonntagsschmuck, weshalb sie in Plantagen in Amerika kultiviert wird. Einst wurde sie als Waldunkraut bezeichnet, was auch der Spruch verrät: «Ilse bilse, keiner willse, die böse Hülse.» Es ist auch die Rede vom «Wald unter dem Walde». Als jedoch die Stechpalme als Ersatz für den Palmweih erklärt wurde, nahm das natürliche Vorkommen so rapide ab, dass in Deutschland bereits 1935 das Reichsnaturschutzgesetz den Baum unter Schutz stellte. Bis auf wenige lokale Vorkommen existieren in Europa mit Ausnahme der beiden englischen Stechpalmenwälder «The Hollies» und «Toomie's Wood» keine grösseren Bestände mehr. Nur auf der irischen «Garinish Island», die von den einheimischen «Illnacullin» (Insel der Stechpalmen) getauft wurde, ist die Hülse ein wesentlicher Bestandteil der Landschaft geblieben. Mit einem Taillenumfang von 7,45 m ist eine Stechpalme im englischen Tiverton trotz Mehrstämmigkeit imposant.

Die Beeren wurden früher gegen Verstopfung eingesetzt. Geröstete Samen dienten als Kaffee-Ersatz und die Blätter verwendete man zum Teegenuss. Heutzutage gebraucht man aber wegen der giftigen Wirkstoffe keine Teile der Stechpalme mehr. Einzig südamerikanische Arten werden als Grundlage für das Nationalgetränk «Mate» genommen. Welche Wirkstoffe genau die roten Steinfrüchte enthalten, blieb allerdings bis heute unerforscht.

158 Stechpalme, Pont-en-Ogoz FR
Ilex aquifolium L.

ca. 250-jährig (um 1760)
1,90 m Stamm- & Taillenumfang
0,60 m BHD

Die Stechpalme in Pont-en-Ogoz ist nicht die dickste der Schweiz. Aussergewöhnlich ist aber der sich kaum verjüngende, hochgewachsene und freigelegte Einzelstamm.

DIE TANNE
Mit dem Kopf über den Wolken

159 Tanne, Arzier VD
Abies alba Mill.

ca. 250-jährig (um 1760)
5,50 m Stammumfang
1,69 m BHD
5,15 m Taillenumfang
22,00 x 18,50 m Kronenbreite

Die Tanne, die oft direkt im Grundwasser steht, kann nur wegen ihrer Mehrwipfligkeit mehrere Blitzschläge überleben. Bis alle getroffen sind, hat sie bereits neue Kandelaber gebildet.

Die Tanne (Abies alba) ist eine von 50 Arten, die auf der Nordhalbkugel wachsen. Sie wird auch Weisstanne genannt und oft mit der Rottanne (Synonym für Fichte) verwechselt. In früheren Zeiten wurden Tanne und Fichte ganzheitlich als «tan» betitelt, was «Wald» oder «Forst» heisst. Sogar der verwirrende Begriff «Fichtentanne» kommt in alter Literatur vor und bedeutet so viel wie «Nadelbaum». Im Vergleich zur schuppigen, rötlichen Borke der Fichte hat die Tanne eine kompaktere, weissliche Borke. Zur Orientierungshilfe heisst es auch: «Die Fichte sticht, die Tanne nicht.» Einmalig sind bei der Tanne die beiden weissen Wachsstreifen auf der Unterseite der flachen Nadel. Diese reduzieren die Verdunstung und sorgen dafür, dass der wintergrüne Baum nicht vertrocknet. Denn besonders wenn der Boden gefroren ist, leiden Tannen unter Wassermangel.

Beim Sammeln der «Tannenzapfen» fällt auf, dass immer nur Fichtenzapfen am Boden liegen. Das hat damit zu tun, dass die kerzenartige Zapfenspindel an den Ästen der Tanne stehen bleibt und nur die Zapfenschuppen einzeln zu Boden fallen. In der Region Bern, Wallis und entlang des Jura findet man noch grössere Tannenwälder, obschon sie vom Waldsterben besonders betroffen sind. Entgegen seinem Namen dominiert im Weisstannental im Kanton St. Gallen heute die Fichte. Tannen werden, wenn man sie nicht gezielt umzäunt, meist Opfer von Wildverbiss. Da die Holzindustrie von dem harzfreien Kernholz abgekommen ist, werden Tannenwälder nur noch spärlich aufgeforstet. Wenn eine Tanne das Alter von 100–150 Jahren erreicht hat, stellt sie in der Regel das Höhenwachstum ein und bildet einen flachen, ausladenden Wipfel, ein sogenanntes Storchennest. Dieses findet man vermehrt auch bei Jungbäumen; eine Folge von Krankheit und Schwäche. Ist eine Tanne gesund, bildet sie im Bestand wie kein anderer Baum einen kerzengeraden Stamm, der selbst nach mehreren Jahrhunderten noch vollholzig sein kann. Mit Spitzenwerten von 68 m Wuchshöhe – im Schwarzwald gemessen – kann in Europa noch nicht einmal die aus Nordamerika eingeführte Douglasie mithalten (vgl. Nr. 187). Die Tanne liebt wie die Fichte einen nassen Fuss, im Gegensatz zu dieser aber keinen kühlen Kopf. Ein entscheidender Unterschied liegt auch in ihrer Standhaftigkeit, denn die Wurzeln der Tanne sind, anders als bei der flachwurzelnden Fichte, tief reichend. Selbst wenn die Tanne in einem Bestand viele Dezennien lichthungernd ausharren musste, entwickelt sie bei der «Freistellung» ein enormes Wachstum, das man ihr nicht mehr zugetraut hätte. Deshalb zeigen vollholzige Stämme im Querschnitt oftmals ab einer gewissen Breite eine sprunghafte Zunahme der Jahrringbreiten.

160 Tanne, Romairon VD
Abies alba Mill.

ca. 450-jährig (um 1560)
7,50 m Stammumfang
2,39 m BHD
7,45 m Taillenumfang
21,50 x 20,00 m Kronenbreite

161 Tanne, Cerniat FR
Abies alba Mill.

ca. 450-jährig (um 1560)
7,70 m Stammumfang (in 1,3 m H.)
2,45 m BHD
7,50 m Taillenumfang
9,30 m Basisumfang

ANTENNE NATÜRLICHER ENERGETIK?

Während 1925 in «Les beaux arbres du Canton de Vaud» noch gewaltige Wettertannen porträtiert wurden, existiert heute in keiner Literatur mehr etwas über solche mehrwipfligen Tannen. Fast könnte man meinen, dass mit dem Tod der bekanntesten und schönsten «Kandelabertanne», die bei Arzier-Le Muids stand, der Untergang für die Wettertannen ganz allgemein gekommen sei. Baumjägerin Agnès Baldenweg entdeckte aber kürzlich Wettertannen in der Umgebung von St-Cergue, die bereits vor hundert Jahren von Bedeutung gewesen sein müssen. Etliche dieser «Gogants», was übersetzt so viel wie «Wetter-» oder «Schirmtannen» bedeutet, stehen im Jura und haben einen Umfang von über 5m. Über die Entstehung der Wettertanne mit ihrem kandelaberförmigen Kronenwuchs streiten sich die Fachleute. Womöglich ist dieser Wuchs eine Folge von Wasserknappheit, wobei der von den Wurzeln am weitesten entfernte Trieb abstirbt und danach die Äste die Wipfeldominanz übernehmen. Förster erklären sich die Mehrwipfligkeit hauptsächlich dadurch, dass der Leittrieb erfriert und im Winter durch die Last von Vögeln abknickt, die sich darauf niederlassen. Oder die Kandelaberform entsteht nach dem Verbiss von Wild. Ein Grund könnte auch darin liegen, dass die solitäre Tanne, die mit ihren tiefreichenden Wurzeln oft direkt im Grundwasser steht, bevorzugt vom Blitz getroffen wird. Eine freistehende Tanne mit mehreren Wipfeln ist dabei einer Tanne mit nur einem Wipfeltrieb überlegen. Selbst wenn eine Kandelabertanne wiederholt vom Blitz getroffen wird, hat sie immer noch genügend gesunde Triebe, um zu überleben. Bis der Blitz erneut einschlägt, konnten sich oft bereits wieder neue Kandelaber bilden.

Hängt diese Form womöglich auch mit der Vererbung individueller Gene zusammen? Das «Amt für Wald Graubünden» informiert über das genetische Reservoir der im Unterengadin und im Albulatal auf Trockenstandorten stehenden Tannen. Von Süden her kommend, mussten sie sich den raueren Verhältnissen anpassen, sie übten eine Brückenfunktion zwischen Süden und Norden aus und verfügen deshalb über genetische Informationen, die anderen Populationen fehlen. Mit der Zerstörung solcher Reliktvorkommen verschwinden wertvolle Individuen, die sich klimatisch und ökologisch über Jahrhunderte optimal angepasst haben.

Stellt die Kandelaberform, die hauptsächlich im Jura so ausgereift vorkommt, ebenfalls eine Varietät dar? Können andere Umstände, neben den klimatischen äusseren und inneren Faktoren, für eine bestimmte Wuchsform sorgen? Bekannt ist, dass Wasseradern einen so grossen Einfluss haben, dass ein Baum sich dadurch in eine gewisse Richtung krümmt. Wie gross die Wirkung von Wasseradern, Erdstrahlen oder natürlichen radioaktiven Gasen sein kann, ist allerdings nicht belegt, da das Gebiet der Radiästhesie kaum erforscht und in der

162 Tanne, Avegno TI
Abies alba Mill.

ca. 400-jährig (um 1610)
7,55 m Stammumfang
2,27 m BHD
12,30 m Basisumfang

Einst stand diese Tanne auf der Alp «Al Söö» frei und diente dem Vieh als Schattenspender. Der Dung förderte ihr Wachstum, bis ein Blitzschlag die Krone bersten liess und Jungwuchs sie einschloss.

TANNENZAPFENTEE FÜR DIE REDSELIGKEIT

Tannenharz verwendet man gegen Verstauchungen und Quetschungen, vor allem das aus den Vogesen stammende «Strassburger Terpentin». Das «Oleum Templini» wurde wiederum als Tannenzapfenöl gegen Infektionen bekannt. Die Heilwirkung der Tanne ist ähnlich wie die der Fichte. Einen Absud aus Nadeln verwendete man für die einzigartige Geschmacksnote im Bier. Tee aus grünen Tannenzapfen soll die Stimmbänder geschmeidig halten, wie Pfarrer Kneipp den Predigern und Sängern empfahl. Der Tee wurde auch als Aphrodisiakum verwendet, da der Tannenzapfen ein Phallussymbol darstellt. Die Untreue von Atys, Liebhaber der Göttin Kybele, wurde bestraft, indem ihn Kybele in eine Tanne verwandelte.

163 Tanne, Lütisburg SG
Abies alba Mill.

ca. 80-jährig (um 1930)
2,00 m Stammumfang
0,64 m BHD
2,50 m Basisumfang

Die «Sieben-Tanne» mit ihren acht Ästen lädt zum Verweilen ein. Im Hintergrund spielt ein Wasserfall ein berauschend harmonisches Lied.

Wissenschaft sehr umstritten ist. Die Vermutung, dass die Wuchsform der «Gogants» etwas mit solchen Erdstrahlen zu tun haben könnte, möchte Agnès Baldenweg genauer untersuchen. Solche für den Menschen angeblich krankmachenden Felder werden durch im Boden vorhandene Wasseradern oder Verwerfungen ausgelöst. Der erfahrene Geobiologe kann verschiedene Strahlungen mittels einer Rute voneinander unterscheiden. Unter Beobachtung steht beispielsweise eine Wettertanne bei Bassins auf der Alp «La Dunache». Neben dieser Tanne reihen sich in regelmässigen Abständen unzählige Ameisenbauten in drei Reihen. Forscher haben entdeckt, dass solche Ameisenvorkommen hauptsächlich an Orten zu finden sind, an der eine erhöhte Konzentration des radioaktiven Gases Radon auftritt. Wie genau Menschen, Tiere und Pflanzen auf solche geopathogene Reizfelder reagieren, ist unerforscht. Womöglich sind solche Standorte für das Wachstum gewisser Baumarten förderlich. Womöglich führen sie aber auch zu Störungen der Wachstumsinformation, und die erhöhte Kambiumaktivität ist eine Reaktion, um sich vor solchen Einflüssen zu schützen. Bei der Tanne beispielsweise würde das heissen, dass überall dort, wo Wasseradern oder Erdstrahlen verlaufen, das Wachstum nicht wie gewohnt stattfindet, sondern atypisch verläuft bzw. in dem Falle mehrere Kronenäste formt.

Eine ähnliche Situation wird bei der ersten mutierten Pyramideneiche in Harreshausen beschrieben (siehe S. 74). Strahlenforscher haben angeblich festgestellt, dass einige Arten widerstandsfähiger gegen geopathologische Zonen sind und z.B. Weiden vermehrt an solchen Orten gedeihen, Obstbäume und andere Arten hingegen diese meiden. Inwiefern Wasseradern aber wirklich von Erdstrahlen auseinandergehalten werden können, ist unklar. Tanne und Weide haben jedoch eines gemeinsam. Sie bevorzugen beide eine konzentrierte Wasseransammlung im Boden. Vor allem alte Bäume mit ihrem ausgewachsenen Wurzelsystem sind regelrechter Anziehungspunkt einer Wasseranhäufung. Es bleibt noch vieles zu klären, wofür wir heute noch keine technischen Geräte verfügen, um statistische Messwerte zu erzielen. Erste aufgeworfene Fragen und Ideen sind aber der Anstoss zu Thesen, in die es sich zu vertiefen lohnt, in der Hoffnung, einige Antworten und auch neue Fragen zu finden.

Keine Frage jedenfalls ist: die Wettertanne an und für sich ist, mit oder ohne plausible Theorie, eine wahrnehmbare Erscheinung, die sich nicht bestreiten lässt.

Eine andere verrückte Form ist die «Harfentanne». Solche Bäume findet man hauptsächlich an Steilhängen, wobei sich der Leittrieb wegen des schlechten Stands allmählich in die Horizontale legt. Er verliert dabei seine Dominanz und stirbt oftmals ab, wird aber von mehreren Seitenästen ersetzt. Die vielleicht gelungenste «Harfentanne» besitzt ihren Leittrieb sogar noch, wird aber trotzdem nur «Sieben-Tanne» genannt (vgl. Nr. 163).

164 Tanne, Bolligen BE
Abies alba Mill.

ca. 300-jährig (um 1710)
7,00 m Stammumfang
2,09 m BHD
5,70 m Taillenumfang (in 2 m H.)
ca. 45 m³ Stamminhalt

Wo ist Walter, könnte man fragen. Baumexperte Walter Wipfli wagt sich auf die äussersten Äste hinaus. Die alte Wettertanne steht unweit des geografischen Mittelpunktes der Schweiz auf der Schwandalp.

165 Tanne, Sachseln OW
Abies alba Mill.

ca. 275-jährig (um 1735)
6,20 m Stamm- & Taillenumfang
1,97 m BHD

DIE TANNE

Die Tanne – Baumporträts

Wie bei den meisten heimischen Bäumen ist auch bei der Tanne ihre Wachtums- und Altersgrenze so gut wie nicht bekannt. In der Literatur findet man vor allem einen Namen, wenn es um die grössten Bäume Europas geht: die bekannten «Dürsrüti-Tannen», die oberhalb von Langnau im Emmental stehen und noch vor dem Sturmtief Lothar zahlreich vorhanden waren. Mit 5,85 m Umfang ist der dickste Baum dort kein Einzelfall. Der hohe Stellenwert des «Dürsrütiwaldes» ist darauf zurückzuführen, dass er bereits sehr früh ausführlich dokumentiert wurde und in Europa als Vorbild der Plenterwaldbewirtschaftung galt. Die Plenterung resultiert aus einem ehemaligen Bauernwald, in dem alle Baumarten in verschiedenen Altersstufen in einem nachhaltigen Prozess zwischen Nutzung und Pflege gefördert werden. Die älteste Tanne hatte bei ihrer Fällung im Jahre 1974 ein Alter von 377 Jahren, eine Höhe von 57,35 m und 36 m^3 Holzvolumen.

Im Schwarzwald stand aber um 1900 eine Tanne, die die Rekordhöhe von 68,00 m erlangte. Unvorstellbar waren auch ihr Umfang von 11,95 m und ihr Holzvolumen von 140 m^3. Ein anderer Gigant steht angeblich mit 59,00 m Höhe in der Ukraine und soll ebenfalls über 10 m messen. Die beeindruckendste Tanne ist heute jene im «Ardkinglas Woodland Garden» bei Argyll in Schottland. Ihr 10,05 m messender Stamm teilt sich in vier gewaltige Haupttriebe, die eine Höhe von 48,00 m aufweisen. Diese Tanne hat aber erst ein Alter von etwa 250 Jahren, denn die in Grossbritannien angepflanzten Tannen wachsen wegen des feuchten Klimas besonders rasch. Gewaltig waren auch die «Königstanne» auf dem Wurzelberg in Katzhütte, die in 0,6 m Höhe einen Umfang von 8,55 m hatte und 66 m^3 Holz beherbergte, sowie eine bei Zschopau im Erzgebirge stehende Tanne, die 8,20 m mass. Gefällt wurde 1955 eine Tanne in Italien namens «Regina di Boazzo», im Valle di Daone, die bei einem Umfang von 8,40 m 700 Jahre alt gewesen sein soll. In den Pyrenäen gab es aber angeblich noch im 19. Jahrhundert 800 Jahre alte Tannen.

In der Schweiz wurde 1863 in Obersuld bei Aeschi eine Tanne gefällt, die angeblich in 0,3 m Höhe einen Umfang von 9,75 m und 75 m^3 kerngesundes Holz besass und etwa 500 Jahre alt war. Gewaltig war auch eine

---

166 Tanne, Arzier VD
Abies alba Mill.

ca. 300-jährig (um 1710)
6,95 m Stammumfang
5,30 m Stammumfang (in 3 m H.)
1,97 m BHD
10,00 m Basisumfang
27,00 m Kronenhöhe

167 Tanne, St-Cergue VD
Abies alba Mill.

ca. 300-jährig (um 1710)
6,70 m Stammumfang
5,00 m Stammumfang (in 3 m H.)
1,94 m BHD

Mit 26 m Kronenhöhe und einer Stammbasis von 11 m kommt diese Tanne auf ein geschätztes Holzvolumen von rund 27 m³.

168 Tanne, Baulmes VD
Abies alba Mill.

ca. 350-jährig (um 1660)
7,80 m Stammumfang
2,51 m BHD
7,40 m Taillenumfang

Dank eines niedrig gewachsenen Haupttriebes erreicht die Tanne am Aiguilles de Baulmes bei Les Praz bei der Umfangmessung Rekordmass.

Tanne bei Orvin, die 1895 auf Brusthöhe einen Umfang von 7,10 m aufwies. In 6 m Höhe waren es noch 5,00 m und in 20 m Höhe noch 2,70 m, womit sie auf ein geschätztes Holzvolumen von 66 m³ kam. Abgesehen davon, hatte diese Tanne zusätzlich einen gewaltigen Starkast, der vermutlich nicht in die Volumenberechnung einbezogen wurde.

Vor allem ein Exemplar war weit über die Landesgrenze bekannt. Es war die oben erwähnte Kandelabertanne auf der Alp «La Borsatte» in Arzier, deren Stamm 6,45 m mass und sich auf 2 m Höhe in zehn gewaltige Starkäste aufteilte. Leider wurde der Baum vom Blitz zerstört. Auch der Nachbarsbaum, der sogar 7,15 m Umfang hatte und dessen Volumen sich bei einer Höhe von 42 m auf 54 m³ belief, ist längst zerstört. Zwischen beiden Strünken steht aber noch eine dritte Tanne, die vor hundert Jahren die kleinste aus der Tannengruppe war und deshalb «Le Benjamin» getauft wurde (vgl. Nr. 166). Diese und eine zweite wenige hundert Meter unterhalb sind heute von internationaler Bedeutung (vgl. Nr. 167). Die mächtigste Tanne ist der «Grossvater» bei Cerniat im Plasselbschlund im «Ärgerawald» (vgl. Nr. 161). Vor wenigen Jahren gehörte diese Tanne zu den massenreichsten Bäumen Europas. Baumstarke Kandelaberäste sind aber abgebrochen, nur auf der einen Seite sind zwei riesige erhalten, die 4,80 m und 4,10 m Umfang haben, wovon der eine jedoch ebenfalls zerrissen wurde. Trotzdem lebt der vom Alter geborstene Baum weiter. Wie diese Tanne einst ausgesehen haben muss, sieht man bei einer Tanne auf der Alp Rondaneire bei der Alphütte Ronde-Noire in Romairon sehr schön (vgl. Nr. 160). 1925 hatte dieser Baum bereits einen Umfang von 6,85 m.

Die Ulme
Opfer einer fatalen Epidemie

169 Bergulme, Treyvaux FR
Ulmus glabra Huds.

ca. 120-jährig (um 1890)
5,90 m Stammumfang
1,70 m BHD
4,70 m Taillenumfang

Einst waren Ulmen, wie die Linden und Eichen, die mächtigsten Bäume des Landes. Die meisten haben aber die Ulmenwelke nicht überlebt.

Die Ulme kommt bei uns in drei verschiedenen, ziemlich ähnlich aussehenden Arten vor. Die Bergulme *(Ulmus glabra)* steigt bis in eine Höhe von 1400 m ü.M., während die Feldulme *(Ulmus minor)* und die Flatterulme *(Ulmus laevis)* nur bis auf 600 m ü.M. vorkommen. Letztere bildet häufig Brettwurzeln, wie sie bei Tropenbäumen oder der Säulenpappel zu finden sind. Die Krone der Flatterulme ist unregelmässig aufgebaut, worauf die früheren wissenschaftlichen Namen «Ulmus effusa», auf Französisch «Orme diffus», Bezug nehmen. Sie scheint nicht mit ihren Verwandten zu bastardieren. Aus der Kreuzung von Feld- und Bergulme entsteht die schnellwüchsige Holländische Ulme *(Ulmus x hollandica)*.

Die Ulme gehörte einst zusammen mit Linde und Eiche zu den imposantesten Bäumen Europas. Bekannt waren die «Schimsheimer-Effe» in Rheinhessen mit 15,30 m Stammumfang und die Lutherulme in Worms-Pfiffligheim mit 11,00 m. 12,50 m Umfang wiesen eine Ulme in der Grafschaft Gloucester in Stoke Gifford und eine im dalmatischen Cannosa auf. Bis am 5.5.1824 stand in der Schweiz in Morges eine Ulme, die am Stock unglaubliche 16,70 m Umfang besass und in 3,6 m Höhe ab Boden sogar noch 10,30 m mass. Angeblich zählte man damals 335 Jahrringe im übrig gebliebenen Stammholz. Auch die letzte alte Ulme in Morges mit 7,80 m Umfang, die 1927 vom Blitz zerstört wurde, und das letzte angeblich 500-jährige Exemplar in Bissone mit 5,50 m Umfang sowie die stattlichen Ulmen in den Alleen bei Bern sind verschwunden. Alle diese Ulmen wurden jedoch von einer Amerikanischen Ulme *(Ulmus americana)* in Hatfield bei Massachusetts mit unglaublichen 32,60 m Stammumfang in den Schatten gestellt.

Bis auf wenige mächtige Exemplare mit über 8 m Stammumfang in Frankreich, Deutschland und Grossbritannien sind alle Ulmen zu ungefähr derselben Zeit eingegangen. Grund dafür ist das Ulmensterben. Das Krankheitsbild des vermutlich aus Ostasien eingeschleppten Schlauchpilzes ist die sogenannte Ulmenwelke. Sie wurde um 1919 erstmals in Holland nachgewiesen, weshalb man sie «holländische Krankheit» nannte. Während die Ulmenarten in Ostasien sich im Verlaufe der Evolution an den Parasit anpassten und dagegen immun sind, wurde die Ulmenwelke anderen Ulmenarten zum Verhängnis. Die bisher unheilbare Pilzinfektion verstopft die Wasserleitgefässe (Tracheen) und führt somit zum Verdorren des befallenen Baumes. Übertragen wird der Erreger durch den Grossen und den Kleinen Ulmensplintkäfer. Das Ulmensterben verbreitete sich in Europa so rasch, dass 1933 fast alle Ulmen infiziert waren und die Krankheit mittels Furnierholz-Exporte sogar nach Nordamerika übergriff. Als auch die in Amerika heimischen Ulmenarten vom Aussterben bedroht waren, begann man, resistente Ulmenarten zu züchten und gezielt zu vermehren, worauf der Krankheitsbefall um 1960 stoppte. Selbst diese «Resista-Ulmen» wurden aber Ende der sechziger Jahre dahingerafft, weil ein neuer, aggressiverer Pilzstamm entstand. Dieser wurde wiederum von Kanada nach Europa verschleppt. Eine zweite Variante des ersten Pilzstammes gelangte zur selben Zeit von Asien nach Westen, so dass um 1980 schliesslich ältere Ulmen in Europa vielerorts so gut wie verschwunden waren. Zum Aussterben ist es bisher noch nicht gekommen, die Ulme gilt jedoch als gefährdet. Wegen präventiver Fällmassnahmen ist das Auffinden einer über 100-jährigen Ulme in der Schweiz eine wahre Kunst. Erstaunli-

Eine echte Rarität steht bei Fin du Teck, wo sich der Doubs um einen Hügelzug schlängelt.

170 Bergulme, Epauvillers JU
  Ulmus glabra Huds.

  ca. 250-jährig (um 1760)
  6,70 m Stammumfang
  1,97 m BHD
  6,15 m Taillenumfang

171 Bergulme, Stadt Luzern
Ulmus glabra Huds.

ca. 120-jährig (um 1890)
5,75 m Stammumfang
1,75 m BHD
5,35 m Taillenumfang
8,20 m Basisumfang

Ursprünglich standen vier alte Ulmen im Sempacherpark. Heute sind nur noch deren zwei erhalten geblieben, wovon die eine wesentlich dicker ist.

ULMEN-CHIPS UND BAUM DER TOTENWELT

Im Volksmund kannte man Namen wie «Effe» oder «Ilme». Im Althochdeutschen nannte man die Ulme «roust» oder «ruz», später «rust», woraus erstmals 1580 das Wort «Rüster» hervorging. Rüster bezeichnet nicht nur den Baum, sondern vor allem das Holz. Rüsterholz ist äusserst stossfest, riecht aber bei der Verarbeitung relativ unangenehm und stumpft die Werkzeuge ab. Zur Herstellung von Glas war Pottasche unverzichtbar. Am gewinnbringendsten war die Pottasche der Bergulme, auch «Waidasche» genannt. Die natürlichen Ulmenbestände wurden deshalb schon früher stark genutzt.

Aus dem Bast der Ulmenart «*Ulmus laciniata*» weben die «Ainu», ein paläosibirisches Volk auf Hokkaido, ihre Kleidung. Der Bast der in Mitteleuropa heimischen Ulmenarten wurde früher abgekocht und half bei Wund- und Knochenbruchheilung. Er konnte in der Apotheke als «Cortex Ulmi interior» gekauft werden und wirkt zusammenziehend und schleimlösend. Tee aus Rindenabsud wurde gegen Durchfall verschrieben, und Rindenpulver nahm man bei Ekzemen und Hautkrankheiten. Heilbringend soll auch der «Ulmensaft» sein. Dieser stammt aus den dank Blattläusen entstandenen Bläschen, die Flüssigkeit beinhalten. Die Früchte, die sogenannten Flügelnüsschen, wurden geröstet und als Chips gegessen.

Die Ulme war schon in früher Zeit ein Baum der Trauer und Totenwelt. So steht an der Pforte zur Unterwelt eine Ulme, auf der die Träume hausen, erzählt der römische Dichter Vergil. Wenn der griechische Götterbote Hermes die verstorbenen Seelen zum Weltenrichter brachte, wurde er von tanzenden, geflügelten Ulmenfrüchten begleitet. Die Ulme ist in manchen Gegenden ein Gedenkbaum, da sie wie Linde und Eiche sehr langlebig ist. In England wurde sie auf dem Friedhof gepflanzt, und in Frankreich und Amerika nahm sie die Stellung des Gerichts- und Freiheitsbaumes ein.

Die Ulme – Baumporträts

cherweise liessen sich immerhin sechs Exemplare mit über 5 m Stammumfang lokalisieren. Auf der Alpennordseite schätzt man die Anzahl der Flatterulmen auf noch 5000 Individuen. Auffallend ist, dass es sich bei den mächtigsten, letzten Altulmen in Europa hauptsächlich um Flatterulmen handelt. Einige Feldbeobachtungen bestätigen deren Robustheit gegenüber der Ulmenwelke. Wissenschaftler vermuten, dass sie wegen des unregelmässigen Kronenaufbaus weniger gut vom Ulmensplintkäfer erkannt und deshalb nicht angeflogen wird. Vielleicht bewahrheitet sich das Wort von Forstwissenschaftler Burghard von Lüpke: «[E]rst wenn wir die Ulmen als verlorene Baumart betrachten, dann sind sie wirklich verloren!»

Im Jahre 2004 wurde in Arbon eine Feldulme wegen der Ulmenwelke gefällt. Ihr Umfang mass 7,85 m, und der Stamm wog im untersten Bereich 14,50 Tonnen. Mit 42 m Höhe war sie eine der gigantischsten Ulmen der Schweiz. Sie gehörte europaweit zu den bedeutendsten überhaupt, da es sich bei den noch stehenden ältesten Exemplaren ausschliesslich um Flatterulmen handelt. Die wenigen stattlichen Ulmen in der Schweiz sind Berg- oder Holländische Ulmen. Eine gewaltige steht in Treyvaux (vgl. Nr. 169), eine andere in der Stadt Luzern (vgl. Nr. 171). Beide sind verhältnismässig jung. Förster Dominique Wahl kennt jedoch eine Ulme, die wesentlich älter ist. Sie ist auch die neue Rekordhalterin in Sachen Umfang (vgl. Nr. 170).

DER WACHOLDER
Die Zypresse des Nordens

172 Wacholder, Oberägeri ZG
Juniperus communis L.

ca. 250-jährig (um 1760)
1,55 m Stammumfang
0,46 m BHD

Mit 11,00 m Kronenhöhe und 2,20 m Basisumfang war der Wacholder am «Steizopf» bis 2014 ein Riese seiner Art.

Der Wacholder nimmt unter den Zypressengewächsen – und Koniferen ganz allgemein – das grösste Verbreitungsgebiet ein. Es erstreckt sich von Nordamerika und -afrika über Eurasien. Sogar auf den ansonst nadelbaumlosen Azoren im Atlantik gedeiht eine Wacholderart, deren Samen vor Urzeiten wohl in einem Vogelmagen auf die Insel gelangten. Das Wahrzeichen von El Hierro, der westlichsten Insel der Kanaren, ist ein vom Wind niedergerungener, uralter Wacholder. Der Ostafrikanische Wacholder *(Juniperus procera)* wird 50 m hoch, der Zwerg- oder Bergwacholder *(Juniperus communis ssp. alpina)* dagegen maximal 0,3 m. Dieser wächst im Wallis noch auf 3570 m ü.M. und ist das in grösster Höhe vorkommende Holzgewächs Europas. Manche Botaniker betrachten den Zwergwacholder nur als morphologische Varietät des bei uns bis 1600 m ü.M. vorkommenden Gemeinen Wacholders *(Juniperus communis)*, der durchschnittlich bis 5 m gross wird. Zwei von der Fällung verschonte Exemplare in Schweden beweisen aber mit 18,50 m Wuchshöhe und einem Stammumfang von 2,70 m, dass auch der Gemeine Wacholder mächtig werden kann. Die Verbreitung des lichtbesessenen, konkurrenzschwachen Baumes wurde um 1350 durch die Auslichtung der Wälder und das Desinteresse von Wild und Industrie begünstigt. Allerdings wurde sein harzfreies, zähes Holz in den folgenden fünfhundert Jahren für Spazierstöcke und Kunstgegenstände entdeckt. Den Sadebaum oder Stinkwacholder *(Juniperus sabina)*, die zweite heimische Wacholderart, verwendete man wegen seiner giftigen Pflanzenteile als Abtreibungsmittel, was oft tödlich endete. Das botanische «Juniperus» ist vermutlich aus «juvenis» (jung) und «parere» (gebären) zusammengesetzt und weist auf die frühe Benutzung als Abortivum hin.

Wacholder sind entweder weiblich oder männlich; nur ausnahmsweise wachsen Blüten beider Geschlechter auf einem Baum. Die «Beerenzapfen» (botanisch gesehen Samen) reifen erst nach drei Jahren. Sie dienen als Gewürz für Wildgerichte und Sauerkraut. Wacholder ist harntreibend, keimtötend und abwehrsteigernd und hilft bei Bronchitis und Grippe. Indianer Nordamerikas kauen auf seiner Rinde, da sie Vitamine und Mineralsalze enthält. Das ätherische Öl in den Pflanzenteilen gab ihm den Namen «Balsamstaude der Bergwälder». Früher glaubte man, dass die Samen ein Präservativum für Pest und andere Krankheiten ist. Deshalb wird Wacholderholzrauch bei den Lappen nach dem Tod eines Menschen und in Krankenhäusern Tibets angewandt. Auch christliche Missionare bedienten sich seiner anstelle des orientalischen Weihrauchs. Man glaubte auch an die antidämonische Wirkung des Wacholders, weshalb auf Rügen ein «Knirk» (Wacholderast) ins Fundament gegeben wurde. Ein Becher aus Wacholderholz verriet, ob der Trunk vergiftet war. Man setzte den immergrünen Baum oft als Grabpflanze, weil man glaubte, dass die Seele eines Verstorbenen ins Leben zurückkommen könnte, da sie sich in der Übergangszeit in einem Wacholder aufhalte. Deswegen nannte man ihn «weckalter» (Wach-Halter), woraus das Wort «Wacholder» entstand. Der Wacholder wird auch «Feuerbaum», «Krammetbeere», «Kranewitt», «Machandel», «Räucherstrauch» oder «Wacheldönner» genannt.

Die Walnuss

Eine «Fremde Nuss» ist zurück

173 Walnuss, Wollerau SZ
Juglans regia L.

ca. 120-jährig (um 1890)
4,20 m Stammumfang
1,31 m BHD
4,05 m Taillenumfang

Die Walnuss (*Juglans regia*) ist eine von insgesamt 60 Arten in der Familie der Walnussgewächse. Sie wuchs vor Millionen Jahren zur Zeit des Tertiärs in Mitteleuropa, wie versteinerte Blätter und Früchte zeigen. Nach der Eiszeit gelangte sie vor rund 7000 Jahren aus Persien über Handelswege nach Zentralasien, China und Griechenland und schliesslich nach Italien.

Die Walnuss treibt erst spät aus, die Blüten sind unscheinbar, die Blätter hängen kaum fünf Monate am Baum und die Herbstfärbung ist kläglich. Ganz anders aber die schmackhaften Nüsse, die sich bei den Griechen zur glücksbringenden Götterspeise mauserten. Die Römer verehrten die Walnuss als Fruchtbarkeitssymbol und nannten sie «Jovi glans» (Eichel des Jupiter). Im Latein heisst der wissenschaftliche Name «Juglans regia», also «Königliche Frucht des Jupiter». Römer brachten die Walnuss nach Nordeuropa, wo Karl der Grosse die Pflanzung des neuen Baumes 800 n. Chr. förderte. Aus dem Begriff «Nux gallica» entstand später die «Fremde Nuss» oder «Welschnuss», abgeleitet von «Welchen», dem Wort für die Bewohner Galliens und Italiens. Seit dem Beginn des 16. Jahrhunderts spricht man, im Gegensatz zu anderen nusstragenden Bäumen, auch von der «Baumnuss». Um 1750 verhilft die habsburgische Regentin Maria Theresia der Walnuss zum Status als hungerstillender Baum, und 1770 brachten spanische Missionare Früchte nach Amerika. Wirtschaftlich genutzt wurde sie hundert Jahre später, als Joseph Sexton einige Nüsse in San Francisco bezog. Als seine Walnussplantage in Santa Barbara gutes Geld einbrachte, handelten immer mehr Farmer mit dem neuen Speiselieferanten. Bald begannen auch Italien, Ungarn und insbesondere Frankreich mit dem lukrativen Geschäft.

Harte Schale – Weicher Kern?

Das junge äussere Splintholz umschliesst das schwere harte Kernholz der Walnuss, das qualitativ als eines der schönsten gilt und mit Tropenholz wie Palisander vergleichbar ist. Das farb- und strukturreiche Kernholz war deshalb prägend für Biedermeiermöbel. Holzfehler wie Astgabeln, Maserknollen, Krümmungen und Kröpfe sind normalerweise gefürchtet, bei der Walnuss aber besonders begehrt. Man teilt diese Muster in «geflammt», «gestreift», «geriegelt» oder «gemasert». Solche Bäume werden samt Wurzelstock ausgegraben. Man nennt dies «austopfen», «auskesseln» oder «ausstocken». Gebraucht wurde Walnussholz, ausser für Furniere und Instrumente, besonders für Gewehrschäfte. Selbst der baumfreundlichste Bauer opferte zu Kriegszeiten seine letzte Walnuss, versprach doch ein stattlicher Baum eine ebenso stattliche Summe an Geld. Insgesamt drei Viertel aller Walnussbäume in der Schweiz sind alleine in den letzten 50 Jahren gefällt worden. Flächendeckende Nussbaumwälder existieren heute u.a. noch im Balkan, Kaukasus, Hindukusch und Himalaja. Trotz klimatischer Anpassung kann die Walnuss gewisse Vorlieben nicht verheimlichen. Die dichte Krone mit den ledrigen Blättern zeigt, dass die Walnuss hitzebeständig ist. Spätfrost erträgt sie schlecht, weshalb man um spätaustreibende Züchtungen bemüht ist. Der Markustag am 25. April wird auch «Nussfressertag» genannt, weil die Nussbäume zu so später Zeit besonders anfällig auf Frost reagieren.

174 Walnuss, Oberwil im Simmental BE
Juglans regia L.

ca. 175-jährig (um 1835)
4,70 m Stamm- & Taillenumfang
1,59 m BHD

175 Hybridnuss, Meinier GE
Juglans x intermedia Carrière

146-jährig (1863)
6,35 m Stamm- & Taillenumfang
2,05 m BHD
42,50 m Kronenbreite

DIE WALNUSS

Die vielleicht herrschaftlichste Nusshybrid-Allee Europas befindet sich ausserhalb von Satigny.

Anfangs produziert die Walnuss eine lange, kräftige Pfahlwurzel, bevor horizontale Wurzeln ansetzen. Dagegen entwickelt sich kein eigentlicher Wipfeltrieb, und der meist kurze Stamm trägt mehrere horizontal abgehende Hauptäste, die im Alter oft dicker als der Stamm werden. Ein dominanter Wipfeltrieb ist meistens nur im Bestand zu finden, wo die Nuss bis 30 m hoch wird.

Botanische Knacknuss

Bis vor kurzem wurde die Walnuss noch als Steinfrucht wie beispielsweise die Kirsche eingestuft. Neuere Untersuchungen ergaben, dass die Fruchthülle aus Blätterteilen entstanden ist und die Frucht botanisch nun doch zur Nuss zählt. Ursprünglich war die Schalenfrucht nur 2 cm gross, sie wurde aber durch Züchtungen teilweise auf die Grösse von 9 x 6 cm gebracht. Solche «Blendernüsse» oder «Riesenwalnüsse» sind geschmacklich langweilig und dienen der Zierde. Für ihren aromatischen Geschmack bekannt sind vor allem die Sorten «Esterházy», «Seifersdorfer Runde», «Jupiter» und «Wunder von Monrepos» sowie die Nüsse aus Grenoble und Dordogne. Eine Walnuss enthält doppelte so viel Vitamin C wie Zitrusfrüchte, ausserdem viele andere Vitamine, Kalium, Kalzium, Eisen, Magnesium, Phosphor und ungesättigte Fettsäuren. Die eiweissreiche Nuss wird für Backwaren und zur Herstellung von Eis, Likör und Öl verwendet. Die Griechen kochen die Nüsse in Honig, und die Engländer legen frische Früchte als «Pickle» ein. Ein Engadiner Zuckerbäcker nahm das Rezept für die heutige «Bündner Nusstorte» mit aus Frankreich. Deshalb entstand diese Spezialität Graubündens, obschon der Baum dort eher selten zu finden ist.

Früher verwendete man die Nuss als gedächtnisstärkendes Mittel, da die Form äusserlich dem menschlichen Hirn ähnelt. In Farsi, einer afghanischen Sprache, heisst die Walnuss im übertragenen Sinn «Vier Hirne», und «Studentenfutter» nennt man die nahrhafte Mischung aus Nüssen und Weinbeeren. Aus der Kammerwand der Schale lässt sich ein Tee brauen, der gegen Herzschwäche hilft, und eine Tinktur daraus soll potenzsteigernd sein. In der Volksmedizin dient das Pulver aus Nussbaumteilen für Brechmittel, bei Vergiftungen oder zur Abtreibung von Bandwürmern. Nordafrikaner massierten zur Stärkung das Zahnfleisch mit Walnussrinde. Aus der Fruchthülle kann man eine Bräunungscreme herstellen, und getrocknete, zermahlene Fruchtschalen waren Ersatz für Pfeffer, wie Hieronymus Bock im «Kräuterbuch» von 1577 schreibt. Die auf der Haut zerriebenen, würzig riechenden Blätter schützen vor Insekten. Im Kleiderschrank ersetzen sie Mottenkugeln, und im Hundehäuschen vertreiben sie Flöhe. Deshalb wurden Nussbäume im Mittelalter oft neben das «stille Örtchen» gepflanzt.

So beliebt die Walnuss als Hausbaum wurde, in Unteritalien betrachtete man sie als Teufels- und Hexenbaum und im Westerwald glaubte man, dass ein Nickerchen darunter Kopfschmerzen verursache oder sogar zum Tode führe. Bereits im ersten vorchristlichen Jahrhundert bemerkte Plinius, dass die Walnuss eine hemmende Wirkung auf das Wachstum anderer Pflanzen hat. Dafür verantwortlich ist ein natürliches Herbizid in Blatt, Fruchtschale und Wurzel. Das darin enthaltene Alkaloid «Juglon» verwandelt angeblich sogar das Erbgut einer Pflanze und sorgt für eine Geburtenkontrolle unter der Krone.

«FAULE NÜSSE WERDEN AUCH VERKAUFT»

In Griechenland wurde der Nussbaum der Göttin Karya geweiht. Dionysos war ihr heimlicher Geliebter. Als die Liebe aufflog und Karya aus Verzweiflung starb, verwandelte sie Dionysos in einen Nussbaum. Der Baum diente auch als Fruchtbarkeitssymbol, weshalb man frisch verheirateten Frauen riet, viele Walnüsse zu essen. In der Steiermark heisst es auch: «Viele Nüsse bringen viele Knaben.» Schicksalsdeutend ist die Walnuss, wenn sie von einem Liebespaar ins Feuer geworfen wird. Bleibt sie geschlossen, ist eine glückliche Ehe zu erwarten. Verschiedene Sprichwörter versinnbildlichen die Unsicherheit im Ehestand, beispielsweise: «Niemand weiss, was in der Nuss zu finden ist – süss oder bitter», oder: «Die schönste Nuss hat oft einen faulen Kern», «Er hat eine harte Nuss zu knacken», «Der muss keine Nüsse knacken, der hohle Zähne hat», «Wenn die Nuss gespalten, so kommt man eher zum Kern», «Gott gibt die Nüsse, aber er knackt sie nicht.»

Die Walnuss – Baumporträts

In Europa findet man selten eine Walnuss mit über 70 Jahren. Deshalb setzten Baumkundler die Lebenserwartung einer Walnuss auf 150 Jahre, bei einem maximalen Stammumfang von 3,50 m. Weit daneben gegriffen, wie ein Exemplar mit 4,80 m im bayrischen Niedersonthofen zeigt. Die beiden dicksten Bäume in der Schweiz messen je 4,70 m. Die eine Walnuss steht in Oberwil im Simmental (vgl. Nr. 174), die andere bei Belp (vgl. Nr. 176). Dicker ist nur ein mehrstämmiges Exemplar in Obfelden mit 4,90 m. Vor hundert Jahren stand in Gwatt bei Thun sogar eine 6,00 m messende Walnuss. So kräftig war auch ein Exemplar in Le Bois de Vaux (heute zu Lausanne gehörend). Der vollholzige Stamm, der sich bis in eine Höhe von 7,35 m nicht verjüngte und unbeastet war, brachte es bei seiner Fällung im April 1900 auf 20,50 m³. In Bonvillars wurde 1887 sogar eine Walnuss mit 8,10 m gefällt. Noch dicker ist eine Walnuss in Spanien bei Valdeganga mit über 10,00 m Stammumfang und geschätzten 500 Jahren.

176 Walnuss, Belp BE
Juglans regia L.

ca. 175-jährig (um 1835)
4,75 m Stammumfang
1,48 m BHD
4,60 m Taillenumfang
20,50 x 19,00 m Kronenbreite

Dieser Baum beweist, dass das Wachstumspotenzial einer Walnuss mit 5 m Stammumfang noch lange nicht ausgeschöpft ist.

Ein weiterer Rekordbaum steht in Meinier (vgl. Nr. 175). Mit 42,50 m Kronenbreite ist diese Walnuss der Baum mit der breitesten Krone Europas. Die drei Hauptachsen splitten sich bald in fünf Starkäste auf, wovon der eine angerissen ist und sich auf den Boden gelegt hat. Der Ast grünt weiter, auf das Klettern sollte aber verzichtet werden, um die angeschlagene Rinde nicht weiter zu strapazieren. Dieser Hybrid (*Juglans x intermedia*) – eine Kreuzung zwischen Walnuss (*Juglans regia*) und der wuchsfreudigen, nordamerikanischen Schwarznuss (*Juglans nigra*) – wurde 1863 gepflanzt. Internationale Bedeutung kann aber auch die Nusshybrid-Allee in Satigny aufweisen. Die dicksten Bäume messen dort bereits 4,65 m im Stammumfang (siehe S. 208).

DIE WEIDE
Eine «Augenweide» wird geköpft

177 Weide, Concise VD
Salix alba L.

ca. 150-jährig (um 1860)
8,70 m Stammumfang
7,70 m Taillen- & Basisumfang

Weiden haben einen starken Überlebenswillen, ein anderer Baum wäre bei dieser Behandlung längst eingegangen.

Die Weide bildet weltweit rund 450 verschiedene Arten. Da diese untereinander bastardieren und die dabei entstandenen Hybride wie bei den Sorbus-Arten fortpflanzungsfähig sind und sich wiederum kreuzen, kann eine Bestimmung nur anhand chemischer und genetischer Merkmale gemacht werden. Von den etwa 30 Arten in Mitteleuropa sind vor allem die Silberweide (*Salix alba*), die bis zu 30 m gross wird, und die etwas kleinere Salweide (*Salix caprea*) häufig verbreitet. Die gezielt vermehrte Trauerweide (*Salix alba* 'Tristis'), deren hängende Beastung aus einer natürlichen Mutation entstanden ist, ist nicht mit der Echten Trauerweide (*Salix babylonica*) aus Japan zu verwechseln, wird aber mit dieser frostempfindlichen Art gekreuzt. Bisher sind in Europa keine mächtigen Trauerformen bekannt. Die dickste Trauerweide der Schweiz steht vermutlich in Zürich Wipkingen und misst etwas über 4 m im Umfang. Es ist jedoch nicht auszuschliessen, dass bereits heute Exemplare mit über 5 m existieren. Im Norden und im Hochgebirge findet man unter den zwergwüchsigen Weidenarten den kleinsten Baum der Welt. Die nur wenige Zentimeter hohe Krautweide (*Salix herbacea*) bildet Zweige mit jeweils zwei bis drei Blättern. Der verholzte Stamm aber liegt unter der Erde verborgen. Die Zweifarbige Weide (*Salix bicolor*) ist die erste Weidenart, die am natürlichen Standort ausgestorben ist. Das letzte Exemplar ist weiblich, steht am Brocken in Deutschland und kann sich nicht mehr reproduzieren.

PLASTIK VERDRÄNGT URALTES GEWERBE

Bereits 3000 v. Chr. besass Ägypten eine hochentwickelte Flechtkultur. Am Bodensee fand man Weidenkörbe, die aus der jüngeren Steinzeit stammen. Die Bauflechterei für den Haus- und Zaunbau sowie die Korbflechterei wurden über Jahrtausende gepflegt und haben sich kaum geändert. Das Wort «Wand» stammt von «gewunden», was sich noch auf die alten Siedlungs- und Fachwerkbauten bezieht, die mit jungen Trieben geflochten wurden. Behauene Steinmauern ersetzten jedoch auch die einfachen Häuser, und mit der Erfindung der platzsparenden und leichten Plastiktüte verschwand die Nachfrage nach geflochtenen Körben. Die Silberweide und die Korbweide (*Salix viminalis*) dienten jedoch noch bis um 1950 als Rohstofflieferant für das Gewerbe der Flechterei. Um die frischen, elastischen Triebe zu gewinnen, setzte man «die Weide auf den Kopf». Das bedeutet, die jungen Triebe wurden im Turnus von ein bis zwei Jahren vom Stamm entfernt. Dank der Biegsamkeit waren sie auch Seil- und Drahtersatz. Natürlich gewachsene Weiden waren früher selten, und als die Bewirtschaftung der Weide ein Ende nahm, glaubte man, dass die Kappung eine baumpflegerische Massnahme sei und führte die fragwürdige Behandlung weiter. Absurderweise legen heute ausgerechnet Naturschützer selbst Hand an, um die Weiden zu stutzen, um so das Landschaftsbild des «Kopfholzbetriebes» zu erhalten. Einer der ersten und letzten, der sich gegen diesen radikalen Rückschnitt auszusprechen wagte, war Alexander Humboldt. In einem Brief an eine Freundin schrieb er: «Es ist schlimm genug, das so oft Bäume, die wirklich auf grosse Schönheit Anspruch machen können, durch Menschenhände und ewiges Behauen ganz um ihren freien und grossartigen Wuchs gebracht werden.»

178 Weide, Obfelden ZH
Salix alba L.

ca. 150-jährig (um 1860)
8,90 m Stammumfang
2,90 m BHD
4,20 m Taillenumfang

Ein Baum mit zwei Gesichtern

In der Mythologie und im Aberglauben hat die Weide zwei Gesichter. Das optimistische beschreibt die Weide als Symbol für Geburt und Leben. In China steht das Zeichen «Qi» gleichzeitig für Weide und den Lebensatem. Die Weide behütete die Geburt der hellenistischen Göttereltern und begleitete Zeus in seinen Jugendjahren. Auch seine Gattin Hera erblickte das Licht der Welt unter einer alten Weide. Die Weide diente überdies Demeter, der Göttin des Ackerbaus und der Fruchtbarkeit. Im jüdischen Weidenfest wurden nach der Aussaat Weidenzweige auf den Boden geschlagen, und es wurde zu Jahwe gebetet, er soll Regen bringen. Der «Palmbusch» am Palmsonntag bestand aus blühenden Weidenkätzchen, und in der Ukraine wird dieser heilige Tag als Weidensonntag bezeichnet. Die Griechen betrachteten die Weide als Keuschheitssymbol. Damals unterschied man die wollig-flauschigen Weidenblüten noch nicht von den ähnlich aussehenden Früchten, und man glaubte, dass die Weide ihre Blüten vor dem Fruchtansatz abwarf, um sich zu vermehren. Man nahm an, sie dämme die sexuelle Wollust, und verwendete, wenn auch nicht erfolgreich, kaltes Wasser mit eingelegten Blättern als Verhütungsmittel.

In pessimistischeren Darstellungen sind die oben erwähnten Symbolgehalte genau ins Gegenteil verkehrt. Nicht als Lebensbaum, sondern als Todesbaum wurde in manchen Kulturen die Weide beschrieben. Im germanischen Glauben hauste der Todesgott Vidharr in den Weiden, obschon man sie auch der hoch geachteten Mondgöttin Selene zugeordnet hatte. Bei den Griechen pflanzte die Zauberin Medea in

179 Weide, Hünenberg ZG
Salix alba L.

ca. 60-jährig (um 1950)
5,60 m Stammumfang
5,20 m Taillen- & Basisumfang

In der morschen Weide am Reussspitz, einem überdimensionalen Blumentopf, gedieh viele Jahre lang eine Fichte.

Kolchis dunkle Weiden, worin in Tierhäute eingenähte Verstorbene hingen. Desdemona starb, nachdem ihr vorher im Traum eine Weide erschien, und Ophelia ertrank nach dem Sturz von einem Weidenbaum. Die Christen in Siebenbürgen glauben, dass der Weidenbaum verflucht wurde, als sich Judas an einem solchen strangulierte. Wie das meiste, das vor dem Christentum verehrt wurde, wurde auch die Weide bei der Christianisierung als etwas Düsteres verschrien. Der Teufel wohne in den hohlen Weidenstrünken, und die jungen Frauen ziehe es dorthin, um für die Kunst der Hexerei ihre Seele zu verschenken. Das Zepter der Hexenkönigin war deshalb aus einem Weidenast geschnitzt. Das angelsächsische «willow» für Weide leitet sich aus demselben Wortstamm wie «witch» (Hexe) und «wicked» (böse) ab. Die in den Weiden vorkommenden Irrlichter nennt man im englischen «Will-o'-the-wisp». Das Tragen von Weidenzweigen wurde bei den Germanen als entwürdigend angesehen. Der Weidenstrick lag neben dem Schwert im Femegericht, wo es bei einem Verurteilten hiess: «Das sollst du an der Weide büssen.» Nicht keusch, sondern anrüchig waren die ungezügelten, von Leben strotzenden Weiden im Alten China. Man pflanzte sie nie an Orte, wo sich Frauen aufhielten, da man glaubte, dass die im Wind wehenden Äste unanständige Gedanken hervorrufen würden. Der Spruch «Blumen suchen und Weiden kaufen» bedeutete einst, dass ein Mann ins Bordell geht, und Max Dauthendey dichtete: «Alle die Weidenblätter voll silbriger Spiegel sind und werden wie Sehnende auch nachts nicht blind.»

«FELBE» ODER «SALCHE»?

Als «Biegsame» bezeichnete man früher die Weide. Der Name «Salix» entspringt dem Wort «Sal» für Salz und weist angeblich auf die helle Farbe der Blätter hin, die einem Salzstein gleichen. Die Salweide wurde ausserdem als Ziegenfutter verwendet, worauf das Wort «capra» (Ziege) hindeutet. Das althochdeutsche «salha» für Salweide heisst genaugenommen «Weide», denn die Salweide wurde – weil sie als wichtigster Bienenbaum galt – früher als die eigentliche Weide in Mitteleuropa angesehen. Eine Weide mit schmalen Blättern, die «Felbe», unterschied man früher von einer breitblättrigen, der «Salche».

Medizinisch wurde die Weide vor allem bei Fieber, Gicht und Rheuma eingesetzt. Wie auch die Chinarinde half der Tee aus Rinde und Zweigen gegen Malaria. Der Hauptwirkstoff in der Rinde ist das Glykosid Salicin, das im Körper zu Salizylsäure oxidiert. Als 1898 das Aspirin auf den Markt kam, in dem die Salizylsäure synthetisch und konzentriert vorhanden ist, verlor die Weide in der Heilkunde an Bedeutung.

Das sich durch einen geringen Härtegrad auszeichnende, kaum witterungsbeständige Holz wurde mit Ausnahme von Zündhölzern, Reissbrettern, Holzschuhen und Prothesen nur selten für industrielle Zwecke eingesetzt. Beliebtheit finden dafür die Zweige in der Gartenkunst. Dank der Fähigkeit, rasch Wurzeln zu schlagen, kann man aus Weidenruten eine herrliche Laube flechten, die in kurzer Zeit zu grünen beginnt. Eine interessante Feststellung machten Erdstrahlenforscher. Sie fanden heraus, dass Weiden bevorzugt an Orten mit erhöhter Strahlung gedeihen, wo auch die Wünschelrute stärker ausschlägt.

Die Weide – Baumporträts

Aufgrund alter Literatur, in der die mächtigsten Weiden Europas nicht über einen Stammumfang von mehr als 9 m verfügen, obschon eine Weide wegen ihres schnellen Wachstums zu solchem imstande wäre, lässt sich vermuten, dass bereits früher alle existierenden Weiden wegen ihrer wirtschaftlichen Bedeutung als Kopfbaum genutzt wurden. Eine natürlich gewachsene Weide war früher vermutlich seltener anzutreffen als heute. Der über Dezennien praktizierte radikale Eingriff der Kappung führt zu dünnwandigen Stammschalen, die mit der Zeit auseinanderbrechen. Sehr eindrücklich sieht man das beispielsweise in Concise (vgl. Nr. 177). Die in einer Reihe stehenden Bäume dort bestehen nur noch aus einem kläglichen Rest des ursprünglichen Stammes, können sich aber jedes Jahr so weit erholen, dass sie nicht absterben. Die fortwährende Verletzung hat jedoch zur Folge,

180 Weide, Turtmann VS
Salix alba L.

ca. 150-jährig (um 1860)
7,50 m Stammumfang
6,80 m Taillenumfang

Eine berauschende Stimmung kommt auf, wenn der Wind durch die alten Weiden bläst und die durchlöcherten Strünke zum Pfeifen bringt.

181 Weide, Martigny VS
Salix alba L.

ca. 150-jährig (um 1860)
8,60 m Stammumfang
2,74 m BHD
8,60 m Taillenumfang

So schnell war ihr keiner gewachsen. Die mächtigste Weide des Wallis stand zwischen Martigny und Branson-Fully.

dass sich der Stamm nicht ausreichend regenerieren kann und die Wundabschottung am Stamm zu Gunsten einer neuen Krone vernachlässigt werden muss. Der schockartige Austrieb durch den plötzlichen Verlust der Krone und der überlebenswichtigen Assimilationsfläche führt dazu, dass der Baum in einen Stress verfällt. Er verliert nicht nur seine Position im Konkurrenzkampf ums Licht, sondern ist dadurch anfälliger für Krankheiten. Ausserdem verfügen die Sekundärtriebe noch über keine direkte Verbindung zu den Wurzeln und ernähren sich von den Stammreserven, die dadurch allmählich austrocknen. Dies wiederum vermindert die Chance, verletzte Stammpartien erfolgreich zu heilen und sich somit gegen Pilze und Feuchtigkeit zu wappnen. Das Dickenwachstum fällt zudem durch die verkleinerte Grünmasse der Krone geringer aus. Die dickste Weide steht in Estland bei Rasina und misst 12,50 m im Umfang bei einem Kronendurchmesser von 37,00 m. Gewaltig ist auch eine Kopfweide im österreichischen Gaissau mit 11,20 m oder eine Weide in Hünenberg (vgl. Nr.

182 Weide, Hünenberg ZG
Salix alba L.

ca. 200-jährig (um 1810)
11,10 m Stammumfang
3,41 m BHD
8,15 m Taillenumfang

214 DIE WEIDE

DIE WEIDE 215

183 Weide, Frauenfeld TG
Salix alba L.

ca. 150-jährig (um 1860)
8,70 m Stammumfang
2,96 m BHD

182). Letztere steht am Reussspitz, zusammen mit vielen weiteren Altweiden. Dass die Weiden selbst in diesem Schutzgebiet regelmässig enthauptet werden, ist bedenklich. Gerade hier lassen sich die Ausmasse einer frühzeitigen Vergreisung bestens aufzeigen. Ein Beispiel dafür, dass eine Weide bei artgerechter Behandlung auch im hohen Alter sehr vital ist, sollte eine Weide auf dem Feld ausserhalb von Hegi bei Winterthur sein. Diese ist komplett hohl mit vielen Stammdurchgängen, hat aber mittels kräftiger Überwallungen einen statisch so güns-tigen Stammkörper geschaffen, dass sie einer Kopfweide bei weitem überlegen ist. Leider wurde auch diese Weide erst kürzlich gekappt und bei der laienhaften Behandlung die Stammwand beschädigt.

Zu den schönsten Kopfweiden gehören jene in Turtmann (vgl. Nr. 180). Die dickste misst dort 8,70 m. Ein ebenso dicker Baum steht bei Altreu an der Aare. Eines der dortigen Exemplare bringt es sogar auf 10,70 m, ist jedoch sehr niedrig geköpft worden. Die dickste Weide im Fürstentum Liechtenstein bei Schaan mit einem Stammumfang von 8,15 m und die Weide am Bachhof bei Frauenfeld (vgl. Nr. 183), sind ehemalige Kopfbäume. Die Sekundärtriebe sind bei diesen beiden Weiden jedoch bereits sehr kräftig. Vor allem die Weide in Frauenfeld hätte mit Seilen in der Krone verankert werden müssen. Die unnatürlich gewachsenen und einseitig belasteten Kronenäste drohten auszubrechen, was um 2012 auch geschah. Heute existiert deshalb nur noch die eine Hälfte der Krone. Die kurligste Weide der Schweiz wächst in Obfelden und erinnert an einen sich aufbäumenden Elefanten (vgl. Nr. 178).

DER WEISSDORN
Der Landwirtschaft ein Dorn im Auge

Der Weissdorn ist ein unscheinbares bewehrtes Gestrüpp, das Vögeln sicheren Unterschlupf vor Raubtieren bietet. In den heutigen Fluren sind Sträucher jedoch so gut wie ausgeräumt. Mit ihnen verschwunden ist auch eine grosse Anzahl von Vogelarten, z.B. der bedrohte «Neuntöter», der sich darauf spezialisierte, Mäuse und Insekten auf den Dornbüschen wie dem Weissdorn aufzuspiessen. Insgesamt wird durch die Vernichtung unserer Hecken 1200 Tieren – darunter fast vierzig Vogelarten – die Lebensgrundlage entzogen. Dabei schützen Hecken auch den Boden vor Ausschwemmung, Austrocknung, Wind, Frost und bereichern visuell die Landschaft.

Wenn der Weissdorn, ein Rosengewächs, blüht, überziehen Tausende von weissen Blümchen den Strauch; ihr dezenter Duft ist allerdings nicht überwältigend. Der Weissdorn unterscheidet sich auf den ersten Blick kaum vom Schwarzdorn. Die Borke gab den beiden Sträuchern, die nicht in dieselbe Gattung gehören, den bezeichnenden deutschen Namen. Während der Schwarzdorn, auch Schlehe genannt, vor dem Blattaustrieb blüht, ist es beim Weissdorn umgekehrt.

Beim Weissdorn unterscheidet man bei uns – von den weltweit über 300 Arten – zwischen dem Eingriffeligen Weissdorn (*Crataegus monogyna*) und dem Zweigriffeligen Weissdorn (*Crataegus laevigata*). Aus diesen beiden Vertretern sowie deren Bastarden kultivierte man rotblühende Formengruppen, die als «Rotdorn» bezeichnet werden.

184 Weissdorn, Fehraltorf ZH
Crataegus monogyna Jacq.

ca. 300-jährig (um 1710)
2,40 m Stammumfang (in 0,6 m H.)
2,10 m Taillenumfang
12,00 x 12,00 m Kronenbreite

Selten findet man einen Weissdorn, der über seine strauchartige Bestimmung hinauswachsen kann. Für die Bienen ersetzt ein alter Weissdorn eine halbe Blumenwiese.

DER BAUM DER WEISSEN MAGIE

In früheren Jahrhunderten wurde der Weissdorn hauptsächlich bei Darmproblemen und Kreislaufstörungen verschrieben. Erst im 19. Jahrhundert entdeckte man die herzmuskelstärkende Wirkung der Blüten, Früchte oder Blätter. Wirksamer Tee oder abgewandelter Wein ist praktisch von Nebenwirkungen frei und kann einfach zubereitet werden.

Unser einheimischer Weissdorn bringt nur kleine, fade und mehlige Früchte hervor. Die Welsche Mispel (*Crataegus azarolus*) wird aber wegen der saftigen und grösseren Früchte als Obstbaum im Mittelmeergebiet kultiviert. Die scharlachroten Beeren nennt man auch «Mehlfässchen», da sie zu Notzeiten als Mehlersatz dienten und zur Mast dem Viehfutter beigemischt wurden. Deshalb kennt man den Weissdorn auch als «Mehlbeerbaum», «Mehlkübeli» oder «Hagöpfeli». Aus den Früchten wurden Getränke gebraut, und die jungen Blätter nutzte man wegen ihres nussigen Geschmacks als Gewürz für Suppen und Salate.

Aus dem zähen, harten, feinfaserigen und gut polierbaren roten Holz wurden Beilstiele, Dreschflegel, Holznägel, aber auch Geisselstäbe und mit Vorliebe Wanderstöcke hergestellt. Die Äste wurden dabei im Backofen erhitzt, gebogen und auf Latten gebunden, damit sie gerade wurden.

Der dornige Grossstrauch war eine beliebte Heckenpflanze, um das Vieh einzuzäunen. So bedeutet im französischen Lazère «einen Weissdorn pflanzen» so viel wie «ein Feld eingrenzen». Der Weissdorn, in diesem Zusammenhang auch «Hagedorn» genannt, trennte symbolisch die Zivilisation vom Unland. Denn draussen trieb die Hexe «hagazissa», das Hagweib, ihr Unwesen. Zum Schutz des Viehs vor Hexen hängte man deshalb seine Zweige an die Stalltüre, denn der Weissdorn wurde der weissen Magie zugeschrieben. Seine Zauberkraft ist

**185 Weissdorn,
Wilchingen SH**
Crataegus monogyna Jacq.

ca. 400-jährig (um 1610)
2,60 m Stammumfang (in 0,6 m H.)
2,30 m Taillenumfang
16,00 x 14,00 m Kronenbreite
1,50 m Umfang (Hauptäste)

Nicht nur an ein Wunder, sondern auch an deutsche Ländereien grenzt ein Weissdorn, den Ueli Brunner neben einem Weiher im Wangental entdeckte.

so stark, dass selbst ein Magier wie Merlin aus der Artussage nichts ausrichten konnte, als er durch die schöne Viviane zu einem immerwährenden Schlaf unter einem Weissdorn im Wald Brocéliande verdammt wurde.

Eine Sage berichtet von Josef von Arimathäa, einem Jünger Christi, der den heiligen Gral 63 n. Chr. mit dem Blut Inris nach Glastonbury brachte, wo er die erste Kirche Britanniens bauen liess. An dieser Stelle steckte er seinen Pilgerstab aus Weissdornholz in die Erde, der daraufhin ausschlug und bis vor wenigen Jahrhunderten jeweils zu Jesus Geburt an Weihnachten blühte.

In Irland hatten Weissdorne dieselbe Stellung wie Maibäume. Wenn sie am 1. Mai noch keine Blüten trugen, deutete man dies als schlechtes Zeichen. So hiess es unter anderem auch: «Gibt's viel Weissdorn und viel Schlehen, bringt der Winter kalte Zehen.» Auch der Schwarzdorn war für die Bauern ein Ernteorakel. So viele Tage, wie er vor der Walpurgisnacht blühte, so viele Tage vor dem Jakobustag am 23. Oktober wurde geerntet. In Posen erzählt man sich, dass ein Kreuzdorn einem Schwarzdorn vorwarf, dass er seine Zweige für die Dornenkrone Christus hergab. Um seine Unschuld zu offenbaren, schenkte Gott dem Schwarzdorn über Nacht ein Kleid aus weissen Blüten, womit er fortan dem Weissdorn glich. Solche Sagen führten beim Weissdorn schliesslich zu Namensgebungen wie «Christdorn» oder «Heinzelmännerchen».

Der Weissdorn – Baumporträts

Der bekannteste Weissdorn steht in Frankreich in Saint-Mars-sur-la-Futaie in der Region Mayenne. Er soll bereits im ersten Jahrhundert unserer Zeitrechnung existiert haben, wie Dokumente im 3. Jahrhundert festhielten. Wäre dem so, wäre er kaum gewachsen. Ein Weissdorn in Bouquetot in der Haute Normandie wurde 1360 gepflanzt und erreicht einen Stammumfang von etwa 2,50 m. Im Fränkischen Wohnsgehaig soll ein Exemplar mit «lediglich» 2,20 m Stammumfang, aber knorrigem Wuchs über 1000-jährig sein. Wegen seiner Grösse berühmt war ein Weissdorn in der Nähe von Tübingen in Baden-Württemberg. Er soll von einem Pilger, der ihn als Sprössling aus dem Heiligen Land mitbrachte, im 15. Jahrhundert gepflanzt worden sein. Während seines etwa 250-jährigen Bestehens erreichte er einen Kronendurchmesser von über 12 m. Noch breiter ist ein Weissdorn bei Osterfingen (vgl. Nr. 185), der nur wenige Schritte neben der deutschen Grenze steht. Er gehört zusammen mit einem Exemplar in Fehraltdorf (vgl. Nr. 184) zu den mächtigsten Europas. Einzigartig ist auch ein Weissdorn in Umbertsried bei Ueberstorf. Er hat mit 2,10 m den bisher höchsten dicken Einzelstamm der Schweiz. Im englischen Crawley misst ein Weissdorn 4,50 m und bei Marlborough ein anderer Baum sogar fast 6 m im Taillenumfang.

DIE ZYPRESSE
Züngelnde Flamme am Horizont

Die Zypresse kommt weltweit in den warmen Gegenden der nördlichen Hemisphäre in unzähligen Variationen vor. Frosthärtere Arten pflanzt man in Mitteleuropa meistens in Parks und Friedhöfen an. Ursprünglich stammen die europäischen Zypressenarten aus dem östlichen Mittelmeergebiet wie Zypern, Kreta, Israel, Libanon usw., von wo sie mit Hilfe der Römer in westlichere Mittelmeergebiete gelangten. Im Tessin ist heute die frostempfindliche Italienische Zypresse beheimatet. Ursprünglich war die Kronenform der Italienischen Zypresse, auch Echte Zypresse *(Cupressus sempervirens var. horizontalis)* genannt, breiter. Die Säulenform *(Cupressus sempervirens var. pyramidalis)*, eine schlanke Variation, wurde jedoch bereits im Altertum gezielt vermehrt.

Die Italienische Zypresse wächst nur in Jugendjahren schnell, kann im Alter aber fast unverändert mehrere Jahrhunderte überdauern. In den «Schweizerischen Beiträgen zur Dendrologie» wird ein Exemplar bebildert, das aussergewöhnlich jung erscheint. Der rund 10 m umfangstarke Stamm lässt die Experten ein Alter von 4000 Jahren vermuten. Geschätzte 800 Jahre ist ein Exemplar in Norditalien bei Verucchio mit 6,00 m Stammumfang und knapp 30 m Kronenhöhe. Der grösste Teil dieser Italienischen Zypresse ist allerdings bereits dürr. Die meisten alten Exemplare wachsen in der Toskana. Eines misst 5,75 m und steht in Vicchio Mugello. Gleich zwei Bäume, mit 5,50 m und 5,40 m Stammumfang, befinden sich in Firenze. In der Toskana ist die Zypresse aus dem Landschaftsbild nicht mehr wegzudenken. Wenn sie nicht vom Wind zerzaust wird, flimmern die immergrünen Säulen in der Hitze am Horizont wie züngelnde Flammen. Van Gogh hat sie in seinen Gemälden mehrmals verewigt. Sogar in der Schweiz gibt es eine Anhäufung Italienischer Zypressen, z.B. die Zypressen-Allee in Maroggia oder der mächtigste Vertreter in Brissago (vgl. Nr. 186).

Die Zypresse ist ein Symbol für Ewigkeit, Trauer und Hoffnung und umfriedet in den Mittelmeerländern die klassischen Grabstätten. Ihre Zweige legte man ins Grab eines Verstorbenen, und aus dem Holz wurden Kirchentüren und das Kreuz Christi geschnitzt. Sie ist ein Lebens- und Totenbaum, bei dem Licht und Schatten nahe beieinander liegen. «Süsser als der feinste Nektar des honigsüssen Granatapfels ist der Duft des Windes im Zypressenhain», heisst es im Gebet der jüdischen Essener an den Engel der Luft. Als Duftöl in der Aromatherapie wie auch als Räuchermittel befreien Teile der Zypresse die Atemwege und lösen Verkrampfungen. Ansonsten schützt der Rauch vor Mücken, Fliegen, Flöhen, Läusen und Milben. Das harte, rötliche Holz fault kaum und ist gut gegen Insektenfrass geschützt, weshalb es für Drechsler- und Tischlerarbeiten geschätzt wird.

186 Zypresse, Brissago TI
Cupressus sempervirens L.

344-jährig (1665)
4,20 m Stammumfang
1,25 m BHD (in 1 m H.)
3,60 m Taillenumfang
23,00 m Kronenhöhe

Die älteste und dickste Italienische Zypresse des Landes steht neben der Kirche «Santi Pietro e Paolo» am Lago Maggiore. Sie wurde bei der Einweihung der Kirche 1665 gepflanzt.

DIE EXOTEN
Eine neue Generation wächst heran

Kaum zu glauben, dass der europaweit mächtigste bekannte Judasbaum in der Schweiz steht (vgl. Nr. 191).

Der Reiz sogenannter Lustgärten, der nicht primär in ihrer Nutzung als Obst-, Gemüse- oder Kräutergarten besteht, existiert schon seit der Antike. Mit der aufkommenden Mobilität kam der Handel mit exotischer, fremdartiger Flora oft schubweise. Besonders England importierte Hunderte verschiedener exotischer Sämereien und Setzlinge aus allen Teilen der Erde. Mit der Erkundung Nordamerikas im 18. Jahrhundert und Japans und Chinas Ende des 19. Jahrhunderts erreichte die Palette fremdländischer Gewächse in Europa ihren Höhepunkt. Bereits als im 17. Jahrhundert in Frankreich der absolutistische italienische Renaissancegarten oder der stereotype, geometrische, französische Barockgarten bzw. in der Mitte des 18. Jahrhunderts der Englische Garten mit seiner kühlen, gefälligen Unregelmässigkeit aufkam, wurde auch manch exotische Pflanze praktisch über Nacht zu einem Modebaum.

Nicht nur wirtschaftlich und kulturell, sondern auch botanisch war die Einführung neuer unbekannter Pflanzen für Wissenschaftler, Botaniker und Förster sehr verlockend und stellte anspruchsvolle Aufgaben. Mit dem Einzug neuer Arten erhoffte man sich auch im forstlichen Bereich, neue Wirtschaftsbäume zu erhalten. Man setzte auf schnellwachsende Arten wie Douglasien oder anspruchslose Bäume wie Weymouthskiefern und hoffte so auf eine gewinnbringendere Bewirtschaftung der Wälder. Mit den neuen Arten kamen aber auch bisher unbekannte Probleme, sei es eine pflegeaufwändige Aufzucht, klimatische Nachteile oder eingeschleppte Parasiten, die auch die heimische Flora bedrohten. Wegen solcher unvorhersehbarer Hindernisse kam man in Europa mit der Zeit wieder von der unnatürlichen Forstpraxis weg.

In den bewohnten Gebieten boomt aber die Ansiedlung exotischer Pflanzen und deren Kulturformen nach wie vor und verdrängt mancherorts das über Jahrhunderte gewohnte Stadt- und Dorfbild. Trotzdem geniessen auch die über Generationen gepflegten Exoten keinen höheren Schutzstatus als einheimische Arten. Hat ein Baum eine gewisse Grösse erreicht oder machen sich erste Altersmerkmale bemerkbar, wird er ebenso skrupellos gefällt. So verschwand 2008 der landesweit bedeutendste Japanische Schnurbaum im Genfer Park La Grange. Der zweiteilige Stamm stand offenbar zu schief, obschon diese Wuchsform alter Bäume dieser Art typisch ist. Gefällt wurde 2008 auch der dickste zweistämmige Bergmammutbaum in Wimmis mit 10,50 m Umfang, da er einem Bauprojekt im Wege stand. In der Stadt Zug wurde aus Sicherheitsgründen der mächtigste Silberahorn beseitigt. Ein kleiner abgebrochener Ast kostete dem national bedeutendsten Vertreter sein Leben. Ähnlich erging es dem gesunden Trompetenbaum im Altersheim Adlergarten bei Winterthur und einem solchen nahe des Genfer Bahnhofes, der zu einem Stumpen verstümmelt wurde, wonach er nicht mehr austrieb.

Alle diese gefällten Exoten waren weitgehend gesund und hatten einen Stammumfang von 5 m erreicht. Die vor einer Fällung verschonten Exoten, die diese Masse erfüllen, werden nachfolgend vorgestellt. Einige Arten werden allenfalls in wenigen Jahren ebenfalls die 5-m-Marke erreichen. Eine Immergrüne Magnolie in Locarno mit einer Taille von 5,00 m wird leider von einem Abfallberg eingekleidet und ist nicht porträtierbar.

DIE DOUGLASIE – KORYPHÄE UNTER DEN KONIFEREN

Die Douglasie *(Pseudotsuga menziesii)* wurde vom schottischen Botaniker Archibald Menzies erstmals 1772 in Vancouver Island entdeckt. David Douglas brachte 1827 von seiner Kanadaexkursion Samen der hier bisher unbekannten Baumart nach Europa, worauf sich die aussichtsreiche Baumart unter der Hand an forstlichen Versuchsanstalten in vielen Regionen des Kontinents verbreitete. Man erkennt die Douglasie an ihrer ausgeprägten Borke und den Zapfen, bei denen die Deckschuppen drei Zacken aufweisen. Man unterscheidet zwischen den Variationen Grüne oder Küstendouglasie *(var. menziesii)* und der nur maximal 50 m hohen Blauen oder Inlanddouglasie *(var. glauca)*. Eine Zwischenform ist die Graue Douglasie *(var. caesia)*.

Douglasien gehören zu den begehrtesten Baumarten der Forstwirtschaft. Die gewaltigste hatte ein Alter von 1020 Jahren. Der Baum namens «Mineral tree» stand bis 1930 bei Washington am Mount-Rainier und hatte eine Höhe von 119,80 m, mit rund 16 m Umfang und 515 m^3 Holz war er der höchste bekannte Baum der Welt. Zu den dicksten europäischen Douglasien zählt mit 6 m Umfang ein Solitärbaum mit 37,50 m Höhe in Enzklösterle in Baden-Württemberg. Die dickste Douglasie der Schweiz mit 5,70 m Umfang steht in Zweisimmen (vgl. Nr. 187). Ein Nachbarbaum daneben bringt es noch auf 5,50 m Stammumfang. Mächtig ist auch ein Exemplar im Sädelbachwald bei Bolligen. Jene Douglasie misst 5,20 m im Umfang bei 56 m Höhe und einem Stamminhalt von rund 36 m^3. Grösser ist nur eine Douglasie im Schmidwald bei Madiswil mit 4,85 m Umfang, 61 m Höhe und 40 m^3 Volumen. Sie erreicht bald die Rekordmasse des höchsten Baumes in Deutschland, ebenfalls eine Douglasie, die im Stadtwald von Günterstal bei Freiburg im Breisgau steht und 65 m misst.

187 Douglasie, Zweisimmen BE
Pseudotsuga menziesii (Mirb.) Franco

ca. 140-jährig (um 1870)
5,70 m Stammumfang
1,77 m BHD
ca. 39 m^3 Stamminhalt
40,00 m Kronenhöhe

DIE FLÜGELNUSS – VIELKÖPFIG AUS DEM BODEN

Die Flügelnuss *(Pterocarya fraxinifolia)* trägt bis zu einen halben Meter lange Fruchtstände. Daran sitzen, wie auf einer Schnur aufgereiht, die geflügelten Nüsschen, die dem Baum seinen Namen geben. 1772 wurde sie wegen ihrer Fiederblätter in einem Herbarium noch «Eschenblättrige Flügelnuss» genannt, bis sie 1824 in eine andere Gattung eingeordnet wurde. Sie ist auch als «Kaukasische Flügelnuss» bekannt, denn vor den Eiszeiten war sie in Mitteleuropa heimisch, wurde jedoch in eng begrenzte Gebiete zwischen dem Kaukasus und Westpersien verdrängt. 1782 gelangte die Flügelnuss wieder nach Mitteleuropa. Da die winterharte Baumart in ihren Jugendjahren unter Frühfrost leidet, konnte sie sich aber nur schwer erneut etablieren. Eine Ausnahme bildet die Insel Scharfenberg im Tegeler See bei Berlin, auf der sich durch vegetative Vermehrung ein Flügelnusswald gebildet hat. Die meist mehrstämmige und breitwüchsige Flügelnuss findet man hauptsächlich in Parks. Die dickste, ebenfalls mehrstämmige Flügelnuss steht im Schlosspark Hünegg bei Hilterfingen und misst 7,40 m im Stammumkreis. Das schönste Exemplar befindet sich in der Parkanlage Beckenhof der Stadt Zürich (vgl. Nr. 188). Zwei Einzelstämmlinge von 4,20 m und 3,20 m teilen sich wie ein Geweih in eine 22 m breite Krone. Die kleinblättrige und strauchartige Varietät *(var. dumosa)* und die Chinesische Flügelnuss *(Pterocarya stenoptera)* trifft man bei uns jedoch selten an.

---

188 Flügelnuss, Stadt Zürich
Pterocarya fraxinifolia (Lam.) Spach

ca. 150-jährig (um 1860)
5,90 m Stamm- & Taillenumfang
1,88 m BHD
22,00 m Kronenbreite

Die schönste Flügelnuss der Schweiz zeigt rund um den Stamm einen üppigen Austrieb aus Wurzelschösslingen.

DER GINKGO – EIN LEBENDES FOSSIL

Der Ginkgo *(Ginkgo biloba)* wird als Baum des Jahrtausends bezeichnet. Seine Entdeckung in Japan im Jahre 1691 durch den Botaniker Engelbert Kaempfer war eine Sensation. Aufgrund versteinerter Ginkgoblätter der Art «Ginkgo adiantoides», die 150 Millionen Jahre alt sind, und der Ähnlichkeit zur heutigen Form bezeichnete Darwin den Ginkgo als ältestes lebendes Fossil der Pflanzenwelt. Die Art «*Ginkgo primigenia*» existierte sogar vor 290 Millionen Jahren, zusammen mit Farnen. Die heutige Art ist die einzige Überlebende und lässt sich weder bei den Palmfarnen noch bei den 270 000 verschiedenen Arten der heute existierenden Samenpflanzen einordnen. Der Ginkgo beschreibt deshalb botanisch eine eigene Ordnung. «Japanischer Nussbaum», «Mädchenhaar-», «Entenfuss-», «Elefantenohr-», «Fächerblatt-», «Goethe-», «Vierzig-Taler-Baum», «Silberpflaume» oder «Beseeltes Ei» sind Synonyme für den Ginkgo. Das Wort Ginkgo, ursprünglich «Ginkyō», ist vermutlich durch einen Schreibfehler von Engelbert Kaempfer entstanden. «Ginkyō» leitet sich vom chinesischen «Yín Xing» ab, wörtlich «Silberaprikose», und beschreibt die mirabellenförmigen Früchte weiblicher Exemplare. Das lateinische «biloba» bedeutet «zweigeteilt» und meint damit die bei den Blättern oftmals eingeschnittene Form. Man vermutet, dass der Ginkgo – der ursprünglich sogar weltweit verbreitet war – bereits vor 500 000 Jahren nur noch in wenigen Regionen Südchinas vorkam. Die Abholzungen haben den Baum fast ausgerottet. Wenige kultivierte Exemplare verwilderten jedoch in den Bergprovinzen. Das weitere Bestehen der seltenen Baumart ist heute durch gezielte Vermehrung in Parks und Gärten auf allen fünf Kontinenten gesichert. Der älteste Ginkgo Europas soll 1730 im botanischen Garten der niederländischen Universität Utrecht gesät worden sein. Der mächtigste Ginkgo Europas steht jedoch in Tournai bei Belgien, stammt von 1766 und misst derzeit 7,20 m. Das erste weibliche Exemplar, das wegen seiner stinkenden Früchte ungern angepflanzt wird, wurde in Europa nahe von Genf 1814 gepflanzt. Die ältesten und mächtigsten Ginkgos der Welt stehen neben buddhistischen und schintoistischen Tempeln in China, Korea und Japan. Bekannt ist unter anderem ein Ginkgo am buddhistischen Tempel Zempukuji, der auf die Gründung der Shinran-Shonin-Sekte im Jahre 1232 zurückgehen soll und heute knapp 10,00 m Stammumfang hat. Der mächtigste Ginkgo weist 13,50 m Stammumfang auf und ist 60 m gross, bei einem geschätzten Alter von 1100 Jahren. Er steht südlich von Seoul in Südkorea am Yon-Mun-Tempel. In der Provinz Shandong an der Ostküste Chinas wird das Alter eines Ginkgos sogar mit 3000 Jahren angegeben, da sein Stamm 15,00 m Umfang besitzt. 1250 Jahre alt soll der japanische Baum von Sendai sein. Ausgeprägt sind seine meterlangen, stalaktitenartigen Ast- und Stammwucherungen, «Tschitschis» (Busen) genannt, wie sie bei älteren Exemplaren vorkommen. Sie sind Glücksbringer für Ammen und stillende

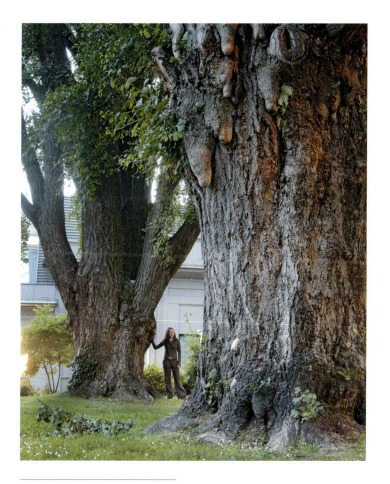

189 Ginkgo, Locarno TI
Ginkgo biloba L.

ca. 150-jährig (um 1860)
4,80 m Stamm- & Taillenumfang
1,72 m BHD

DER GÖTTERBAUM – GESCHENK DES HIMMELS

Der Götterbaum *(Ailanthus altissima)* wurde in den 1770er Jahren durch den Missionar Pierre d'Incarville von China nach Paris gebracht. «Ailanthus» stammt vermutlich aus dem chinesischen und heisst so viel wie «Wiege» oder «Scharnier», was der malaiischen Interpretation des «Baumes des Himmels» gleichkommt. Vergöttert wurde der Baum mit seinem meist konischen Stamm und den bis zu einem Meter langen Fiederblättern allerdings nur anfangs. Heute gilt der Neophyt als einer der hartnäckigsten Pioniergehölze, da er an Strassenböschungen verwildert und die einheimischen Pflanzen verdrängt.

Der robuste Götterbaum gehört in die Familie der Bittereschengewächse, ist giftig und wird von Parasiten gemieden. Einzig die Ailanthus-Raupe, die Seidenfäden produziert, erträgt das Gift. Das harte Holz wird in China für viele Zwecke verwendet, sogar für Papier eignet es sich. Aus dem Saft der Rinde wird ein Lack hergestellt, und - Rinde und Blätter wurden in der Traditionellen Chinesischen Medizin für Augenleiden und Schmerzmittel gebraucht.

Da Triebe des Götterbaumes in einem Jahr bis zu 3 m in die Höhe wachsen, ist ein Baum mit 50 Jahren und einer Höhe von 30 m bereits ausgewachsen. Als Rarität galt ein 130-jähriger Baum, der in Bonn stand und 1,30 m Umfang erreichte. Viel mächtiger ist ein Exemplar im Merian-Park im Botanischen Garten Brüglingen (vgl. Nr. 190), der 1840 gepflanzt wurde und 25,00 m hoch ist.

Der Götterbaum ist äusserst vital und standsicher, auch wenn sein hohler offener Stamm dem Laien einen anderen Eindruck vermittelt.

190 Götterbaum, Münchenstein BL
Ailanthus altissima (Mill.) Swingle

ca. 170-jährig (um 1840)
5,30 m Stammumfang
1,54 m BHD

Mütter. In Japan gilt der Ginkgo als Symbol für Loyalität, Treue und Unsterblichkeit, in China wird er sogar als Achse der Welt angesehen. Er beschützt die Menschen vor bösen Dämonen. Eine japanische Stadt wurde 1923 durch Erdbeben und Brände zerstört, einzig ein von Ginkgos umgebener Tempel blieb verschont. Unglaublich ist auch die Geschichte von Hiroshima: Ein Ginkgobaum am Tempel von Housenbou überlebte offenbar den Atombombenangriff von 1945. Aus dem verbrannten und verstrahlten Stamm keimte wieder ein neuer Trieb, der heute zu einem Baum ausgewachsen ist. Die Kerne der Früchte werden geröstet gegessen und regen die Verdauung an, weshalb sie oft auf Hochzeiten oder zum Sake (Reiswein) serviert werden. Medizinisch helfen Extrakte der Früchte und Blätter unter anderem bei Veneninsuffizienz, Atemwegerkrankungen, Vergesslichkeit und Depression.

191 Judasbaum, La Sarraz VD
Cercis siliquastrum L.

ca. 200-jährig (um 1810)
6,30 m Stammumfang
2,01 m BHD
5,85 m Taillenumfang

Die Blüten spriessen noch vor dem Blattaustrieb, sogar direkt aus dem Stamm – eine Eigenschaft, die nur wenige Holzpflanzen aufweisen.

DER JUDASBAUM – BAUM DES VERRÄTERS?

Der Judasbaum präsentiert sich in drei variablen Arten. Auf den Kanadischen Judasbaum *(Cercis canadensis)* und den in China und Japan heimischen Judasbaum *(Cercis racemosa)* trifft man in Europa selten. Der Gewöhnliche Judasbaum *(Cercis siliquastrum)* wurde dagegen vermutlich bereits vor den Römern, unter anderem durch die Juden, aus Asien in den Mittelmeerraum gebracht oder war schon im Tertiär heimisch, wie geologische Befunde ergaben. Judasbäume gehören zur Familie der Hülsenfrüchtler. Ihre Hülsenfrucht, die an ein Weberschiffchen erinnert, nennt sich im Griechischen «Kerkis». Der botanische Name leitet sich davon ab, und «siliqua» heisst einfach «Schote». Ein anderer Name des Judasbaumes ist «Falsches Johannisbrot», da seine Schoten jenen des Johannisbrotbaumes ähneln, im Gegensatz zu diesen allerdings ungeniessbar sind. Dafür werden die gerbstoffreichen Blätter, die gegen Durchfall helfen, als Salat verwendet und die Knospen als Kapernersatz. Aus dem Ursprungsnamen «Baum aus Judäa» hat sich bald das heute gebräuchliche «Judasbaum» ergeben. Der Judasbaum ist eigentlich nur als ein kaum 10 m hoher Strauch bekannt. Im botanischen Garten des südfranzösischen Montpelliers stand jedoch um 1860 ein Judasbaum, welcher 1598 gepflanzt wurde und auf Bodennähe einen Umfang von 3,60 m hatte. Viel gewaltiger ist ein Exemplar in La Sarraz, das das bisher bekannte Wachstumspotential in Frage stellt (vgl. Nr. 191). Die Wachstumsbedingungen sind aber besser als im niederschlagsärmeren Südfrankreich. Vermutlich wurde der Judasbaum zu Beginn der französischen Revolution gepflanzt.

DER KAMPFERBAUM – BAUM DES GUTEN GEISTES

Der Kampferbaum ist ein immergrüner Baum. Die Art «*Cinnamomum camphora*» wächst in den subtropischen Regionen Asiens. In Japan existieren wahre Giganten, weshalb ihm dort grösste Verehrung zukommt. In Atami steht der zweitdickste, aber charaktervollste Kampferbaum Japans, von dem es heisst, er schenke dem Menschen so viele Lebensjahre, wie dieser den Baum in die angegebene Richtung umrundet. Die beiden dicksten Exemplare messen je etwa 24,00 m Umfang, werden aber kaum 3000 Jahre alt sein, wie angenommen wird. Shinto-Schreine und Bänder zieren die mächtigen Stämme dieser Baumheiligtümer. Ausserhalb ihres natürlichen Vorkommens ist eine Baumgruppe bei Vergelegen, am Kap der Guten Hoffnung in Südafrika, bekannt. Die 10 m messenden Exemplare haben ein Alter von 300 Jahren. Auch in den Südoststaaten der USA und in Kalifornien hat sich der Kampferbaum mittlerweile eingebürgert. Der erste Kampferbaum Europas soll 1650 in Holland angepflanzt worden sein. In Locarno stehen gleich drei Exemplare mit über 7 m Umfang. Allerdings handelt es sich dabei um die winterhärtere Art namens Falscher oder Drüsiger Kampferbaum (*Cinnamomum glanduliferum*). Einer dieser Bäume ist mehrstämmig und gedeiht in der Nähe des Bahnhofes. Ein anderer steht beim Altersheim «San Carlo» (vgl. Nr. 192), ein weiterer an exponierter Lage an der Hochschule für Pädagogik (vgl. Nr. 193).

Erkennbar ist der Kampferbaum vor allem an den erbsengrossen, schwarz glänzenden Früchten, die ätherisch riechen und, wie die meisten Lorbeergewächse, Kampfer enthalten, das für Aufgüsse in der Sauna und diverse medizinische Anwendungen, z. B. bei Lungenentzündungen, Cholera und Kollaps, gewonnen wird. Kampfer wirkt entzündungshemmend, krampflösend, kreislauf- und verdauungsfördernd, kann aber bei einer Überdosis zu Übelkeit, Krämpfen und ähnlichen Zuständen wie Rauschgift führen. Es dient auch als Ausgangsstoff für Isoliermaterial und Seife. Der Baum verfügt über gelbbraunes Splint- und braunes bis purpurrotes Kernholz. Es ist insektenabstossend, widerstandsfähig gegen Pilze und wird für den Bootsbau verwendet.

192 Kampferbaum, Locarno TI
C. glanduliferum (Wall.) Meissn.

ca. 150-jährig (um 1860)
7,90 m Stammumfang
2,42 m BHD
7,45 m Taillenumfang

Exotisch wirken solche fremdartigen Baumriesen, eine Klimaerwärmung kann dies jedoch abrupt ändern.

193 Kampferbaum, Locarno TI
C. glanduliferum (Wall.) Meissn.

ca. 150-jährig (um 1860)
8,20 m Stammumfang
2,55 m BHD
7,60 m Taillenumfang

Die Krone dieses Drüsigen Kampferbaumes wirkt wie ein riesiger Wattebausch; allerdings mit 28 m Breite.

194 Bergmammutbaum, Corseaux VD
S. giganteum (Lindl.) Buchholz

150-jährig (1859)
13,00 m Stammumfang
10,60 m Stammumfang (in 2 m H.)
3,70 m BHD
15,20 m Basisumfang
34,50 m Kronenhöhe

Vor seinem Tod 1984 besass der englische Filmstar James Mason diesen mächtigen Bergmammutbaum.

DER MAMMUTBAUM – MÄCHTIGSTES LEBEWESEN

Der Mammutbaum kommt in drei unterschiedlichen Arten vor. Der Urweltmammutbaum *(Metasequoia glyptostroboides)*, von dem nur Fossilien bekannt waren, wurde erst 1941 in abgelegenen Bergregionen Chinas wieder entdeckt. Er ist wie die Lärche im Winter nadellos und wird weniger mächtig und alt als seine beiden Verwandten in Kalifornien. Immerhin existieren aber auch heute noch Bäume mit angeblich 7,00 m Umfang und bis zu 50 m Höhe, die ein Alter von über 500 Jahren aufweisen können. Die ältesten Bäume Europas stammen von 1948.

Wesentlich länger kennt man den Küstenmammutbaum *(Sequoia sempervirens)*, der noch in einem kleinen Waldstreifen in Kalifornien vorkommt. Bei den Küstenmammutbäumen hält der «Lost Monarch» im Jedediah Smith Redwoods State Park mit 24,15 m den Umfangrekord. Der höchste ist «Hyperion» im Redwood-Nationalpark mit 115,55 m Höhe.

Im Frühling 1852 fielen Augustus Dowd als einem der Ersten die noch dickeren Riesen- oder Bergmammutbäume *(Sequoiadendron giganteum)* auf. Er stiess damit auf grosses öffentliches Interesse. Englische Botaniker benannten diese Art «Wellingtonia», nach dem englischen Herzog von Wellington, worauf amerikanische Botaniker mit «Washingtonia», nach dem Nationalhelden George Washington, konterten. Namentlich geehrt wurde letztlich der Cherokeeindianer Sequoyah (1770–1843).

Mit der Entdeckung der Mammutbäume begann in Amerika die radikale Rodung. Heute ist nur noch ein Bruchteil der ursprünglichen Wälder übrig. Zu den Superlativen gehört der 2150 Jahre alte «General Sherman» im Sequoia-Nationalpark in Kalifornien. Er ist das schwerste Lebewesen der Erde und wiegt 2150 Tonnen, bei einem Stamminhalt von 1487 m³. Sein Umfang von 25,90 m, auf Brusthöhe gemessen, wird nur vom «General Grant» im Kings Canyon National Park mit 27,80 m geschlagen. Noch dicker sind dank seiner Stammform der «Boole» mit 28,20 m sowie, wegen der steilen Hanglage, ein Baum im Alder Creek Grove, der an der Basis 47,25 m misst. Der älteste Bergmammutbaum war mittelstark, aus dessen gefälltem Stamm konnte man jedoch 3220 Jahrringe zählen.

Damit man den ersten Urriesen mit 25 m Umfang fällen konnte, bohrte man mit einem Pumpenbohrer 22 Tage lang Löcher in dessen Stamm, um ihn von den Wurzeln zu trennen. Der Baum blieb jedoch unverrückbar stehen. Erst Keile, die man in den Stamm trieb, brachten den 1224 Jahre alten Baum um sein Gleichgewicht. Bei Fällungen solcher Baumriesen wurde das Holz durch das Eigengewicht des Baumes meistens zertrümmert, wonach es nur noch als Brennholz taugte. Ein solcher Aufprall lässt die Erde seismologisch messbar beben und kann kopfgrosse Steine bis in eine Höhe von 30 m schleudern. Dabei werden benachbarte Mammutbäume verletzt und es entstehen «Burls», durch ein tumorbildendes Bodenbakterium verursachte knollige Stammüberwallungen.

Ein schrankgrosser «Burl» ist auch der Grund, weshalb ein Exemplar in Hofstett in Baden-Württemberg mit 14,05 m Stammumfang zu den dicksten Europas gehört. Auf 1 m Höhe dicker ist hier nur ein Mammutbaum, der 1867 in La Granja in Spanien gepflanzt wurde und heute 15,20 m misst. In Europa beweist aber der Mammutbaum, dass Grösse und Mächtigkeit alleine nicht alles sind. In den meisten Fällen haben sie etwas Beliebiges, da es sich selbst bei unseren ältesten Exemplaren um eigentliche Kleinkinder handelt. Die ersten kaliforni-

195 Bergmammutbaum, Stadt Luzern
S. giganteum (Lindl.) Buchholz

120-jährig (1889)
13,35 m Stammumfang
10,35 m Stammumfang (in 2 m H.)
3,89 m BHD
17,40 m Basisumfang
35,00 m Kronenhöhe

196 Bergmammutbaum, Soglio GR
S. giganteum (Lindl.) Buchholz

125-jährig (1884)
12,50 m Stammumfang
9,80 m Stammumfang (in 2 m H.)
3,70 m BHD
22,10 m Basisumfang
47,00 m Kronenhöhe

schen Samen kamen 1853 nach Grossbritannien. Die beiden ältesten Schweizer Mammutbäume stehen in Thal im Kanton St. Gallen und wurden 1858 gepflanzt.

Über hundert angepflanzte Mammutbäume in der Schweiz gehen auf das Konto von Mammutbaum-Experte Lukas Wieser, der, zusammen mit Gärtner Urs Walser, im Spitalpark Walenstadt ein einzigartiges Mammutbaum-Arboretum mit unzähligen Sorten pflegt. Wieser, der Hunderte von Mammutbäumen regelmässig vermisst, stellte fest, dass diese in der Schweiz bis zu dreimal schneller im Umfang zunehmen als im Herkunftsland in Kalifornien. Den Weltrekord hält ein Baum in Alosen, der im Jahr bis zu 24 cm Umfangzuwachs zeigt. Ein Grund für das enorme Wachstum sind die guten Gene, denn die europäischen Mammutbäume sind selektionierte Sämlinge besonders wüchsiger Individuen. Die wasserreichen Gebiete der Schweiz bieten den sturmfesten Bäumen ideale Voraussetzungen; nur Blitzschlag und Dürre hindern ihr Höhenwachstum. Daher schätzt Wieser, dass bereits in 100 Jahren auch bei uns Exemplare mit bis zu 70 m Höhe und Stammumfängen von 16–18 m existieren werden.

Die Schweiz hat schon heute einen besonderen Status, was Mammutbäume anbelangt. Einerseits stehen hier über die Hälfte der zwanzig dicksten Exemplare Europas, andererseits findet man unter diesen die kuriosesten und prägnantesten Individuen. Mindestens 150 Bergmammutbäume besitzen einen Umfang von mehr als 7 m, und zehn messen sogar über 11 m.

Der dickste Küstenmammutbaum steht in Cologny bei Genf und misst immerhin 7,10 m im Umfang. Der imposanteste Baum, ein Bergmammutbaum, wächst in Corseaux, misst 13,00 m und in 3 m Höhe noch 9,40 m. Leider wurde der kräftigste Starkast kürzlich ab-

geschnitten (vgl. Nr. 194). Auf 1m Höhe noch etwas dicker ist ein Baum in Luzern an der Horwerstrasse 4, im Garten der Familie Kaufmann (vgl. Nr. 195). Mit 13,35m Umfang ist er seit kurzem der dickste Baum der Schweiz. Ein ungleiches Paar steht auf 1100 m ü.M. in Soglio im Hotelgarten Palazzo Salis. Während der dickere Baum 12,50 m misst (vgl. Nr. 196), kommt der dünnere nur auf 8,40 m, obschon beide im April 1884 gepflanzt wurden. Das liegt daran, dass beim Dünneren Anfang der achtziger Jahre ein Stammteil abbrannte, nachdem ein Ameisenhaufen wegen einer achtlos weggeworfenen Zigarette Feuer fing. Der Baum blieb seither im Wachstum zurück, reagierte aber mit Stammüberwallungen, die die verletzten Bereiche allmählich schliessen. Im übrigen sind Waldbrände für die Fortpflanzung der Mammutbäume sogar wichtig, da die zerstörte Bodenvegetation ein konkurrenzfreies Saatbeet schafft. Die bis zu 1 m dicke Borke schützt Altbäume gegen Feuer. Bis zu 30 cm dick ist die Borke eines Exemplars in Walenstadt, des grössten freistehenden Mammutbaumes in der Schweiz (vgl. Nr. 198). Trotz Blitzeinschlag im Jahre 1961 misst er 48,00 m. Er ist der Champion in Sachen Holzvolumen, das samt den dicksten Ästen und der Borke bei 106 m^3 liegt, womit er auf ein Lebendgewicht von etwa 150 Tonnen kommt. Ein Exemplar in Céligny wurde ebenfalls vom Blitz getroffen, woraufhin dieses hauptsächlich in die Breite wuchs (vgl. Nr. 197). Die Hauptäste dieses Baumes laden weit aus und neigen sich Richtung Boden. Es sieht so aus, als ob ursprünglich ein Ast auf dem Boden durch vegetative Vermehrung einen Schössling hervorbrachte, der heute schräg aus dem Boden entspringt. Vermutlich handelt es sich aber nur um einen jüngeren Baum, da bei Bergmammutbäumen eine solche Fortpflanzung wissenschaftlich nicht belegt ist. Anders bei Küstenmammutbäumen. Alte, auf den Boden gestürzte Bäume verfügen oft über Seitenäste, die sich dank restlichen Stammreserven in die Vertikale aufrichten. Die Nebenäste der Seitentriebe wurzeln bei Bodenkontakt und ernähren die Seitenäste weiter, obschon der Mutterstamm darunter verrottet.

Die schönste Mammutbaumgruppe der Schweiz befindet sich vor dem Friedhof in Trogen, wobei zwei der Bäume über 10,50 m Umfang besitzen. Umso charaktervoller ist ein Exemplar in Rancate (vgl. Nr. 199). Der auf einem privaten Grundstück stehende, für die Öffentlich-

197 Bergmammutbaum, Céligny GE
S. giganteum (Lindl.) Buchholz

ca. 150-jährig (um 1860)
10,80 m Stammumfang
3,31 m BHD
26,00 m Kronenbreite

DIE EXOTEN 229

198 Bergmammutbaum, Walenstadt SG
S. giganteum (Lindl.) Buchholz

123-jährig (1886)
12,40 m Stammumfang
9,60 m Stammumfang (in 2 m H.)
8,35 m Stammumfang (in 3 m H.)
6,10 m Stammumfang (in 10 m H.)
3,65 m Stammumfang (in 20 m H.)
3,25 m Stammumfang (in 30 m H.)
1,85 m Stammumfang (in 40 m H.)
3,60 m BHD
ca. 106 m³ Stamminhalt
ca. 150 t Gewicht
20,50 m Basisumfang
48,00 m Kronenhöhe

Lukas Wieser kaufte den mächtigsten Mammutbaum der Schweiz 1997, um ihn vor der Fällung zu retten. Seit 1999 hat der Baum einen Blitzableiter.

199 Bergmammutbaum, Rancate TI
S. giganteum (Lindl.) Buchholz

ca. 150-jährig (um 1860)
10,10 m Stammumfang
10,00 m Taillenumfang (unter Ast)

200 Bergmammutbaum, Mörschwil SG
S. giganteum (Lindl.) Buchholz

ca. 140-jährig (um 1870)
8,40 m Stammumfang
7,65 m Taillenumfang (unter Ast)

keit nicht zugängliche Baum hat einen Ast von 3,80 m Umfang. Eine Zeder daneben weist dieselbe Astaufteilung auf. Es scheint, als wetteiferten die beiden um Rekordmasse, wobei die Zeder aber klar den zweiten Platz belegt. Den dicksten Ast der Schweiz hat ein Mammutbaum in Mörschwil (vgl. Nr. 200). Nachdem der Baum beim Schloss Watt um 1950 durch einen Blitzschlag beschädigt worden war, zeigte vor allem einer der Äste ein enormes Wachstum. Dieser Kandelaberast misst heute am Ansatz 4,90 m im Umfang. Starkäste von dieser Grösse wachsen bei Mammutbäumen auffälligerweise meistens in den Westen. Den dicksten Ast der Welt trägt der «Arm Tree» im Atwell Mill Grove in Kalifornien. Der Ast misst 12,10 m im Umfang.

Die Platane – Baum der Gelehrten

Die Platane wirkt mit ihrer gefleckten Borke und den hochgestreckten Stammhälsen oft wie eine erstarrte Giraffe. Sie ist in ganz Europa der vorherrschende Park- oder Alleebaum. Mit der Verbreitung der Strassen verschwanden auch die typischen geschlossenen Baumtunnels: Nur die Platane erreicht dank ihrer breit- und hochwüchsigen Kronenform noch einen geschlossenen Baldachin, ohne dass Lastkraftfahrzeuge Stamm und Äste beschädigen. Von rund zehn Arten, die alle auf der nördlichen Hemisphäre wachsen, war vor der Eiszeit nur die Orientalische respektive Morgenländische Platane (*Platanus orientalis*) in Europa heimisch. Diese Platanenart rettete sich nach Westchina und in den Balkan, siedelte sich aber angeblich bereits vor dem Eintreffen der Römer in Südfrankreich an. Die Amerikanische beziehungsweise Westliche Platane (*Platanus occidentalis*) gelangte 1640 von Nordamerika nach Europa, wo sie etwa dreissig Jahre später erstmals fortpflanzungsfähig wurde und sich unerwartet mit der europäischen Art kreuzte, woraus die Ahornblättrige oder Gemeine Platane (*Platanus x hispanica*) entstand. Lange Zeit vermuteten einige Botaniker, dass es sich bei der Gemeinen Platane nur um eine Variation der Morgenländischen Platane handelt. Genanalysen in den neunziger Jahren bestätigten jedoch, dass diese tatsächlich ein Hybrid der westlichen und östlichen Art ist. Auch die leicht eingeschnittene Blattform, die genau zwischen beiden Elternteilen liegt, spricht dafür. Die Gemeine Platane ist heute die meistverbreitete Platane in Europa, da sich die Morgenländische mit dem kalten Klima schwerer tut und dementsprechend langsamer wächst und die Westliche Platane unter einem Pilz leidet. Eine Plage sind auch der Schlauchpilz «Massaria», der die unteren Äste zum Absterben bringt, und die Platanen-Netzwanzen, die die Blätter vorzeitig zu Fall bringen. Lange Zeit galten Platanen als robust, bis ein tödlicher Pilz, «Platanenkrebs» genannt, 1944 nach Europa kam. 1986 wurde er erstmals in Genf diagnostiziert. Forscher entdeckten jedoch unter 10000 Westlichen Platanen zwei Individuen, die gegen den Platanenkrebs immun waren. Aus diesen werden nun neue Kreuzungen gezogen, die das Fortbestehen der Platane sichern sollen.

Da die Gemeine Platane erst 1670 entstanden ist, können viele der als 500-jährig bekannten Bäume erst ein Alter von etwas über 300 Jahren haben. Die mächtigsten von ihnen erreichen einen Stammumfang von 9 m. Auch die gewaltigste Platane der Schweiz, die in Bellinzona steht (vgl. Nr. 201), kann sich mit diesen messen. Zu den eindrücklichsten gehört die formvollendete, breitwüchsige Gemeine Platane am Schloss Bottmingen (vgl. Nr. 202).

Im Vergleich zur Morgenländischen Platane, die in ihrem Herkunftsland viel älter wird, ist die Gemeine Platane aber erst ein Schatten ihrer selbst, nicht zu vergleichen mit der «Hippokrates-Platane» in der Stadt Kos mit ihrem etwa 12 m messenden, vollständig aufgesplitterten Stamm, die der Philosoph bereits vor 2500 Jahren gekannt haben soll. Da selbst die mächtigsten Platanen bei einem Alter von etwa 1000 Jahren über einen kompakten Stamm verfügen, ist nicht auszuschliessen, dass die «Hippokrates-Platane» tatsächlich ein ganzes Stück älter ist und in den letzten Jahrhunderten kaum eine Kambiumaktivität vorhanden war. Zehn mächtige Morgenländische Platanen stehen zur Hälfte in Griechenland, zur Hälfte in der Türkei und messen 10–14 m im Umfang. Alle diese Bäume verfügen über einen vollständig intakten Stamm und sind sehr vital. Nicht anders sieht es bei einer Platane im

201 Platane, Bellinzona TI
Platanus x hispanica Münchh.

ca. 250-jährig (um 1760)
8,85 m Stammumfang
2,74 m BHD
7,65 m Taillenumfang
13,00 m Basisumfang

Die mächtigste Platane der Schweiz steht unterhalb der Burg «Castelgrande» an der «Piazza Governo».

griechischen Geroplatanus aus, deren Stammumkreis 15,50 m misst und die eine gewaltige Wurzelbasis aufweist. Einzig eine in Mazedonien, in Ohrin, stehende Platane hat mit demselben Umfang eine Stammöffnung, die begehbar ist. Ungeschlagen bleibt eine Platane auf der griechischen Insel Samothrake bei Loutra. Der mächtige, halb geöffnete Stamm hat noch immer rund 20 m Stammumfang. Im Buch «Die Riesen der Pflanzenwelt» aus dem Jahre 1863 wird sogar eine Platane beschrieben, die im persischen Ferrabad stand und dazumal 21,30 m Stammumfang gemessen haben soll. Unglaubwürdig erscheint dagegen eine Angabe zu einer in Lykien existierenden Platane mit einem riesigen Hohlraum und einem Stammumfang von 71,00 m. Selbst Westliche Platanen in den USA werden beschrieben: Die eine steht in Ohio bei Marietta und misst stolze 15,80 m, ein zweite sogar 18,00 m, und auf einer Insel in Ohio soll ein Stamm gar 28,70 m im Umfang messen. Auch die in Seal bei Riolo stehende Platane bringt es angeblich auf 27,40 m Stammumfang. Es ist jedoch anzunehmen, dass diese Baumriesen mittlerweile gefällt wurden.

Auf einer Zeichnung von J. J. Fischer ist die Platane noch nicht vorhanden. Vermutlich pflanzte sie einer der vielen neuen Besitzer, der den Park im 19. Jahrhundert umgestaltete.

202 Platane, Bottmingen BL
Platanus x hispanica Münchh.

ca. 150-jährig (um 1860)
6,60 m Stamm- & Taillenumfang
2,21 m BHD
26,00 m Kronenbreite

In Griechenland ist die Platane der Göttin Gaia, der Mutter der Erde, geweiht. Lebensbaum ist sie auch in Kanaan und Karthago, denn wo sie steht, gibt es meistens Grundwasser. Wegen ihrer schuppig abblätternden Borke ist die Platane zudem ein Symbol für die Schlange, die auf Kreta ein göttliches Tier ist. Bei den Phöniziern ist es Esmun, Gott der Gesundheit, der die Kranken mittels Träumen und Schlangen heilt.

DIE EXOTEN 233

203 Riesenlebensbaum, Rüttenen SO
Thuja plicata Donn. ex. D. Don

ca. 150-jährig (um 1860)
7,10 m Stammumfang

Der vielleicht dickste Riesenlebensbaum Zentraleuropas hat nur zwei kleine Schleppäste ausgebildet, die aber abgeschnitten wurden. Der Baum steht neben dem Restaurant Kreuzen.

204 Schwarzkiefer, Lausanne VD
Pinus nigra Arnold

ca. 150-jährig (um 1860)
7,10 m Umfang, Taille & Basis

Alleine die Einzelstämmlinge der vielleicht dicksten Schwarzkiefer Mitteleuropas würden mit 4,50 m und 4,20 m als bedeutender Einzelbaum durchgehen. Das Pflanzdatum der Schwarzkiefer ist leider nicht bekannt.

DER RIESENLEBENSBAUM – EINE GRÜNE PYRAMIDE

Der Riesenlebensbaum (*Thuja plicata*) wächst in den Wäldern Alaskas und Kaliforniens. An der pazifischen Küste messen mindestens neun Bäume auf Brusthöhe über 16,50 m im Umfang. Manche von ihnen sind bereits abgestorben und ragen, wie der bekannte «Nolan Creek Cedar», wie ein mehrspitziger Pfeil in den Himmel. Beeindruckend ist vor allem die «Kalaloch Cedar» mit ihrem Umfang von 18,80 m. Die höchsten Exemplare sind rund 60 m gross; einige haben ein Alter von über 2000 Jahren erreicht. Seit 1853 trifft man den Riesenlebensbaum auch in europäischen Parks, wo er oft mehrstämmig mit einem Kranz dicker Schleppäste eine breite Pyramidenform annimmt. Solche Bäume stehen im Kanton Aargau in Rheinfelden und Aarau. Prächtig sind auch jene in der Stadt Luzern.

DIE SCHWARZKIEFER – SCHWESTER DER «FÖHRE»

Die Schwarzkiefer (*Pinus nigra*) hat ihr Verbreitungsgebiet von der Iberischen Halbinsel und Marokko bis nach Kleinasien und ist auch in Niederösterreich zahlreich vertreten. Ihre beiden Nadelpaare sind deutlich länger als die der Waldkiefer. Die Schwarzkiefer wächst wesentlich schneller und bildet als Solitär oft einen mehrkernigen Stamm. Das schönste einstämmige Exemplar steht in Altdorf und besitzt eine ausgeprägte Schirmkrone. Der Rekordhalter gedeiht am Château les Tourelles in Lausanne. Sein Stamm teilt sich praktisch ab Bodenhöhe in zwei Triebe, die dazwischen drei weitere Dolden besitzen und zusammen flammenartig in die Höhe gehen. In Niederösterreich steht mit 7 m Stammumfang die älteste Schwarzkiefer Europas. Sie stammt angeblich aus dem Jahre 980.

205 Schwarznuss, Arlesheim BL
Juglans nigra L.

ca. 150-jährig (um 1860)
5,00 m Stammumfang
1,56 m BHD

Die dickste Schwarznuss der Schweiz steht am Langackerweg 16 in Arlesheim. Ihre Stammbasis misst 8,00 m im Umfang, die Taille immerhin 4,80 m.

206 Tulpenbaum, Orpund BE
Liriodendron tulipifera L.

ca. 250-jährig (um 1760)
5,40 m Stammumfang
1,69 m BHD
11,00 m Basisumfang

Man nimmt an, dass der Tulpenbaum vor etwa 250 Jahren gepflanzt wurde. Detaillierte Belege darüber sind aber keine vorhanden.

DIE SCHWARZNUSS – «QUEEN OF THE KITCHEN»

Die Schwarznuss (*Juglans nigra*) kommt ursprünglich aus dem Osten Nordamerikas und wird dort wegen ihrer Holzqualität und der Nüsse auch «king of the forest» oder «queen of the kitchen» genannt. Das dunkle Holz wurde vor allem für Eisenbahnschwellen und Gewehrschäfte verwendet. Den Namen bekam die Schwarznuss vermutlich, weil Indianer den schwarzen Farbstoff der Wurzeln zum Färben von Wolle verwendeten. Die harten, gerippten Nussschalen enthalten nur eine kleine, aber essbare Nuss. Die ersten Schwarznüsse kamen angeblich bereits vor 1656 nach Europa. Mit über 6,80 m gehören eine Schwarznuss in England und eine im tschechischen Kravare zu den dicksten Vertretern.

DER TULPENBAUM – BLUME UND BAUM IN EINEM

Der Tulpenbaum gehört zu den Magnoliengewächsen und trägt im Sommer grosse, aber unscheinbare tulpenförmige Blüten. Die Art «*Liriodendron tulipifera*» wächst natürlich im Osten der USA, eine zweite namens «*Liriodendron chinense*» gedeiht in Mittelchina. Erstere kam um 1650 nach Mitteleuropa, letztere erst Anfang des letzten Jahrhunderts. Als grösster Tulpenbaum nördlich der Alpen gilt jener am ehemaligen Prämonstratenserkloster «Locus Dei» (übersetzt «Ort Gottes») in Gottstatt bei Orpund (vgl. Nr. 206). Grossbritannien und Irland verfügen aber über eine Unzahl weit mächtigerer Individuen. 1685 wurde im englischen Esher das erste Exemplar angepflanzt, das heute 9,45 m Umfang hat.

207 Zeder, Satigny GE
Cedrus libani A. Rich.

ca. 350-jährig (um 1660)
9,00 m Stammumfang
3,07 m BHD
8,25 m Taillenumfang
36,00 m Kronenbreite

208 Zeder, Genthod GE
Cedrus libani A. Rich.

ca. 350-jährig (um 1660)
8,55 m Stammumfang
2,71 m BHD
ca. 35 m³ Stamminhalt

Die Zeder – Kaiserin aus Libanon

Die Zeder trifft man in vielen Parks an. Von den Zedernarten in Mitteleuropa weisen in der Schweiz nur Libanonzedern (*Cedrus libani*) einen Stammumfang von über 5 m auf. Je nach Quelle sollen die ersten Libanonzedern um 1638 in den milderen Klimaten Westeuropas angepflanzt worden oder aber schon vor 1000 Jahren, bei Kreuzzügen in den Nahen Osten, nach Frankreich gekommen sein. Die Atlaszeder (*Cedrus atlantica*), die im Atlasgebirge in Marokko und Algerien auf 1400–2200 m ü.M. wächst, gelangte jedenfalls erst 1839 nach Frankreich. Die Himalajazeder (*Cedrus deodara*) kam 1822 und die Zypernzeder (*Cedrus brevifolia*) 1879. Die Himalajazeder erreicht Höhen von 76 m und einen Stammumfang von 14 m. Im italienischen Veneto, bei Piovene Rocchette, misst eine Himalajazeder bereits einen Stammumfang von 8,80 m. Die dickste Zeder in Italien ist aber eine Atlas-zeder mit über 11,50 m Umfang. Der mehrkernige Baum steht in der Lombardei in Appiano Gentile. So gewaltig sind auch Zedern, die im Atlasgebirge in Marokko stehen. Der durch Kernbohrung als ältestes Exemplar ermittelte Baum besass 953 Jahrringe, könnte aber, wenn man den fehlenden Kern mitberechnet, rund 1500 Jahre alt sein. Da Atlaszedern oft keine eindeutigen botanischen Unterschiede zu Libanonzedern zeigen, vermuten gewisse Botaniker, dass es sich nur um deren Unterart handelt. Die Libanonzeder wird etwa 40 m hoch, bei einem Stammumfang von maximal 12 m. Durch die Abholzung der Libanonzedernwälder, die bereits in der Antike begann, und wegen Weidebewirtschaftung und Bränden sind die ursprünglich natürlichen Zederwälder auf einen kläglichen Überrest von 4,5 km geschrumpft. Sogar zedernreiche Länder wie Syrien und der Libanon, der den Baum im Wappen trägt und in dem der bekannte Zedernwald «Bécharré» liegt, weisen nur noch fünf Prozent Waldflächenanteil auf. Deshalb ist ein künstlich aufgeforsteter Zedernwald am Mont Ventoux in der Provence heute der grösste seiner Art.

Vor 5000 v. Chr. wuchs die Zeder inmitten des Sudan, und da das 4700 Jahre alte Boot des Cheops und die 5000-jährige Pyramide von Daschur aus Zedernholz gefertigt sind, nimmt man an, dass der Baum einst auch entlang des Nils heimisch war. Ägypter balsamierten bereits vor 6000 Jahren mit Hilfe des ölhaltigen Harzes ihre Toten ein. Heute wird es in der Kosmetikindustrie als Duftöl oder als Pflegemittel für Leder gebraucht. Das witterungsbeständige, harte Holz wird mit Vorliebe für Haus-, Brücken- und den Schiffsbau verwendet und spielt als Edelholz in der Schreinerei eine wichtige Rolle. Die Vermutung, dass Bleistifte ebenfalls aus Zedernholz sind, ist entstanden, weil die dafür verwendeten Thuja- und Wacholderarten in Amerika als «Cedar» bezeichnet werden.

Bei vielen Kulturen ist die Zeder heilig, sie soll Schutz und Glück bringen und steht für Macht, Erhabenheit und Unsterblichkeit. Nicht

209 Zeder, Lausanne VD
Cedrus libani A. Rich.

ca. 250-jährig (um 1760)

7,40 m Stammumfang

nur in der Bibel hat die Zeder einen hohen Stellenwert. Im Koran wird sie «Sidrat-Al-Muntaha», also «Zeder des Endes», genannt. Diese wächst in den siebten Himmel und bildet die Spitze von Allahs Thron. Ihre Blätter tragen je den Namen eines Menschen. Fällt eines ab, heisst es, dass der betreffende Mensch sterben wird. Verehrt wird eine Zeder am japanischen Shinto-Kounouchi-Tempel bei Kiho. Diese Zeder namens «Baum der einfachen Geburt» umwurzelt zwei Steine und erinnert an das Wochenbett einer Frau. Aus Dankbarkeit über eine einfache Geburt wird sie von Frauen mit Lätzchen behängt. Unweit des Tempels steht eine zweite, stark bemooste Zeder neben mehreren Felshöhlen. Ihre Wurzeln bilden ein Loch, durch das Frauen kriechen, die sich ein Kind wünschen.

Die Zeder – Baumporträts

Die Zeder, die in der Schweiz als älteste und mächtigste des Landes gilt, steht im Beaulieu-Park in Genf. Sie trägt schlanke Äste, die sich auf den Boden legen. Diese Zeder wurde 1735 gepflanzt und misst heute 6,70 m. Viel majestätischer ist aber eine Zeder in Satigny, die auf einem privaten, nicht zugänglichen Grundstück wächst (vgl. Nr. 207). Ihr mächtiger Stamm teilt sich schon früh in mehrere Hauptäste auf und bildet eine sehr breite Krone. Vermutlich wurde sie nach 1630 gepflanzt, als das nebenstehende Herrschaftshaus erbaut wurde. Einen fulminanten Einzelstamm hat eine Zeder in Genthod an der Route du Saugy (vgl. Nr. 208). Auch sie könnte zu den ersten angepflanzten Zedern in Europa gehören. Ein anderes altes Exemplar steht in Lausanne (vgl. Nr. 209). Ein Blitz in der Nacht vom 25.6.2003 beschädigte einen der Kronenäste, worauf dieser aus Sicherheitsgründen entfernt werden musste. Die Zeder ist ansonsten aber sehr gesund und dürfte in den nächsten hundert Jahren noch einiges an Stammumfang zunehmen.

Quellen- und Bildnachweis

Fotos: Michel Brunner und André Hübscher
Manfred Ade (S. 6)

Vorsatz: Schweizer Weltatlas© EDK 2004

AAS, G. (2008): **Die Douglasie (Pseudotsuga menziesii) in Nordamerika: Verbreitung, Variabilität und Ökologie.** Bayerische Landesanstalt für Wald und Forstwirtschaft (59), S. 7–11

AAS, G. (2003): **Der Gemeine Wacholder (Juniperus communis) – Dendrologische Anmerkungen.** Berichte aus der Bayerischen Landesanstalt für Wald und Forstwirtschaft (41), S. 1–6

ALLESANDRINI, A. (1990): **Gli alberi monumentali d'Italia. Il centro e il nord.** Abete via Tiburtina, Rom

ANDREWS, R. W. (1968): **Timber – Toil and trouble in the big woods.** Schiffer Publishing Ltd., Atglen

ANLIKER, J. (1976): **Natur- und Sehenswürdigkeiten-Führer der Schweiz.** Hallwag, Bern

ANLIKER, J. (1964): **Die Gerstler-Eibe (Taxus baccata L.) oberhalb Heimiswil (Kt. Bern).** Schweizerische Beiträge zur Dendrologie (10–12), S. 21–27

ANONYMUS (1982): **Die Maulbeerbäume.** Bulletin de l'association des amis du jardin botanique de fribourg, Jg. 15/5 (3), S. 1–3

ARNSWALDT, G. (1939): **Mecklenburg: Das Land der starken Eichen und Buchen.** Niederdeutscher Beobachter, Schwerin

BADOUX, M. H. (1910/1925): **Les beaux arbres du canton de vaud.** Säuberlin & Pfeiffer, Vevey

BAIGGER, K. (2007): **Von Dorf-, Grenz- und Tanzlinden – Auf den Spuren der bedeutendsten Zürcher Linden.** NZZ (254), Zürich, S. 59

BAMERT, F. (2008): **Hochstämme: Älter als die Schweiz.** Coopzeitung (16), S. 8–9

BARENGO, N., RUDOW, A., SCHWAB, P. (2001): **Förderung seltener Baumarten auf der Schweizer Alpennordseite.** Grundlagen, Artensteckbriefe (Elsbeere, Eibe, Flatterulme, Kirschbaum, Nussbaum, Sommer-, Winterlinde, Speierling, Spitzahorn, Wildbirne). Merkblätter ETHZ/BAFU, Bundesamt für Umwelt, Bern

BARTELS, D. (1987): **Baum und Architektur.** Basler Magazin (19), S. 11

BECK, R. (2005): **Der König der Baumgiganten.** St. Galler Tagblatt, 22.3.05, S. 36

BECK, R. (2005): **Lukas Wieser – Ein Leben für Mammutbäume.** Schweizer Garten (3), S. 40–43

BECKER, P.-R. (1999): **Die Mammutbaumscheibe im Übersee-Museum – a never ending story.** Abhandlung Naturwissenschaftlicher Verein Bremen 44 (2–3), S. 767–770

BEFELDT, P. (1989): **Abschied vom Gewindestab?** Deutscher Gartenbau (49), S. 2953–2955

BERGAMIN, F. (2008): **Braune Lärchenwälder im Sommer.** NZZ am Sonntag, 17.2.08, Zürich, S. 71

BERGER, A. (2008): **Ein Baumstamm mit Stammbaum.** Migros-Magazin (43), Zürich, S. 110–111

BERNATZKY, A. (1980): **Die «Schöne Eiche» bei Harreshausen.** Baumzeitung 14 (3), S. 37–38

BERTSCHI, H. (1992): **Bäume in Basel von A bis Z.** Basler Magazin (34), S. 1–5

BIERI, A. (2008): **Aufgehende Sonne bringt Bäume zum Sprechen.** NZZ am Sonntag, 7.9.08, Zürich, S. 79

BIERI, A. (2007): **Die Wolkenkratzer des Waldes – Professionelle Baumjäger suchen nach den Rekordhaltern im Wald.** NZZ am Sonntag, 14.1.07, Zürich, S. 69

BINGGELI, V. (1965): **Die geschützten Naturdenkmäler des Oberaargaus – Bedeutung und Praxis von Natur- und Landschaftsschutz, samt Verzeichnis, Daten und kurzen Objektbeschreibungen.** Jahrbuch des Oberaargaus (8), S. 23–52

BLUM, J. (1895): **Die Pyramideneiche bei Harreshausen (Grossherzogtum Hessen).** Bericht über die Senckenbergische Naturforschende Gesellschaft, Frankfurt a. M., S. 93–102

BOAS, W. (1914): **Uralte Holunder.** Mitteilung der Deutschen Dendrologischen Gesellschaft (23), S. 278

BÖHLMANN, D. (1999): **Bäume, die in den Himmel streben und mächtiger als Säulen sind.** Mitteilung der Deutschen Dendrologischen Gesellschaft (84), S.151–166

BÖHME, P. (1916): **Quercus pedunculata fastigata – Die Pyramideneiche.** Gartenflora 65 (3), S. 86–88

BONTEMPELLI, G. (1989): **Le tilleul – arbre d'amour, arbre de liberté.** Aspect/Edisud, Saint-Just-Saint-Rambert

BOURDU, R., FETERMANN, G. (1998): **Arbres de mémoire – arbre remarquables en France.** Actes Sud, Arles

BRAMBILLA, P. (2004): **A l'ombre des géants verts.** Migros-Magazin (41), Zürich, S. 7–11

BREOLER, H. (1995): **Wer haftet für geschützte Bäume?** Baum-Zeitung (4), S. 144–148

BROCKMANN-JEROSCH, H. (1936): **Futterlaubbäume und Speisebäume.** Berichte der Schweizerischen Botanischen Gesellschaft, Band 46, S. 594–613

BROSSE, J. (1990): **Mythologie der Bäume.** Walter, Olten

BROGGI, J., FELBERMAYER, B., HALLER, U., HASLER, M., KÖHLMEIER, S., SCHLEGEL, H., WALDBURGER, E., WILLI, G. (1992): **Inventar der Naturvorrangflächen des Fürstentum Liechtenstein – Naturdenkmalinventar.** Regierung des Fürstentum Liechtenstein, Landesforstamt (4), S. 130–146

BRÜGGER, C. (1903): **Linde und Ahorn in Rhätien.** Bündnerisches Monatsblatt, Jg. 8 (5), S. 101–109

BRUNNER, M. (2011): **Wege zu Baumriesen – 20 Rundwanderungen zu alten Bäumen der Schweiz.** Werd, Zürich

BRUNNER, M. (2009): **Si les arbres pouvaient parler – Considération critique sur le traitement des traitements.** Der Gartenbau (2), S. 27–28

BRUNNER, M. (2007): **Bedeutende Linden – 400 Baumriesen Deutschlands.** Haupt, Bern

BURKI, E. (1978): **Naturschutzinventar.** Natur- und Heimatschutz des Kantons Solothurn (15)

BÜTZER, H.-P., JEKER, M. (1980): **Unterwegs in Schweizer Parks und Gärten – Die herrlichsten und interessantesten Parks und Gärten der Schweiz.** Mit Angaben, wo es was zu sehen gibt. Kümmerly & Frey, Bern

CHADT, J. E. (1908): **Povesti a dohady o starych a památnych stromech v Cechách, na Morave a ve Slezsku. Cesky lid.** Band 17 (3), S. 119–136 (4), S. 175–190, (5), S. 239–243, (8), S. 394–396, (9), S. 464–67

CHRIST, H. (1923): **Zur Geschichte des alten Bauerngartens der Schweiz und angrenzender Gegenden.** Benno Schwabe & Co., Basel

COAZ, J. (1908): **Baum- und Waldbilder aus der Schweiz 1–3. Serie.** Schweizerisches Departement des Innern, Abteilung Forstwesen, A. Francke, Bern

COAZ, J. (1896): **Baum-Album der Schweiz – Bilder von Bäumen, die durch Grösse und Schönheit hervorragen oder ein besonderes geschichtliches Interesse bieten.** Departement des Innern, Schmid, Francke & Co., Bern

COMPACNO, T. (2007): **«Es ist schön, durch eine Allee zu gehen.»** Coopzeitung (22), Basel, S. 80–81

CONRAD, J. F. (2001): **1000-jährige Linden! Gibt es die?** Forst und Holz (56), S. 281–282

CONWENTS, H. (1909): **Die Arve in der Schweiz.** Prometheus (20), S. 760–765

CORREVON, H. (1909): **Nos arbres.** ATAR, Genève

CORREVON, H. (1906): **Nos arbres.** Librairie Horticole. ATAR, Genève

COSSETTA, G. G. (1987): **Les plus beaux arbres centenaires genevois.** Slatkine, Genève

CRIVELLI, P. (1987): **L'albero monumentale.** Museo etnografico della Valle di Muggio (5), Cabbio, S. 1–126

DERUNGS, K. (2008): **Baumzauber – Die 22 Kultbäume der Schweiz.** AT, Aarau

DEUSSEN, N. (1996): **Biomechanik.** Lehrmeister Baum. Geo (4), S. 44–71

DOMONT, P., MONTELLE, E. (2008): **Baumgeschichten – Von Ahorn bis Zeder.** Fakten, Märchen, Mythen. Hep, Bern

DORL, H. (1876/77): **Die Blutbuche im Klapperthale bei Sondershausen.** Verhandlungen des Vereins zur Beförderung Landwirtschaft zu Sondershausen (37), S. 128–131

ECKSTEIN, D. (1983): **Dendrochronologie in Europa.** Dendrochronologia (1), S. 9–20

EGGMANN, V. (1996): **Zürcher Baumgeschichten.** Werd, Zürich

EGGMANN, V. (1995): **Baumzeit – Magier, Mythen und Mirakel.** Neue Einsichten in Europas Baum- und Waldgeschichte. Werd, Zürich

EIGL, K. (1993): **Deutsche Götter- und Heldensagen.** Südwest-Verlag, München

ESPER, J., FRANK, D., BÜNTGEN, U., VERSTEGE, A., LUTERBACHER, J., XOPLAKI, E. (2007): **Long-term drought severity variations in Morocco.** Geophysical research letters, Vol. 34, L17702

FEHR, R., SCHWEIZER, M. (1987): **Unsere Bäume – unsere Wälder.** Naturforschende Gesellschaft. Meier, Schaffhausen

FELBER, T. (1910): **Natur und Kunst im Walde – Vorschläge zur Berücksichtigung ästhetischer Gesichtspunkte bei der Forstwirtschaft.** Huber, Frauenfeld

FIEDLER, W. (1988): **Zur Frage der Verkehrssicherungspflicht bei Bäumen als Naturdenkmalen.** Baum-Zeitung (22), S. 124–126

FORSTER, H. (1914): **Riesige Ulmus campestris.** Mitteilung der Deutschen Dendrologischen Gesellschaft (32), S. 274

FRANCK, L. (1930): **Unter den Patriarchen-Zedern des Libanon.** Mitteilung der Deutschen Dendrologischen Gesellschaft (42), S. 71–74

FRETZ, D. (1949): **Der «zerleite» Baum.** Atlantis (10), S. 453–455

FRÖHLICH, H. (2002): **Pole malte die Linde von Emaus.** Die Freiämter Woche, 5.12.02, S. 274

FRY, K. (1928): **Der Trunser Ahorn – Die Geschichte eines Kronzeugen.** Buchdruckerei Sprecher, Eggerling & Co., Chur

GANDERT, K.-D. (2005): **Beiträge zur Gehölzkunde.** Gesamtregister 1975–2003. Verlag HDR Gartenbild Heinz Hansmann GmbH & Co. KG, Rinteln

GLAUSER, U. (2003): **Tilia platyphyllos.** Gemmotherapie. Natürlich (6), S. 44

GODET, J.-D. (1980): **Bäume Mitteleuropas in den vier Jahreszeiten.** Arboris, Bern

GÖPPERT, H. R. (1868/69): **Riesen des Pflanzenreiches.** Sammlung gemeinverständlicher wissenschaftlicher Vorträge, 3. Serie (49–72), E. G. Lüderitz'sche, Berlin

GOTTSCHLING, C. (2007): **Der Baum der Christen – Nicht Fichte oder Tanne, sondern die Linde gilt als ein Symbol des Christentums in Deutschland.** Focus (51), S. 82–84

GRAEFE, R. (1987): **«Geleitete Linden».** Daidalos (23), S. 16–29

GRAF, F. (1921): **Über die drei angeblich stärksten Bäume.** Mitteilung der Deutschen Dendrologischen Gesellschaft (31), S. 184–186

GRÜNBERG, F. (1919): **Riesige Rot-Erle, Alnus glutinosa.** Mitteilung der Deutschen Dendrologischen Gesellschaft (28), S. 317–318

GUGGER, E. (2007): **Kastanienfieber in Amsterdam.** Tages-Anzeiger, 20.11.07, Zürich, S. 12

HAUSER, A. (1989): **Das Neue kommt.** Schweizer Alltag im 19. Jahrhundert. NZZ, Zürich

HAUSER, A. (1976): **Bauerngärten der Schweiz.** Ursprüngliche Entwicklung und Bedeutung. Artemis, Zürich

HAUSER, A. (1972): **Wald und Feld in der alten Schweiz.** Beiträge zur schweizerischen Agrar- und Forstgeschichte. Artemis, Zürich

HELLWIG, U. (1991): **Neues über den Wacholder – Wie alt sind die Machandel in der Lüneburger Heide?** Naturschutz und Naturparke (141), S. 10–15

HEPPERLE, T. (2009): **Birnensorten im Streuobstbau – ein vergessenes Kulturerbe.** Sonderdruck aus Leben am See, Band 26. Lorenz Senn GmbH & Co. KG, Tettnang

HEYER, H.-R. (1980): **Historische Gärten der Schweiz – Die Entwicklung vom Mittelalter bis zur Gegenwart.** Benteli, Bern

HILZINGER, S. (2009): **«Pantoea agglomerans» lässt hoffen.** Schweizer Bauer, 25.2.09, S. 17

HINDERMANN, F. (1999): **«Sag' ich's euch, geliebte Bäume.»** Texte aus der Weltliteratur. Manesse, Zürich

HIRSBRUNNER, A. (2008): **Die Schwedenlinde hat viel Leid und Freud miterlebt.** Basler Zeitung – Region oberes Baselbiet, 15.8.08, S. 21

HIRSBRUNNER, A. (2008): **Vor allem Eichen und Linden faszinieren.** Basler Zeitung – Region oberes Baselbiet, 29.8.08, S. 39

HOFFMEYER, V. (2006): **Découvrir les géants de la forêt.** La Femina (34), S. 44–45

HOFMANN, M. (2007): **Eine Rose ist eine Rose – oder doch nicht?** Die Ethikkommission forscht nach der Würde der Pflanze. NZZ, 15.10.07, Zürich, S. 41

Holecková, M. (2003): **Magickym krajem staletych lip.** Netradicní putování krajinou Kamenicka. Vydalo Nakladatelství, MH Beroun

HOGREBE, H., BÖHLMANN, D. (2000): **Mammutbäume auf dem Weg zu 110m Höhe? Eine Zwischenbilanz der Anbauversuche in Wuppertal-Burgholz.** Mitteilung der Deutschen Dendrologischen Gesellschaft (85), S. 11–12

HOLLSTEIN, E. (1967): **Jahrringchronologien aus vorrömischer und römischer Zeit.** Germania (45), S. 70–85

HOPFNER, W. (1995): **Yggdrasil, der Weltenbaum – Esche oder Eibe?** Gedanken zum Baum des Jahres 3794 n.St. Nordische Zeitung, Jg. 63 (1), S. 5–8

HORAT, S. (2001): **Altersuntersuchungen Bödmerenwald Muotathal.** Stiftung Urwaldreservat Bödmeren, S. 1–14

HOWARD, A. L. (1945): **Trees in Britain and their Timbers.** Country Live LTD, London

IMMOS, E. (2007): **Schwyz mit Mammutlinden.** Bote der Urschweiz, 10.7.07, S. 3

ITTEN, H. (1970): **Naturdenkmäler im Kanton Bern.** Paul Haupt, Bern

ITTEN, H. (1945): **Naturschutzkommission des Kantons Bern.** Mitteilungen der Naturforschenden Gesellschaft Bern (2), S. 107–127

JACKY, E. (1911): **Der Schweizer Obstbauer.** Ein praktischer Wegweiser für alle Gebiete des Obst- und Gartenbaues. Jg. 8 (3, 5, 6, 9, 10, 12), B. Fischer, Münsingen

JOHNSON, H. (1982): **Das grosse Buch der Bäume – Ein Führer durch Wälder, Parks und Gärten der Welt.** Hallwag, Ostfildern

KAESER, J. (1912): **Führer von Balsthal und Umgebung.** Verkehrsverein Balsthal, S. 32–57

KAMM, S. (2006): **Verzeichnis erhaltenswerter Bäume des Kantons Glarus.** Departement Bau und Umwelt, Abteilung Wald, S. 1–5

KANNGIESSER, F. (1910): **Bemerkenswerte Bäume.** Österreichische Garten-Zeitung 5, S. 172–183

KANNGIESSER, F. (1909): **Zur Lebensdauer der Holzpflanzen.** Flora 99 (4), S. 414–435

KAUSCH-BLECKEN V. SCHMELING, W. (1999): **Die stärksten Elsbeeren und Speierlinge.** Corminaria (11), S. 2 & S. 19–22

KELLER, H. (1975): **Winterthur und seine Gärten.** Heimatschutzgesellschaft Winterthur, Winterthur

KNIERIEMEN, H. (2002): **Der Baum – Symbol für Aufrichtigkeit und Stärke.** Natürlich (5), S. 6–11

KÖMME, A., ROELLY, T., SCHUMACHER, H. (1988): **Bäume in St. Gallen.** Gartenbauamt, St. Gallen

KREBS, P. (2008): **I grandi vecchi del bosco.** Ticinosette (46),S. 41–48

KREBS, P. (2004): **Inventario dei castagni monumentali del Canton Ticino e del Moesano.** Istituto federale di ricerca WSL, Repubblica e Cantone Ticino. S. 1–668

KREBS, P., CONEDERA, M. (2005): **L'inventario dei castagni monumentali del Ticino e del Moesano.** Dati statistiche e società (4), S. 102–118

KREBS, P., FONTI, P., CONEDERA, M. (2007): **Nel Moesano alcuni fra i lariceti più vecchi d'Europa. Alle pendici del Piz Pombi.** Studi in occasione del 25° della Fondazione Archivio a Marca di Mesocco. Santi, Cesare, S. 41–60

KREBS, P., FONTI, P. (2004): **La dendrocronologia – Ma quanto sono vecchi...** Agricoltore ticinese – Forestaviva (12), S. 18–19

KREBS, P., MORETTI, M., CONEDERA, M. (2007): **Castagni monumentali nella Svizzera sudalpina.** Inventario e caratteristiche distributive. Sherwood 13 (10), S. 5–10

KREBS, P., MORETTI, M., CONEDERA, M. (2008): **Castagni monumentali nella Svizzera sudalpina.** Importanza geostorica, valore ecologico e condizioni sanitarie. Sherwood 14 (1), S. 5–10

KREMER, B. (1984): **Bäume – Heimische und eingeführte Arten Europas.** Mosaik, München

KRÜSSMANN, G. (1954): **Die Baumschule – Ein Handbuch für Anzucht, Vermehrung, Kultur und Absatz der Baumschulpflanzen.** Verlag für Landwirtschaft, Veterinärmedizin, Gartenbau und Forstwesen, Berlin

KÜCHLI, C. (2000): **Auf den Eichen wachsen die besten Schinken.** AT, Aarau

KÜHN, S. (2007): **Deutschlands alte Bäume – Eine Bildreise zu den sagenhaften Baumgestalten zwischen Küste und Alpen.** BLV, München

KÜHN, U., KÜHN, S., ULLRICH, B. (2005): **Bäume, die Geschichten erzählen – Von Tanzlinden und Gerichtseichen, Baumheiligtümern und Gedenkbäumen in Deutschland.** BLV, München

LADNER, J., SZALATNAY, D. (2005): **Obstvielfalt erleben.** Fructus – Die Vereinigung zur Förderung alter Obstsorten. Huber, Frauenfeld

LAUDERT, D. (2001): **Mythos Baum – Was Bäume uns Menschen bedeuten.** Geschichte, Brauchtum, 30 Baumporträts. BLV, München

LEUTHOLD-HASLER, B. (2005): **Wetterbäume und Wetterhorn.** Schweiz – Das Magazin für Freizeit, Kultur und Natur, Jg. 78 (7), S. 41–42

LEWINGTON, A., PARKER, E. (2000): **Alte Bäume.** Naturdenkmäler aus aller Welt. Bechtermünz, Augsburg

LIEBST, W. (2009): **Von Baum zu Baum – Ein Führer zu besonderen Bäumen Zürichs.** Haupt, Bern

LINDT, N. (1984): **Die Linner Linde und die Jahrhunderte.** Geschichte eines Baumes. NZZ (239), Zürich, S. 84–86

LINDT, N. (1984): **Die Linner Linde und die Jahrhunderte.** NZZ (238), Zürich, S. 42–44

LUDWIG, F., STORZ, O. (2005): **Mit lebenden Pflanzen konstruieren.** Baubotanik. Baumeister, Jg. 102 (11), S. 72–73

LUDWIG, K. (1905): **Charakterbilder Mitteleuropäischer Waldbäume (1).** Gustav Fischer, Jena

LUTZE, G. (1892): **Zur Geschichte und Kultur der Blutbuchen.** Mitteilungen des Thüringischen Botanischen Vereins, N. F. 2, S. 28–33

MARTIN, W. (2005): **Die Weidbuchen brauchen Kühe.** BBZ Waldwirtschaft Jg. 58 (49), S. 19–20

MASSART, J. (1911): **Nos arbres.** Henri Lamertin, Bruxelles

MATTER, K. (1925): **Vom Schatten der Linner Linde.** Brugger Neujahrsblätter (35), S. 33–36

MAUR, F. (1987): **Wanderungen zu Denkmälern der Natur.** Ott Spezial Wanderführer. Ott, Thun

MAUR, F. (1985): **Naturdenkmäler der Schweiz.** AT, Aarau

MAYER, H. (1989): **Zu den mächtigsten Bäumen der Erde im Redwood-Sequoia-Nationalpark.** Natur und Land, Jg. 75 (5/6), S. 169–172

METZGER, A. (1893): **Der Wind als massgebender Faktor für das Wachsthum der Bäume.** Mündener Forstliche Hefte (3), S. 35–86

MEYER, K. A. (1958): **Bäume, Natur und Erlebnis.** Ein kleines Baumbuch für Schule und Haus. Huber, Frauenfeld

MEYER, K. A. (1931): **Geschichtliches von den Eichen in der Schweiz.** Mitteilungen der Schweizerischen Centralanstalt für das forstliche Versuchswesen, Band 16 (2), S. 231–451

MIELCK, E. (1863): **Die Riesen der Pflanzenwelt.** C. F. Winter'sche, Leipzig & Heidelberg

MICHEL, F. (1945): **Bemerkenswerte Bäume aus der Thuner Gegend – Gedanken über die Beziehungen zwischen Baum, Mensch und Landschaft.** Krebser, Thun

MICHEL, F. (1945): **Von schönen Bäumen und ihren Geschichten.** Sonderdruck aus den Mitteilungen der Naturwissenschaftlichen Gesellschaft Thun (9), Krebser, Thun

MICHELS, V. (1984): **Hermann Hesse.** Insel, Frankfurt a. M.

MITCHELL, A. (1974): **Die Wald- und Parkbäume Europas – Ein Bestimmungsbuch.** Collins Publishers, London

MOOSBRUGGER-LEU, R. (1977): **Regio Basiliensis.** Basler Zeitschrift für Geographie, Band 18, S. 183–186

MUMENTHALER, E. (1926): **Die Baumalleen um Bern.** Sauerländer, Aarau

NAEF, F. (2004): **Historische Bäume der Region.** Brugger Neujahrsblätter (114), S. 125–137

NOACK, H. (1986): **Die Flügelnuss.** Baumzeitung 20 (2), S. 39–40

OLDORF, S., KIRSCHEY, T. (2009): **Natur. Denk mal!** Jahrbuch Ostprignitz-Ruppin, Jg. 18, S. 232–238

ORLAMÜNDE, W. H. (2007): **Fast so spannend wie ein Krimi. Metasequoia – die Entdeckung eines «lebenden Fossils».** Der Gartenbau (41), S. 21

PAKENHAM, T. (2005): **Bäume – Die 72 grössten und ältesten Bäume der Welt.** Christian, München

PARTSCH, K. (1977): **Wurde der älteste Baum Deutschlands entdeckt?** Mitteilung der Deutschen Dendrologischen Gesellschaft (69), S. 7–9

PATER, J. (2007): **Europas alte Bäume – Ihre Geschichten, Ihre Geheimnisse.** Kosmos, Stuttgart

PIECHOCKI, R. (2007): **Genese der Schutzbegriffe. 4. – Naturdenkmalschutz (um 1900).** Natur und Landschaft, Jg. 82 (4), S. 158–159

PLIETZSCH, A. (2009): **Die Lebensdauer von Bäumen und Möglichkeiten zur Altersbestimmung.** Jahrbuch der Baumpflege, S. 172–187

RATH, M. (1842): **Zur Geschichte und Kultur der Blutbuchen.** Verhandlungen des Vereins zur Beförderung Landwirtschaft zu Sondershausen (2), S. 63–65

RIEMANN, A. (1820): **Der Zedernwald des Libanon.** Vaterländische Waldberichte 1 (3), S. 445–456

ROHMDER, E. (1941): **Die Zirbelkiefer (Pinus cembra) als Hochgebirgsbaum.** Jahrbuch des Vereins zum Schutze der Alpenpflanzen und -Tiere (13), S. 27–39

ROLOFF, A. (1993–2008): **Baum des Jahres (Speierling, Eibe, Spitzahorn, Hainbuche, Eberesche, Wild-Birne, Silber-Weide, Sand-Birke, Esche, Wacholder, Schwarz-Erle, Weiss-Tanne, Rosskastanie, Schwarz-Pappel, Wald-Kiefer, Walnuss, Bergahorn).** Faltblätter. Verein Baum des Jahres e.v./Menschen für Bäume – Dr. Silvius Wodarz Stiftung

ROSENBERG, D., EGGMANN, V. (1980): **Die Linner Linde.** Schweizerische Technische Zeitschrift (15), S. 794–799

ROSENBERG, D., EGGMANN, V. (1980): **Arve im God Plazzers.** Schweizerische Technische Zeitschrift (15), S. 1155

ROSENBERG, D. (1977): **Von Baum zu Baum.** Über Leben und Bedeutung monumentaler Bäume in der Schweiz. Gärtnermeister, Jg. 80 (38), S. 686, (42), S. 776, (51), S. 948–949

ROSENDORFER, H. (1996): **Die springenden Alleebäume – Erzählungen.** Deutscher Taschenbuch-Verlag, München

RÜBEL, E. (1932): **Zusammenfassende Schlussbetrachtung zur Vortragsrunde über die Buchenwälder Europas.** Veröffentlichungen des Geobotanischen Instituts Rübel in Zürich (8), S. 490–503

RUDOW, A. (2008): **Auszug von Verbreitungsdaten der Projekte zur Förderung seltener Baumarten (SEBA, SEBAPOP, SEBA/CASTANEA).** SEBA-Projekte, ETH ZH

RUOFF, E. (1980): **Gartenführer der Schweiz – Geschichte, Gärten von heute, Sehenswürdigkeiten.** NZZ, Fribourg

SAFAR, W. (1992): **Les plus vieux pins d'alep vivants connus.** Dendrochronolgia (10), S. 41–53

SARASIN, P. (1911/12): **Jahresbericht 6, Schweizerische Naturschutzkommission und Bund.** Selbstverlag des Schweizerischen Bundes für Naturschutz, Basel

SARASIN, P. (1913/14): **Jahresbericht 6, Schweizerische Naturschutzkommission und Bund.** Selbstverlag des Schweizerischen Bundes für Naturschutz, Basel

SCHÄDLER, J., BERNHARD, M. (2007): **Konzept zur Erhaltung und Förderung von Einzelbäumen in der Talebene.** Amt für Wald, Natur und Landschaft, Fürstentum Liechtenstein, S. 1–19

SCHIFFER, R. (2004): **Der Judasbaum – kein Baum des «Verräters».** Baumzeitung (2), S. 20–21

SCHINZ, H. (1926): **Veteranen der Baumwelt. Riesiger Buxus arborescens.** Mitteilung der Deutschen Dendrologischen Gesellschaft (37), S. 315

SCHLAPFER, X. (1910): **Schweizer Gartenbau.** Ein praktischer Führer im Garten- und Obstbau. Jg. 13 (6, 16, 18–24), A. Richter, Zürich

SCHLOETH, R. (1998): **Die Lärche – Ein Baumporträt.** AT, Aarau

SCHNEEBELI-GRAF, R. (2008): **Die Linde – Ihre Geschichte und Geschichten.** Ein botanisch-kulturhistorischer Essay. Ott, Bern

SCHULTE, R. (2007): **Aus Liebe zum gesunden Wald. Forstwirtschaft.** Coopzeitung (37), Basel, S. 40–41

SCHWAB, G. (2001): **Sagen des klassischen Altertums.** Droemer Knaur, München

SCHWANK, U., WICKI, C. (1984): **Seidenraupenzucht im eigenen Garten – Bemerkenswerte Basler Bäume: Der Maulbeerbaum – einst auch an der Bäumlein gasse (4).** Basler Zeitung, 10.8.84

SCHWEINGRUBER, F. (1983): **Der Jahrring – Standort, Methodik, Zeit und Klima in der Dendrochronologie.** Haupt, Bern

SCHWEIZERISCHE BEITRÄGE ZUR DENDROLOGIE, 1–49. Schweizerische Dendrologische Gesellschaft

SEEHAUS, P. (1912): **Riesige Ahorne in der Schweiz.** Mitteilung der Deutschen Dendrologischen Gesellschaft (21), S. 342–345

SHIGO, A. L. (1985): **Kompartimentierung als Abwehrreaktion bei Bäumen.** Spektrum der Wissenschaft (7), S. 86–94

SIEBENLIST-KERNER, V. (1984): **Dendrochronologia (2).** Instituto italiano di Dendrochronologia. Archeonatura, Verona

SIMONY, F. (1870): **Die Zirbe.** Jahrbuch Österreichischer Alpverein (6), S. 349–359

STEIGER, P. (1998): **Wälder der Schweiz.** Ott, Thun

STEINER, B. (2002): **Baumgenossen – Fünfundzwanzig neue Ansichten von Schweizer Bäumen und Wäldern.** AT, Aarau

STRASSMANN, R. (2004): **Baumheilkunde – Heilkraft, Mythos und Magie der Bäume.** AT, Aarau

SUESS, H. E. (1969): **Die Eichung der Radiokarbonuhr.** Bilder der Wissenschaft 6 (2), S. 121–127

TERPO, A. (1985): **Naturschutzgebiete und geschützte Bäume in Ungarn.** Folia dendrologica (11), S. 419–432

TRÜMPY, H. (1961): **Der Freiheitsbaum.** Schweizersches Archiv für Volkskunde 57 (2), S. 103–112

ULLRICH, B., KÜHN, U., KÜHN, S. (2009): **Unsere 500 ältesten Bäume.** BLV, München

USTERI, A. (1898): **Führer durch die Quaianlagen in Zürich.** Meyer & Hendess, Zürich

VAN PELT, R. (2001): **Forest Giants of the Pacific Coast.** Global Forest Society Vancouver und San Francisco, Washington

VESCOLI, M. (1991): **Keltischer Baumkreis – Träumerei über den Menschen, die Zeit und die Bäume.** Edition Kürz, Küsnacht

VISCHER, W. (1946): **Naturschutz in der Schweiz.** Band 3. Schweizerischer Bund für Naturschutz, Basel

VOGLER, P. (1904): **Die Eibe (Taxus baccata L.) in der Schweiz.** Jahrbuch der St. Gallischen Naturwissenschaftlichen Gesellschaft für das Vereinsjahr 1903, S. 436–91

VOGT W. (1987): **Sagen um die Linner Linde.** Brugger Neujahrsblätter, S. 123–131

VOLZ, L. (1928): **Ein merkwürdiger Rotbuchenfund.** Jahreshefte des Vereins für vaterländische Naturkunde in Württemberg (34), S. 64–65

VONARBURG, B. (2004): **Heilsamer Volksbaum.** Natürlich (8), S. 42–45

WALKER, A. (1992): **Untersuchungen eines alten Eichenstammes.** In seinem Schatten ruhten die Alemannnen und Römer. Der Gartenbau (52), S. 2068–2069

WEBER, D. (1992): **Beurteilung der Schutzwirkung des Bundesinventares der Landschaften und Naturdenkmäler von nationaler Bedeutung (BLN).** 3. Ringordner. BUWAL, Bern

WELTEN, M., SUTTER, H. C. R. (1982): **Verbreitungsatlas der Farn- und Blütenpflanzen der Schweiz (Vol. 1.).** Birkhäuser, Basel

WICKI, C. (1985): **Lebenserwartung und Alter unserer Baumarten.** Schweizerische Beiträge zur Dendrologie (35), S. 203–207

WIECHULA, A. (1927): **Holzhäuser und Mitwirkung der Natur.** Hermann Beyer, Leipzig

WIECHULA, A. (1926): **Wachsende Häuser aus lebenden Bäumen entstehend.** Naturbau-Gesellschaft, Berlin-Friedenau

WIESLI, E. (2004): **Historische Gärten im Kanton Schaffhausen (56).** Naturforschende Gesellschaft, Schaffhausen

ZEHNSDORF, A. (2009): **Thüringens merkwürdige Linden.** Thüringer Hefte für Volkskunde, Band 16. Volkskunde Kommission für Thüringen e.V., Erfurt

ZEHNSDORF, A., CZEGKA, W. (2007): **«Geleitete Linden in Thüringen».** Mitteilungen der Deutschen Dendrologischen Gesellschaft (91), S. 181–190

ZEHNSDORF, A., CZEGKA, W. (2007): **«Geleitete Linden in Sachsen».** Mitteilungen der Deutschen Dendrologischen Gesellschaft (92), S. 97–106

ZEITSCHRIFT DES SCHWEIZERISCHEN FORSTVEREINS. Alle Jahrgänge und Nummern

ZIMMERLI, E. (1970): **Tragt Sorge zur Natur – Anregungen, Anleitungen und Dokumentationen für alle, die Naturschutz treiben wollen, vor allem für Erzieher und Eltern.** Sauerländer, Aarau

ZIMMERMANN, A. (1967): **Nos arbres.** Société genevoise d'horticulture. Commission d'arboriculture et de dendrologie, Genève

ZINGG, A., BRANG, P. (2005): **Wer ist die grösste im ganzen Land?** Forschungsbereich Wald (19), S. 3–4

ZUBER, R. (2008): **Giganten und Überlebenskünstler – Bedeutung und Gefährdung der Weisstanne.** Amt für Wald Graubünden. Faktenblatt (5), S. 1–11

Baumexperte.ch
Das Beste für Ihren Baum

Ihr unabhängiger Experte für Baumerhaltung, Baumdiagnose, Baumstatik, Baumschutz, Schadenermittlung und Baumpflege

Walter Wipfli
Steckenmattstr. 2
6377 Seelisberg

Mobile 079 262 13 44
info@baumexperte.ch
www.baumexperte.ch

Standorte und Baum-Nr.

AARGAU (AG)
Gebenstorf *(Feldahorn)*	82
Linn *(Sommerlinde)*	121
Möhlin *(Elsbeere)*	74
Möhlin *(Kirsche)*	109

APPENZELL AUSSERRHODEN (AR)
Walzenhausen *(Buche)*	25

APPENZELL INNERRHODEN (AI)
Appenzell *(Holunder)*	102

BASEL-LANDSCHAFT (BL)
Arlesheim *(Schwarznuss)*	205
Bottmingen *(Blutbuche)*	31
Bottmingen *(Platane)*	202
Bubendorf *(Eiche)*	72
Gelterkinden *(Quitte)*	150
Münchenstein *(Götterbaum)*	190
Wintersingen *(Winterlinde)*	129

BASEL-STADT (BS)
Basel *(Hainbuche)*	98
Basel *(Schneeballahorn)*	155
Basel *(Quitte)*	149

BERN (BE)
Allmendingen b. B. *(Waldkiefer)*	104
Belp *(Walnuss)*	176
Bern *(Hainbuche)*	96
Bern *(Robinie)*	153
Bolligen *(Tanne)*	164
Brienz *(Bergahorn)*	17
Burgistein *(Sommerlinde)*	120
Crémines *(Eibe)*	56
Crémines *(Waldkiefer)*	108
Diemtigen *(Fichte)*	85
Guggisberg *(Linde)*	141
Heimiswil *(Eibe)*	58
Homberg *(Sommerlinde)*	136
Interlaken *(Apfel)*	4
Iseltwald *(Sommerlinde)*	134
Köniz *(Eiche)*	66
La Ferrière *(Bergahorn)*	14
Lauterbrunnen *(Moorbirke)*	20
Leuzigen *(Pappel)*	145
Meiringen *(Pappel)*	148
Moutier *(Eibe)*	60
Muri *(Sommerlinde)*	125
Nods *(Eberesche)*	33
Nods *(Mehlbeere)*	143–144
Oberwil im Simmental *(Walnuss)*	174
Orpund *(Tulpenbaum)*	206
Orvin *(Schlangenfichte)*	92
Pieterlen *(Schwarzerle)*	75
Pieterlen *(Eiche)*	69
Seeberg *(Sommerlinde)*	126
Thun *(Stieleiche)*	68
Toffen *(Eibe)*	57
Trubschachen *(Linde)*	137
Zweisimmen *(Douglasie)*	187

FREIBURG (FR)
Broc *(Linde)*	138
Bulle *(Linde)*	130
Cerniat *(Tanne)*	161
Estavayer-le-Lac *(Linde)*	132
Pont-en-Ogoz *(Stechpalme)*	158
Treyvaux *(Bergulme)*	169
Ueberstorf *(Eibe)*	55

FÜRSTENTUM LIECHTENSTEIN (FL)
Eschen *(Waldkiefer)*	103
Schaan *(Maulbeere)*	142
Vaduz *(Säulenfichte)*	91

GENF (GE)
Céligny *(Bergmammutbaum)*	197
Genf *(Hainbuche)*	95
Genthod *(Zeder)*	208
Meinier *(Hybridnuss)*	175
Satigny *(Zeder)*	207
Versoix *(Eiche)*	70

GLARUS (GL)
Glarus *(Hexenbesenfichte)*	90
Glarus Nord *(Linde)*	135

GRAUBÜNDEN (GR)
Andeer *(Holunder)*	101
Avers *(Arve)*	7
Buseno *(Edelkastanie)*	34
Celerina *(Arve)*	5–6 & 12
Chur *(Spitzahorn)*	157
Felsberg *(Traubeneiche)*	64
Klosters *(Esche)*	81
Lostallo *(Edelkastanie)*	38–39
Luven *(Fichte)*	87
Maienfeld *(Buche)*	28
Müstair *(Eberesche)*	1
Peist *(Esche)*	77
Scharans *(Holunder)*	100
Schuls *(Arve)*	9
Soglio *(Bergmammutbaum)*	196

JURA (JU)
Châtillon *(Stieleiche)*	61
Epauvillers *(Ulme)*	170
Lajoux *(Esche)*	78
Saignelégier *(Goldregen)*	112
Vendlincourt *(Waldkiefer)*	107

LUZERN (LU)
Aesch *(Kirsche)*	110
Entlebuch *(Buche)*	26
Hasle *(Buche)*	23
Luzern *(Bergmammutbaum)*	195
Luzern *(Bergulme)*	171
Pfaffnau *(Hainbuche)*	97

NEUENBURG (NE)
Bevaix *(Rosskastanie)*	154
Gorgier *(Linde)*	139